www.ingramcontent.com/pod-product-compliance
Lightning Source LLC
Chambersburg PA
CBHW071903230426
43671CB00010B/1455

LES HISTORIETTES

DE

TALLEMANT DES RÉAUX.

MÉMOIRES

POUR SERVIR A L'HISTOIRE DU XVIIe SIÈCLE,

PUBLIÉS

SUR LE MANUSCRIT INÉDIT ET AUTOGRAPHE;

AVEC DES ÉCLAIRCISSEMENTS ET DES NOTES,

PAR MESSIEURS

MONMERQUÉ,
Membre de l'Institut,

DE CHATEAUGIRON ET TASCHEREAU.

TOME CINQUIÈME.

PARIS,
ALPHONSE LEVAVASSEUR, LIBRAIRE,
PLACE VENDÔME, 16.

1834

MÉMOIRES DE TALLEMANT.

LES PUGETS (1).

Le fils d'un apothicaire de Toulouse, nommé Puget, vint à Paris qu'il n'avoit pas de souliers; il fit quelques petites affaires pour madame la duchesse de Beaufort (2), et le Roi ayant donné à sa maîtresse un office de trésorier de l'épargne de nouvelle création, elle le vendit trente mille écus à Puget; mais comme il n'avoit pas assez de bien pour le payer, un nommé Plassin, son beau-frère (ils avoient tous deux épousé les filles d'une madame Prévost), en prit un quart, et

---

(1) Célèbres financiers qui n'ont pas laissé une bonne réputation, témoin ce passage d'un libelle du temps : « Les Pugets qui se sont van-
« tés d'avoir mangé en leur temps plus d'un million six cent mille
« livres; avoir entretenu toutes les belles g..... de Paris; jouy des plus
« relevées de France; joué ez plus dissolus berlans, académies et tripots;
« bauffré les plus friands morceaux; couru le bal, le ballet et le b....l
« partout; eux, Chariel, les Mont-Morts, Morans, Moreau, Almerats
« et telle drogue de gens, ont mené ensemblement la vie non pareille
« d'Antonius et de Cléopâtre. » (*La Chasse aux larrons, ou Établissement de la chambre de justice*, par Jean Bourgoing (1618), p. 27.)

(2) D'autres disent qu'il a porté les livrées chez madame de Beaufort; qu'ensuite il fut valet-de-chambre; et que, comme il étoit assez agréable parmi les femmes, il lui plut et lui servit à ses amourettes. (T.)

M. de Fresnes-Forget, secrétaire d'Etat, prit l'autre quart pour leur faire plaisir. Plassin mit dans le marché qu'il auroit la première commission. Ils firent une grande fortune en peu de temps; mais il y eut bientôt du désordre en leurs affaires. Cela commença par une infidélité que fit Puget à M. de Fresnes, son bienfaiteur; car de Fresnes l'ayant prié de lui acheter l'hôtel d'O (1), et d'en donner jusqu'à vingt-cinq mille écus, Puget en donna vingt-sept, et se le fit adjuger; ainsi il se mit un secrétaire d'Etat sur les bras. D'ailleurs il devint amoureux de la femme de son beau-frère Prévost, et pour le mettre en la place de Plassin qui, comme j'ai dit, avoit la première commission, il fit toutes les choses dont il se put aviser, et fut cause du grand procès qui les ruina, car ils se firent l'un à l'autre du pis qu'ils purent. D'autre côté la chambre de justice découvrit bien des iniquités (2). Plassin, en voyant ses papiers, en trouva un qui leur pouvoit être très-préjudiciable; il le déchire en deux et le jette dans la cheminée; c'étoit en été; un commis mal intentionné le ramassa et le colla sur un ais. Ce commis, chassé pour quelque friponnerie, se sert de ce papier pour les rançonner. On lui donna bien de l'argent pour le ravoir; mais il en avoit gardé copie collationnée, et c'étoit une vache à lait : tous les jours il lui falloit de l'argent. Une demoiselle d'Orléans, qui avoit concubiné avec Plassin, lui conseilla de s'en dé-

---

(1) Il est situé dans la vieille rue du Temple. (T.)

(2) On trouve quelques détails relatifs aux poursuites dirigées contre Étienne Du Puget par la Chambre de justice, dans *le Trésor des Trésors de France volé à la couronne, présenté au roi Louis* XIII, par Jean de Beaufort, Parisien; 1615, in-8°, p. 30.

e : elle se chargea de l'exécution, et le fit assassi-
er. Le frère du mort la fait emprisonner : elle soutient la question ordinaire et extraordinaire; pour
Plassin, il se sauva en Flandre, et fut pendu en effigie.

Puget, qu'on appeloit M. de Pommeuse, car il avoit
acheté cette terre qui est auprès de Coulommiers, en
Brie, eût encore un malheur outre la recherche, c'est
qu'il laissa tenir sa caisse par ses enfants, qui la gouvernèrent fort mal; il est vrai qu'ils firent plaisir à
bien des gens de la cour, car ils étoient libéraux. Une
fois le cadet, appelé Chéva, se trouva en un lieu où
étoit M. de Montmorency, qui lui parut fort triste; on
lui demanda ce qu'il avoit : « C'est que je suis du bal-
« let du Roi, répondit-il, et je n'ai pas le premier sou
« pour en faire la dépense. » Chéva le tira à part et
lui dit qu'il lui avanceroit un an de ses ordonnances
qu'il lui envoya dès le lendemain. M. de Montmorency ne fut pas ingrat, car sachant Chéva dans
la décadence, il lui envoya cent pistoles, avec excuse de n'en faire pas davantage, mais qu'il n'avoit
pas d'argent, et il lui offrit celle de ses terres qu'il voudroit pour s'y retirer et y vivre sans qu'il lui en coûtât
rien.

Puget fut contraint de se retirer à Pommeuse. Là, il
ne s'éloignoit guère à cause de ses créanciers. Une fois
pourtant il fut pris, à cause qu'il n'y a qu'un seul
pont-levis à cette maison, et que les archers ayant eu
avis qu'il étoit dans le parc, et qu'il étoit aisé d'entrer
dans une basse-cour dont la porte se tient rarement
fermée, n'eurent qu'à lui couper une avenue. Il contenta promptement celui qui le faisoit arrêter, et revint

chez lui; mais il se garda bien mieux qu'il n'avoit fait.

Il avoit un frère qu'on appeloit le capitaine Puget (1), quoiqu'il n'eût jamais été à la guerre (2). On dit qu'Henri IV l'ayant trouvé une fois en son chemin, lui demanda qui il étoit. Cet homme surpris hésita. « Je vois bien, je vois bien, dit le Roi, vous êtes de ces « Gascons qui sont sortis de leur maison par le brouil- « lard, et puis ne la peuvent plus retrouver. » Il fut ensuite des cent gentilshommes servants; mais comme il n'avoit que ce que son frère lui donnoit, il fallut bien suivre ce frère. Le voilà donc à Pommeuse avec lui; il étoit le gouverneur du château; et son fils, qui est ce Montauron qui a tant fait parler de lui, avoit le commandement du pont et de la basse-cour. Ce capitaine Puget n'avoit, les jours ouvriers, qu'un méchant baudrier de corde, car il ne quittoit jamais son épée, et, les dimanches, il avoit une jarretière bleue en guise de baudrier. Il alloit à tout bout de champ chez les villageois, et leur demandoit : « Compère, « qu'y a-t-il dans ton pot? — Hé, monsieur, il n'y a « rien digne de vous. » Qui disoit un morceau de lard, qui un bout saigneux. A tout ce qu'ils disoient il répondoit toujours : « C'est ce que j'aime; » et il les écornifloit comme cela incessamment. Chez son frère, il n'avoit pas autrement ses coudées franches; mais il étoit le maître chez ces pauvres gens. C'étoit un homme si raisonnable qu'il disoit : « Pourvu que mon

---

(1) Ce doit être Claude Du Puget de La Serre, dont la fille, Isabelle-Eugénie Du Puget de La Serre, épousa Jean-François Désiré, prince de Nassau-Siegen. (Voyez *Morery*.)

(2) Il fut fait des cent gentilshommes qu'on remit sur pied pour l'entrée de la reine Marie de Médicis. (T.)

« fils ait la crainte de Dieu devant les yeux, qu'il aille
« au diable s'il veut (1). »

Ce M. de Pommeuse avoit beaucoup d'enfants ; l'un
d'eux, qui est aujourd'hui évêque de Marseille (2), fut
long-temps évêque de Dardanie, *in partibus infidelium*. C'est un homme assez agréable ; il fait plaisamment un conte; mais, comme il est bientôt épuisé; au
bout de vingt-quatre heures on voudroit qu'il fût en
Dardanie. Cet homme fut si heureux, que l'évêché de
Marseille vint à vaquer durant le règne de peu de durée de feu M. de Beauvais (3). Le président Le Bailleul, son Mecenas, le recommanda à ce prélat qui, le
connoissant déjà, et considérant qu'il y avoit si long-
temps qu'il avoit le caractère sans en avoir l'utilité,
il lui donna cet évêché. On lui demandoit : « Mais
« comment avez-vous fait pour aller si tôt de Darda-
« nie à Marseille ? — J'ai passé, disoit-il, par Beau-
« vais. » Il eut une fois querelle avec un prêtre de

---

(1) Le bel ancêtre pour les princes de Nassau !

(2) Étienne Du Puget, évêque de Marseille, mort en 1668 (*Morery*).
Il avoit été marié avec une demoiselle Hallé, fille d'un maître des
comptes. Il la perdit en 1614. Malherbe a fait un beau sonnet pour
servir d'épitaphe à cette dame Du Puget. (*Poésies de Malherbe;* Paris,
Barbou, 1764, p. 206.)

(3) Augustin Potier de Blancmesnil, évêque de Beauvais, aumônier de
la reine Anne d'Autriche, mort en 1650, eut un moment de crédit.
« M. l'évêque de Beauvais, plus idiot que tous les idiots de votre con-
« noissance, prit la figure de premier ministre, et il demanda, dès le
« premier jour, aux Hollandois, qu'ils se convertissent à la religion
« romaine s'ils vouloient demeurer dans l'alliance de la France. La
« Reine eut honte de cette momerie du ministre......, et elle se mit
« entre les mains du cardinal Mazarin. » (*Mémoires du cardinal de Retz*,
deuxième série de la *Collection des Mémoires relatifs à l'histoire de
France*, t. 44, p. 146.)

Farmoutier (1) auprès de Pommeuse; cet homme lui dit : « Je suis prêtre. — Et moi, répondit-il, je suis « gentilhomme, et je fais des prêtres. » Cette gentilhommerie prétendue vient de ce qu'il y a une famille noble en Provence qui porte le nom de Puget. Ces provinciaux-là furent bien aises de reconnoître un trésorier de l'épargne pour leur parent, où ce sont des bâtards, comme il arrive quelquefois.

Dans cet évêché, qui vaut vingt mille livres de rente, il a vécu comme un écolier; ses valets le tenoient en pension, et on n'a pas trouvé un sou chez lui après sa mort. Un pauvre neveu qui demeura dix-sept ans avec lui, n'en eut jamais la moindre assistance. On croit qu'il y avoit quelque bâtard qui le suçoit.

Il y avoit un Puget nommé Chéva (2); c'étoit le plus naïf de tous : il avouoit que tous les Pugets et les Pugettes avoient quelque petit endroit de la tête qui n'alloit pas bien; que quelquefois on étoit long-temps à le découvrir, mais qu'enfin on s'en apercevoit. Quand il commença à entrer dans le monde, il étoit fort magnifique ; mais il ne manquoit jamais de prendre des premiers les modes extravagantes. Quelque fou s'avisa de porter des bottes dont les genouillères étoient à jour et doublées de satin. On alloit fort à cheval par la ville ; il avoit toujours une haquenée ; il lui est arrivé plus de cent fois de mettre pied à terre avec ces genouillères de satin pour courir de toute sa force; « car, disoit-il, de galoper dans les rues, cela eût « fait peur à tout le monde. » Quand Montauron,

(1) Abbaye de femmes. (T.)
(2) C'est un fief de Pommeuse. (T.)

comme vous verrez par la suite, se rendit adjudicataire de la terre de Pommeuse, Chéva écrivit en ces mots au curé : « Enfin la terre de Pommeuse demeure dans « notre maison. Aussitôt la présente reçue, ne man- « quez pas de faire chanter le *Te Deum.* »

Il y en a un Augustin réformé : avant qu'il fût moine, on l'appeloit *Don Guilan le Pensif;* car ce garçon se promenoit douze heures dans l'avenue de Pommeuse sans voir ceux qui passoient devant lui : c'étoit celui que le père et la mère aimoient le mieux; ils le gâtèrent si bien qu'il étoit insupportable en son enfance ; ses frères et ses sœurs le haïssoient comme la peste, et, pour se venger du père et de la mère, ils lui disoient qu'il demandât la lune. Cet enfant fut huit jours à crier, et disoit : « Maman, je veux la lune; je « veux la lune, moi; je veux la lune. »

Mais celui dont les folies ont le plus éclaté, c'étoit l'aîné, à M. de Dardanie près; on l'appeloit Pommeuse : il fut nourri page de madame de Savoie, et parvint à être son premier page. Elle l'aimoit, et s'il eût été sage, il couroit fortune d'être son favori ; mais pour ne pas démentir le jugement de son frère Chéva, il s'amusa à railler le cardinal de Savoie sur lequel on avoit fait des vaudevilles, au voyage qu'il fit à Paris, où on l'appeloit *le Grand Pied* (1). Le cardinal le fit

---

(1) Quand le cardinal de Savoie salua la Reine, comme il mettoit le pied dans la chambre, il entendit :

Ah ! qu'il est beau !
Il a fait sa barbe de nouveau.

Cela le surprit; la Reine se mit à rire, et lui dit : « C'est mon perro- « quet. » En effet, ce l'étoit. (T.)

rouer de coups de bâton, comme il revenoit en France, et cela perdit sa fortune. Le désordre de ses affaires l'obligea, après la mort de son père, à se fortifier dans le château de Pommeuse, où il fit tirer sur un conseiller de la Cour des Aides, qui avoit eu la commission d'y mener le prévôt: le conseiller en eut par le menton; Pommeuse se sauva, et madame de Savoie obtint sa grâce.

Pommeuse, le trésorier de l'épargne, avoit, outre ses quatre garçons, encore quatre filles. L'une, nommée madame Barat, ruina son mari, et faisoit l'amour avec son commis. Cette femme avoit une belle-mère qui l'importunoit; elle se barricadoit contre, et, de peur de la voir, elle cacha la maladie dont elle mourut, et étoit à l'extrémité avant que personne en sût rien. Elle mourut jeune et étoit jolie.

La seconde se nommoit Beauvilliers; elle demeura veuve d'assez bonne heure. Il lui prit une amitié aveugle pour un petit avocat fluet, nommé Chaumontel, qui étoit une fort pauvre espèce d'homme, et qui n'avoit point de bien. Elle obligea sa fille aînée, qui étoit bien faite, à l'épouser (la cadette a épousé depuis un président des requêtes). Elle disoit pour ses raisons qu'il n'y avoit que cet homme-là qui pût nettoyer ses affaires. Il y en a qui ont cru qu'elle le vouloit récompenser de ce qu'il n'avoit point méprisé vieillesse. Feu M. le comte trouva une fois cette jeune femme à la promenade, et la trouva fort à son gré; il la voulut aller voir. Voyez qu'il y alloit finement! Le mari fit dire qu'il n'y avoit personne au logis. Ce Chaumontel étoit digne de l'alliance des Pugets, car il étoit un peu fou: la goutte lui vint sans l'avoir autrement mérité;

il étoit fort malsain, et encore plus avare, car il se laissa mourir d'inanition. Quoiqu'on fît chez lui du potage de la vierge Marie, d'où le diable avoit emporté la graisse, il mettoit encore de l'eau dedans, disant que cela nourrissoit trop : il ne mangeoit quasi point chez lui, mais il se crevoit quand il alloit en festin ; il n'y alloit pas souvent à la vérité. Chez lui il n'y avoit point d'ordinaire, et la première fois qu'on y mit la nappe ce fut le lendemain de sa mort.

Lorsqu'il étoit en santé, et que lui et sa femme sortoient, on fermoit tout à la clef, jusqu'à la cuisine, et la servante demeuroit dans la cour si elle vouloit. A vivre comme cela, n'ayant qu'une seule fille, il la laissa riche : un Amelot l'a épousée. Cette madame de Chaumontel est un original ; elle vouloit faire trois couvertures de mulets pour mettre sur des chevaux de louage, en allant à Forges, disant que cela avoit bonne mine et que les grands seigneurs en usoient ainsi : pour cela elle vouloit louer des chevaux de charge pour porter ses hardes. Une fois que je fus chez madame Margonne, quelque méchante langue lui alla dire que j'étois un bel esprit : elle se tua, tandis que je fus là, de dire de belles paroles ; et tous ceux qui y étoient se crevoient de rire.

La troisième fille de Pommeuse vit encore ; en premières noces elle avoit épousé un nommé M. Pastourel, dont elle n'a point eu d'enfants : on dit que pour sauver les charges de son mari qui valoient cinquante mille écus, elle coucha avec le président de Chevry (1);

---

(1) Duret de Chevry, président de la chambre des comptes de Paris. (Voyez son article, t. 1, p. 261.)

elle a été jolie, à ce qu'on dit. De cette famille, ils deviennent tous chauves de bonne heure. Je la connois il y a long-temps, mais je ne lui ai jamais vu un cheveu ni un reste de beauté. Elle est de belle taille, et a de l'esprit, du sens et de l'équité. En secondes noces elle a épousé Margonne, receveur-général de Soissons : on croit qu'ils concubinoient ensemble auparavant, car elle a été galante. Bordier s'y est amusé, à ce qu'on dit, qu'elle étoit déjà bien degoûtante ; mais il étoit fort peu de chose en ce temps-là, et il tenoit à honneur qu'on le souffrît là-dedans. Elle en usa assez mal avec la femme de Bordier, qui, à cause d'elle, étoit maltraitée par son mari. Elle n'a eu pour tous enfants qu'une fille qui a la taille gâtée : cette femme, qui voit assez clair d'ordinaire, ne voit point cette bosse, parle des robes de sa fille, dit : « Sa robe lui va si bien, « vous diriez qu'elle est cirée ; » et elle pare cette fille pour l'envoyer au bal. Mais il faut dire la vérité, voilà tout son faible : sa fille a de l'esprit et du sens autant qu'on en peut avoir en une grande jeunesse. Nous parlerons ensuite de la quatrième fille de Pommeuse.

MONTAURON (1).

Pendant que Montauron étoit à Pommeuse il en conta à la dernière et à la plus jolie des filles de M. de Pommeuse (2) : il n'y avoit qu'elle qui n'eût point été mariée; on l'appeloit mademoiselle Louise : Patru, qui étoit son ami, quoique beaucoup plus jeune qu'elle, dit que c'étoit une fort aimable personne (3). Montauron étoit laid et impertinent ; cependant comme elle ne voyoit que lui, et qu'on ne la marioit point, elle l'aima à faute d'autre. Patru, à qui elle conta toute son histoire, depuis lui disoit : « Mais, ma chère, c'est « donc pour faire dire vrai à Chéva que tu as aimé cet « homme ? — Ce sera ce que tu voudras, » disoit-elle en rougissant. La voilà grosse : elle accouche ; Montauron reçoit l'enfant par une fenêtre, et l'emporte à Paris ; il avoit un cheval de louage. Il a dit depuis que quand il fut question de le donner à une nourrice, il n'avoit que deux écus. Pensez qu'il en trouva à emprunter quelque part. Elle accoucha encore deux fois. La seconde fois elle fut découverte par une servante. La mère croyoit qu'elle étoit hydropique, et le père

(1) Pierre Du Puget, seigneur de Montauron, des Carles et Caussidière, La Chevrette et La Marche, conseiller du Roi, premier président au bureau des finances de Montauban.

(2) C'étoit la cousine-germaine de Montauron, qui étoit le neveu de Puget de Pommeuse.

(3) Le père de Patru avoit une ferme près de Pommeuse. (T.)

étoit un méditatif, qui ne voyoit pas ce qu'il voyoit; l'ayant su, il alla trouver sa fille le troisième jour qu'elle étoit fort mal. Elle se voulut jeter à ses pieds, il la retint et lui dit : « Traitez bien cette servante « toute votre vie, car elle vous peut perdre, et n'y re- « tournez plus. » Elle n'y retourna effectivement qu'après sa mort; mais c'est qu'il mourut bientôt. Des trois enfants qu'elle eut, il n'y eut que l'aîné qui vécut; c'étoit une fille.

Montauron, ses amours étant découvertes, ne demeura plus à Pommeuse, et il se mit au régiment des gardes; après il se fit commis, puis il eut quelque intérêt dans la recette de Guyenne; ensuite, s'étant bien remis avec feu M. d'Espernon, il acheta la charge de receveur-général de Guyenne : il se fourra tout de bon dans les affaires. Il avoit promis à mademoiselle Louise de l'épouser; il ne s'en tourmentoit pas autrement, disoit, pour toute excuse, que cela nuiroit à ses affaires. Il y avoit deux ans qu'elle n'en avoit eu aucune nouvelle quand elle mourut de dépit de se voir ainsi trahie, et de ce que la femme de son frère de Pommeuse lui reprochoit quelquefois sa petite vie (1).

Voilà Montauron opulent; il étoit si magnifique en toute chose, qu'on l'appeloit *Son Eminence gasconne*, et tout s'appeloit *à la Montauron* (2), comme aujour-

(1) Dans Morery, on présente Louise Du Paget comme ayant été la première femme de Montauron.

(2) Corneille a dédié *Cinna* à Montauron, en 1639. Dans l'épître dédicatoire il le compare à Auguste, c'étoit le Mécène des gens de lettres. Fitelieu, qui s'intituloit en outre *sieur de Rodolphe et du Montour*, lui dédia *la Contre-Mode* (Paris, Louis de Heuqueville, in-12, 1642).

d'hui *à la Candale*. Pour entrer laquais chez lui, on donnoit dix pistoles au maître-d'hôtel. Jamais je n'ai vu un homme si vain ; il donnoit, mais c'étoit pour le dire. Sa plus grande joie étoit de tutoyer les grands seigneurs, qui lui souffroient toutes ces familiarités à cause qu'il leur faisoit bonne chère, et leur prêtoit de l'argent ; il étoit ravi quand il leur disoit : « Ça, ça, « mes enfants, réjouissons-nous. » Mais c'étoit bien pis quand M. d'Orléans, car cela est arrivé quelquefois, ou M. le Prince d'aujourd'hui (1) y alloient ; il étoit au comble de sa joie. Une fois M. de Châtillon lui dit : « Mordieu, monsieur, nous sommes tous des « gredins au prix de vous. Faites-moi l'honneur de « me prendre à vos gages, et je renonce à tout ce que « je prétends de la cour. » Une fois qu'il ne dînoit point chez lui, Roquelaure et quelques autres y vinrent, et se firent servir à dîner comme s'il y eût été. Il ne se fâcha point, et dit qu'il vouloit que désormais on servît chez lui tant en absence qu'en présence. Il disoit insolemment : « *Il est sur l'état de ma maison.* »

Il avoit fait élever la fille qu'il eut de mademoi-

Voici le commencement de l'épître dédicatoire : « Monsieur, ce premier « essor de ma plume et de mon esprit dans Paris, quoique petit, ren- « contre de prime-abord un grand homme pour se faire connoître à sa « faveur. Il recevra plus de vogue et d'autorité de votre nom que du peu « de suffisance de celui qui vous l'offre, et pour combattre une erreur « populaire qui vous fait *l'auteur d'une Mode* qu'il condamne, il pu- « bliera partout que vous aimez bien plus les contentemens de l'âme « que les plaisirs du corps, etc. » Nous citons ce passage, parce qu'il prouve que Montauron étoit un homme à la mode ; l'ouvrage, tout ridicule qu'il est, contient des détails singuliers sur les usages du temps.

(1) Le grand Condé.

selle Louise, sa cousine germaine, comme une princesse, et il la vouloit marier tout de même que si elle eût été sa fille légitime. Une fois, en je ne sais quelle cérémonie de famille, M. de Dardanie fit passer mademoiselle de Montauron devant mademoiselle Margonne. On lui dit : « Mais celle-là n'est pas légitime. « — Voire, dit-il, bâtarde pour bâtarde, encore « celle-là est-elle l'aînée. »

Feu Saint-Charmes Tervaux, conseiller au grand conseil, garçon d'esprit et qui faisoit joliment des vers, n'en voulut pourtant point, quoiqu'elle eût cinquante mille écus, et qu'il y eût beaucoup à espérer encore. Mais Tallemant (1), conseiller au grand conseil, garçon de grande dépense, espérant avoir des millions, l'épousa, après avoir changé de religion, et de l'argent du mariage, en acheta une charge de maître des requêtes. Il fut nourri quelques années, lui et son train, chez Montauron, et il en tira plus de dix mille écus de hardes. L'éducation de cette fille avoit été étrange, car elle ne voyoit que vitupère, car il avoit des demoiselles chez lui et dehors, tout à la fois; tout fourmilloit de bâtards là-dedans, et sa gouvernante avoit à tout bout de champ le ventre plein. De succession, il n'en falloit point parler; car cette fille étoit incestueuse, et il n'y avoit pas même un contrat de mariage. Tallemant négligea avec tout cela de prendre toutes ses sûretés à la chambre des comptes pour la légitimation. Pas un de ses parents, hors sa sœur, ne consentit à ce mariage, et ils n'ont jamais

---

(1) Gédéon Tallemant, maître des requêtes et intendant de justice en Languedoc.

voulu signer le contrat. Lui et sa femme, au lieu d'épargner, s'imaginoient avoir des millions de Montauron, et le gendre, à l'exemple du beau-père, faisoit une dépense enragée; il se mit même à jouer, et on se confessoit de lui gagner son argent, car il jouoit comme un idiot. Il avoit aussi des mignonnes. Montauron souffroit qu'on dît des gaillardises à sa table, et il est arrivé souvent à sa fille de feindre de se trouver mal, et de se retirer tout doucement dans sa chambre. Les petits maîtres et autres prenoient ce qu'il y avoit de meilleur, et souvent à peine daignoient-ils faire place à celui qui leur faisoit si bonne chère. J'ai cent fois ouï dire à Montauron qu'il avoit les meilleurs officiers de France; il n'y avoit que lui alors qui parlât comme cela : il disoit familièrement à son gendre, fils d'un homme d'affaires : « Il n'y a que moi d'homme de « condition dans les affaires. » Il avoit des armes à son carrosse, à la vérité sans couronnes; s'il revient, il en mettra. Dans sa grande abondance, il avança un homme de son nom jusqu'à le faire président au mortier à Toulouse : Tallemant, à la prière de son beau-père, prêta quarante mille livres pour aider à acheter la charge.

Une fois aux comédiens du Marais, M. d'Orléans y étant, quelqu'un fut assez sot pour dire qu'on attendoit M. de Montauron. Les gens de M. d'Orléans le firent jouer à la farce, et il y avoit une fille *à la Montauron,* qu'on disoit être mariée *Tallemant quellement.*

Comme cet homme n'avoit nul ordre ni en ses dépenses ni en ses affaires, et que feu M. le Prince, qui l'aimoit, ne lui put jamais faire tenir un registre, tout

cela enfin alla cul par sus tête : il fut contraint de vendre La Chevrette à M. d'Émery, et sa maison du Marais à M. le duc de Retz. A cette Chevrette il avoit établi une chose fort raisonnable ; c'est que si un de ses gens eût pris un sou de qui que ce soit qui y couchoit, il auroit été chassé. Il ne payoit point ce qu'il devoit ; cependant il avoit encore une maison de quatre mille cinq cents livres de loyer, et tenoit bon ordinaire. Il avoit épousé clandestinement la sœur de Souscarrière, la fille du pâtissier [1], car le jubilé n'avoit point fait de miracle pour elle. Souscarrière, qui n'entend point raillerie, dès qu'il vit que notre homme s'enflammoit, lui déclara que s'il ne voyoit sa sœur à bonne intention, il n'avoit qu'à n'y plus retourner ; mais s'il vouloit l'épouser que ce lui seroit honneur et faveur. La fille étoit bien faite, il l'épousa. Sous son nom il a acquis quelques terres autour de Paris ; on l'appelle madame de La Marche, car La Marche vers Villepreux est à elle : il n'a point encore déclaré ce mariage, parce que, dit-il, il n'est pas en état de faire tenir à sa femme le rang qu'elle doit tenir. Il y a eu du grabuge entre eux.

En ce temps-là (1648) il fit une insigne friponnerie à un receveur des tailles ; c'est un Toulousain. Montauron lui proposa d'épouser une de ses nièces dont le père a été libraire, à condition de prendre sa charge et de lui en donner une de trésorier de France à Montauban qui valoit vingt mille livres de plus que la sienne, et que par le contrat il confesseroit avoir reçu

[1] Elle s'appeloit Isabelle-Diane de Michel, et fut dame de La Marche. Il l'épousa en 1643, suivant Morery.

ces vingt mille livres pour la dot. Le mariage s'accomplit : ce garçon vient à Paris pour se faire recevoir ; à la chambre on se moque de lui, car ce bureau est de nouvelle création, et n'est pas vérifié, ou du moins il ne l'étoit pas alors. La mère et la sœur du marié chassèrent la nièce de *Son Eminence gascone*. Cependant Montauron, qui étoit à Toulouse, faisoit *flores*; mais au sortir on lui arrêta son équipage faute de payer ses dettes. Il revint à Paris, où il fut obligé d'aller manger chez son gendre, qui avoit un logis à part. Depuis que Montauron avoit vendu sa belle maison, il n'avoit ni cheval ni mule.

Durant le siége de Paris il se laissa tomber et se rompit une jambe : on le porta chez son gendre, où il prenoit ses repas ; il y fit venir une petite fillette de quinze ans, nommée *Nanon*, fille de dame Jeanne, une grosse fruitière à qui il avoit l'honneur de devoir honnêtement : il l'avoit habillée en demoiselle. Il falloit que madame Tallemant souffrît que cette petite friponne se mît en rang d'oignon, et qu'on lui envoyât de quoi dîner avec lui. Nonobstant tous ces soins, un beau jour il se fait lever et s'en va chez lui ; la fille eut beau pleurer, le gendre eut beau tempêter, il n'y eut pas moyen de le retenir. Cela venoit de ce qu'il craignoit qu'on lui débauchât sa Nanon, et de ce que dame Jeanne n'alloit pas là-dedans si librement que chez lui. Cet homme avoit mis son honneur, quand sa fille logeoit avec lui, à débaucher toutes les filles qu'elle prenoit, pour peu qu'elles fussent jolies.

Depuis, du temps des rentes rachetées, Montauron, qui ne se trouvoit pas bien ici sous la couleuvrine de ses créanciers, s'en alla en Guyenne, où son gendre étoit

intendant, pour y faire ses recouvrements, car il est receveur-général ; mais avant que de partir, il découvrit pour dix mille écus, à Monnerot, toutes les rentes qu'avoient rachetées ceux dont il avoit été associé en quelque traité. Il est encore à revenir de ce pays-là.

Il s'y est amusé à faire de son mieux, et, contentant sa vanité aux dépens de ses créanciers, il a toujours fait bonne chère. Il s'est occupé à l'astronomie judiciaire, lui qui ne savoit ni A ni B, et il a fait quelquefois des horoscopes, et dit qu'il a des moyens infaillibles pour accorder les religions. Il alla à Saint-Jean-de-Luz à la conférence, et y tenoit table. Il vint ici l'hiver après le mariage, se fiant sur un arrêt du conseil ; mais on le fit mettre à la Conciergerie, d'où Tubeuf-Bouville, conseiller de la grand'chambre, et Tallemant le tirèrent. Il avoit fait rappeler Bouville d'exil du temps du cardinal de Richelieu.

Il écrivit à sa femme, après le mariage déclaré : « Mettez mon fils à l'Académie, donnez-lui un gouver-« neur, car il le faut élever en homme de condition. » Elle lui répondit : « Je lui donnerai des pages, si vous « voulez ; vous n'avez qu'à m'envoyer de l'argent. »

Une famille de Puget de Provence, qui est assez ancienne, voyant Pommeuse trésorier de l'épargne, et Montauron déjà en grande faveur, les reconnut pour ses parents. Il y en a une belle généalogie chez Tallemant [1].

---

[1] C'est sans doute d'après cette généalogie qu'a été fait l'article *Puget* dans le Dictionnaire de Morery. Il semble avoir été dicté à la complaisance des éditeurs par la famille des Pugets. A l'exception du père Anselme, il faut lire, avec précaution, presque tous les généalogistes.

LA SERRE (1).

La Serre se nommoit Puget, et étoit proche parent de Montauron (2); il fut marié à Toulouse, et sa femme, à ce qu'on dit, mourut de jalousie. Il vint à Paris, où il étoit logé dans un grenier : il achetoit, comme il dit lui-même, une main de papier trois sols et la vendoit cent écus; c'est de lui que Saint-Amant a dit :

> Et depuis peu même La Serre,
> Qui livre sur livre desserre,
> Dupoit encore vos esprits
> De ses impertinents écrits.

Il a une malheureuse facilité à écrire qui lui a fait

---

(1) Jean Puget de La Serre, écrivain pitoyable, qui seroit oublié si Boileau ne l'avoit doté de l'immortalité du ridicule.

> La Serre est un charmant auteur,
> Ses vers sont d'un beau style et sa prose est coulante.
> (*Satire* IIIe.)

> Vous pourriez voir un temps vos écrits estimés
> Courir de main en main par la ville semés;
> Puis de là tout poudreux, ignorés sur la terre,
> Suivre chez l'épicier Neuf-Germain et La Serre.
> (*Satire* IXe.)

(2) La mère des trois Puget s'appeloit Isabeau Le Brun de La Serre. Cette parenté devoit venir de là.

mettre au jour plus de soixante volumes, tant grands que petits, qui, à la vérité, ne sont tous que rapsodies : il tenoit pour maxime qu'il ne falloit qu'un beau titre et une belle taille-douce; aussi madame Margonne (1) l'appeloit-elle *le Tailleur des Muses,* parce qu'il les habilloit assez bien. Après avoir bien débité tant de mauvaises choses à Paris, que le monde commençoit à s'en lasser, il s'en alla en Lorraine. Là, il trouva de bons seigneurs qui lui firent de gros présents pour de ridicules épîtres dédicatoires; car ces mêmes livres avoient été présentés à d'autres en France, et il n'y avoit que la première feuille de changée, de peur qu'à la date on ne reconnût la fourberie. Après il suivit la Reine-mère à Bruxelles en qualité d'historiographe. Là il fit assez bien ses affaires, et il ne trouva pas les Flamands plus fins que les Lorrains. C'est un des plus mauvais ménages du monde; aussi n'est-il pas intéressé, et il le fit bien voir au courrier de Piccolomini. Il avoit dédié un livre à ce général, et sur le paquet il avoit mis : « Je ne mets point le lieu « où tu es; la renommée l'apprendra assez à celui à « qui je l'envoie. » Piccolomini, jaloux de sa réputation, dépêcha un courrier à La Serre avec une bourse où il y avoit cinquante écus d'or. La Serre en donna plus de la moitié à cet homme, et lui dit : « Je n'ai « recherché en cela que l'honneur de dédier un livre « à votre maître. »

Après la mort de la Reine-mère, le cardinal de Ri-

---

(1) C'étoit une fille d'Étienne Du Puget. (*Voyez* plus haut l'article des Puget.)

chelieu accorda à Montauron le retour de La Serre, le logea chez lui, lui entretint un carrosse, et lui donna deux mille écus de pension. Voyez quelle fortune ! La Serre vivoit comme si cela ne lui eût jamais dû manquer ; au bout de l'an il devoit quelque chose.

Il traita deux ou trois fois quelques-uns des plus estimés de l'Académie. Un jour il leur conta de galant homme (1) toute sa vie ; une autre fois il se vouloit faire passer pour un autre homme, et ne se souvenoit plus de ce qu'il leur avoit dit. Celui-là est Puget et demi. Quand il falloit monter en carrosse, il leur disoit : « Montez, montez dans mon carrosse ; c'est le « char de la Fortune. » Une fois, comme il attendoit quelqu'un à la porte de l'hôtel de Mélusine, chez Bois-Robert, où l'Académie s'assembloit alors (2), il rencontra le vieux Baudoin qui en sortoit : « Ah ! bon « homme, s'écria-t-il, que vous et moi avons bien dé- « bité le galimatias ! » Baudoin ne trouva cela nullement bon ; mais il ne sut que lui répondre. J'ai parlé, dans l'Historiette du cardinal de Richelieu (3), de la tragédie en prose de *Thomas Morus*. Le chancelier en fit autant de cas que le cardinal de Richelieu, par ignorance ou par flatterie, ou peut-être par tous les deux ensemble, et il fit La Serre conseiller d'Etat ordinaire. Quand La Serre le salua la première fois, il lui dit :

---

(1) Expression empruntée de la langue italienne (*da galant'uomo*).

(2) C'étoit au mois de juin 1638. Voyez l'*Histoire de l'Académie françoise*, par Pellisson (Paris, 1730, t. 1, p. 86). L'hôtel de Mélusine devoit vraisemblablement son nom à un tableau de cette fée qui lui servoit d'enseigne.

(3) *Voyez* au t. 1 la note de la p. 400.

« Monseigneur, je suis de cire ; vous avez les sceaux,
« imprimez-moi. »

Il fit plusieurs pièces en prose, et il donnoit les violons à l'hôtel quand on les représentoit, c'est-à-dire qu'il y avoit dix ou douze violons dans les loges du bout, qui jouoient devant et après et entre les actes. Enfin, pour couronner ses folies, quoiqu'il fût sous-diacre, il lui prit envie de se remarier, et il fut accordé avec la fille de Hanse, apothicaire de la Reine; mais Montauron ayant été obligé de vendre La Chevrette et sa maison de Paris, M. de La Serre fut aussi obligé de chercher une femme ailleurs. Il subsista ensuite par la faveur de M. le chancelier, qui lui fit avoir pension comme historiographe de la Reine, car il en avoit les provisions.

Cet homme ne manque point d'esprit, témoin ce qu'il dit au Père Suffren (2), qui lui remontroit qu'il avoit eu tort de mettre à la fin de l'épitaphe qu'il fit pour le roi de Suède, *qu'il rendit son âme à Dieu*, parce que c'étoit un hérétique. « Hé ! mon père, ré-
« pondit-il, je n'ai pas dit ce que Dieu en avoit fait ;
« mais seulement qu'il rendit son âme à Dieu, pour
« en faire ensuite ce qu'il lui plairoit. »

Il est tout plein de franchise : il aborde toujours les gens en leur demandant où est *l'auneur?* Il s'avisa de faire une planche où son portrait étoit gravé en petit

---

(1) On lit *Souffran* dans le manuscrit, mais c'est évidemment du père Suffren, confesseur de Marie de Médicis, que parle ici Tallemant. Ce religieux avoit obtenu de Louis XIII la permission de suivre la Reine-mère dans les Pays-Bas. (Voyez l'*Histoire des confesseurs des rois*, par Grégoire; Paris, 1824, p. 339.) La Reine, qui étoit Italienne, prononçoit vraisemblablement *Souffran*, et à la cour tout s'imite.

au haut ; un peu plus bas, il y avoit une espèce de bibliothèque, dont les livres ouverts portoient les titres des livres qu'il a composés ; plus bas étoit Minerve qui tenoit le Temps enchaîné, et lui montroit un autre portrait de La Terre, lui défendant d'y toucher. Ce livre ne contient que les épîtres dédicatoires de ses ouvrages, et les portraits de ceux à qui ils furent présentés ; il est intitulé : *La Bibliothèque de M. de La Serre*, etc. Il en a fait un autre où sont les portraits de douze Annes d'Autriche, avec un quatrain au bas de chaque portrait ; à celui de la Reine, il y a :

Douze Annes en une Anne.

A entendre prononcer cela, il n'y a rien de plus ridicule à cause de l'équivoque.

Je ne sais par quel hasard La Serre et madame Lévesque (1) se rencontrèrent ; mais ils pensèrent se marier ensemble. Elle fut avertie quel homme c'étoit, et elle n'y voulut plus penser. Durant leurs amours, il lui emprunta seize pistoles, pour lui donner la collation et à quelques filles de ses voisines et à quelques garçons ; il leur fit un cadeau (2) ; au lieu que ceux qui avoient passé devant n'avoient donné que des tartelettes de fruit et quelques pouppelins (3). Elle lui envoya demander les seize pistoles à quelques jours de là. Il lui en renvoya une, disant que c'étoit pour son

---

(1) Elle étoit fille de Turpin, procureur au Châtelet, et elle épousa Lévesque, procureur au Parlement. (*Voyez* l'Historiette de madame Lévesque, t. 3, p. 278.)

(2) Fête, repas que l'on donne aux dames.

(3) Sorte de pâtisserie très-délicate. (*Dict. de Trévoux*.)

écot, et qu'elle en tirât autant de chacun, que cela feroit justement son compte : ils avoient été seize en tout.

Il épousa au bout de l'an (en 1648) une jolie personne, fille d'un cabaretier d'Auxerre. Ils s'attrapèrent l'un l'autre.

Le chancelier lui a fait avoir un logement dans la bibliothèque de l'hôtel de Richelieu, au Palais-Royal; il fait des livres avec des tailles-douces, et il vivote comme il peut.

TALLEMANT,

LE MAÎTRE DES REQUÊTES (1).

Tallemant a eu de patrimoine au moins cinq cent mille livres. Son père étoit trésorier de Navarre, et avoit quelques fermes du Roi; c'est où il avoit gagné la plus grande partie de son bien. C'étoit un homme de plaisir; mais son fils l'étoit bien autrement que lui.

Je ferai en passant un conte du père. Il étoit près d'épouser la fille d'une veuve de Rouen. On étoit presque convenu de tous les articles, quand cette femme le mena promener à deux lieues de la ville à une maison

---

(1) Gédéon Tallemant, maître des requêtes, intendant de Guyenne, de Languedoc et de Roussillon. Son portrait a été gravé in-4°, par Fresne.

qu'elle avoit ; on se mit à causer sur la bonde d'un étang ; la belle-mère lui parloit, le reste de la compagnie entra dans un bois. La veuve n'étoit point mal faite. En lui disant l'estime qu'il faisoit d'elle, il lui prit la main et la lui baisa; elle sourit : cela le mit en belle humeur; il lui leva la jupe et lui fit ce qu'il devoit faire à sa fille. Après, cette femme songe à ce qu'elle avoit fait ; la voilà au désespoir : elle pleure ; sa fille revient; elle fait semblant d'avoir la migraine. On retourne à Rouen : le lendemain elle déclare au galant qu'elle ne pouvoit se résoudre à lui donner sa fille après ce qui s'étoit passé. On fit naître exprès des difficultés sur les articles, et l'affaire fut rompue.

Tallemant le père avoit pour un de ses moindres commis un garçon de son nom, qui étoit un des plus adroits escrocs qu'on eût pu trouver ; il avoit instruit un barbet, qu'il avoit appelé Moustapha, à avaler tout ce qu'il lui jetoit. Quand il aidoit à compter de l'argent au caissier, il escamotoit quelques pistoles qu'il jetoit sous main à ce barbet, comme si c'étoit du pain, puis il l'enfermoit dans sa chambre et le purgeoit. Au-devant du logis de M. Tallemant demeuroit un maître des requêtes, nommé Bigot, sieur de Fontaines. En ce temps-là les maîtres des requêtes alloient plus sur des mules qu'en carrosse. Notre commis ôta les fers de devant à cette mule, se les mit aux pieds et alla dans la cave voler du vin. La femme de charge, bonne Huguenote, qui avoit entendu lire l'histoire de l'idole de Baal, avoit semé de la cendre pour découvrir si l'on alloit tirer son vin : elle pensa tomber de son haut quand elle vit ces fers de cheval ou de mule marqués dans la cave.

Tallemant, le maître des requêtes, toute sa vie a cajolé les femmes ; mais il y avoit bien de la bagatelle à son affaire. Un jour qu'il fut une heure dans la ruelle du lit de sa sœur d'Harambure, seul avec madame de Cressy, la dame tout d'un coup appelle madame d'Harambure. « Oh ! devinez, ma chère, de « quoi votre frère m'a entretenue ? De mes pendants « d'oreille. En vérité, il ne m'a parlé d'autre chose. » Il dépensoit. Chabot et lui alloient ensemble au bal : il prêtoit des habits et du linge à Chabot (1).

Ce fut en Rouergue, chez le comte de Clermont de Lodève, grand homme de bien, et entre les mains de l'évêque de Saint-Flour (Noailles), depuis évêque de Rodez, un des plus ignorans hommes du clergé, qu'il fit abjuration pour épouser mademoiselle de Montauron. Voyez s'il n'y a pas bien de la conduite à tout cela. Je l'ai vu dans une lâche adoration pour son beau-père, dont sa sœur crevoit de dépit : il parloit aussi sans cesse de la jeunesse de sa femme : « Je lui « ai vu venir les tétons, disoit-il. — Hé ! mon Dieu, « dit sa sœur, puisque vous les voyiez venir, que « n'empêchiez-vous qu'ils ne vinssent comme ils sont « venus ? » C'est qu'elle a la gorge fort enfoncée.

Cette femme ne manque pas d'esprit ; mais elle n'a pas plus de cervelle que de raison. Elle disoit après la conférence : « Si les partisans reprennent le dessus, « tout est perdu ; » elle qui étoit fille du partisan des partisans ; et cent fois il lui est arrivé de faire des

---

(1) Chabot étoit un bien petit gentilhomme avant d'épouser mademoiselle de Rohan. (*Voyez* l'Historiette de mademoiselle de Rohan, t. 3, p. 59.)

contes de bâtards. Elle ne fait rien de ses dix doigts que tenir des cartes ; elle ne s'est jamais mêlée du ménage ni de ses enfants : il n'étoit pas impossible pourtant de l'y accoutumer, car elle étoit d'humeur assez douce ; mais il lui eût fallu un autre mari. Tallemant lui achète jusqu'à ses souliers et ses rubans, car jamais il n'y eut un homme si badin que lui pour ces sortes de choses-là.

Par vanité, il voulut que Silhon (1), qui alors n'étoit nullement en bonne posture, vînt le voir ; il l'avoit fait loger auprès de lui, et lui donnoit pour cela d'assez bons appointements. Silhon y alloit, mais jamais le maître des requêtes n'avoit le loisir de lire avec lui. Silhon, après avoir demandé quelque temps pourquoi on le faisoit venir, et ayant su que madame d'Harambure, qui étoit vaine comme un Gascon, avoit dit que Silhon étoit à son frère, se retira. Il eut ensuite Rampalle (2), un poète assez médiocre, puis un Allemand nommé Stella ; mais tous ces gens-là ne lui ont jamais rien appris. Je crois que notre cousin les faisoit venir afin de se pouvoir vanter de dépenser en toutes choses imaginables ; car il avoit des tableaux, des cristaux, des joyaux, des tailles-douces, des livres, des chevaux, des oiseaux, des chiens, des mignonnes, etc. Il jouoit, il faisoit grand'chère, il étoit ma-

---

(1) Jean Silhon, de l'Académie françoise, écrivain politique, auteur du *Ministre d'État*, etc., etc. Il mourut en 1667.

(2) Rampalle est un mauvais poète, dont Boileau a dit :

On ne lit guère plus Rampalle et Mesnardière.
(*Art poétique*, ch. IV.)

gnifiquement meublé. Il acheta une maison cent mille livres pour la faire quasi toute rebâtir, et cela en un quartier effroyable, tout au fond du Marais, sur le rempart (1).

Il me vouloit prouver une fois qu'un homme propre comme lui ne pouvoit se passer à moins de six robes-de-chambre pour s'habiller : une d'hiver et une d'été, autant à la campagne ; une noire pour recevoir les parties, et une belle pour les jours qu'on se trouve mal.

Il vouloit faire l'habile homme et ne savoit rien. Une fois que Floridor (2), qui est son compère, lui vint lire, pour faire sa cour, une pièce de Corneille qu'on n'avoit point encore jouée, mademoiselle de Scudéry, mademoiselle Robineau, Sablière, moi et bien d'autres gens étions là ; nous nous tenions les côtés de rire de le voir décider et faire les plus saugrenus jugements du monde ; il n'y eut que lui à parler : vous eussiez dit qu'il ordonnoit du quartier d'hiver dans une intendance de province, comme il fit ensuite.

Aussi prudent en autre chose qu'en dépense, une

---

(1) Ce devoit être dans la rue des Tournelles, derrière la Place Royale. Le rempart étoit fort élevé, et empêchoit la vue ; on ne commença à le planter et à le convertir en boulevards qu'en 1668 ; les plantations ne furent achevées jusqu'à la porte Saint-Honoré qu'en 1705.

(2) Josias de Soulas, sieur de Prime-Fosse, après avoir fait profession des armes dans le régiment des gardes-françoises de Louis XIII, se fit comédien sous le nom de *Floridor*. Il avoit une figure noble, une belle taille, un son de voix mâle sans cesser d'être pénétrant et affectueux. Il joignoit à ces avantages beaucoup d'esprit et une conduite exemplaire. (Voyez l'*Histoire du Théâtre-François*, par les frères Parfait, t. 8, p. 217.)

fois que sa femme étoit assez mal d'une couche, il donna chez lui-même la comédie à madame Coulon (1). Cela pensa faire enrager l'accouchée. Depuis, il enragea à son tour, car Dieu lui fit la grâce de devenir jaloux. Sa femme insensiblement goûta les cajoleries : je voyois qu'elle avoit toujours quelque chose à dire à quelqu'un au Cours, et qu'elle criailloit d'une allée à l'autre. « Oh ! ce dis-je, notre homme en tient ; sa « femme est déjà *pialeuse*; elle sera bientôt coquette. » Elle ne manqua pas de me faire dire vrai, et le mari ne manqua pas de se décrier pour jaloux : il la suivoit partout. Il arriva une fois une assez plaisante chose. Sa femme devoit aller à une collation chez une de ses parentes (madame Nolet); un garçon gagea une pistole contre mademoiselle Margonne que Tallemant ne se tiendroit jamais d'y venir. La fille croyoit gager à jeu sûr, car elle avoit fait en sorte que son père avoit convié Tallemant à aller se promener à un jardin au faubourg Saint-Antoine. Tallemant y va. Il étoit six heures sans qu'on ouït parler de lui à la collation. Le pauvre garçon ne savoit que répondre aux goguenarderies de la demoiselle, quand on voit entrer M. Margonne et M. Tallemant. La chance tourna aussitôt ; la fille en colère va demander à son père pourquoi il l'avoit ainsi trahie. « Hélas ! ma mie, lui dit-il, j'aime mieux te rendre « ta pistole. Oh ! le méchant métier que de vouloir « empêcher un jaloux d'aller où il a peur qu'on ne « cajole sa femme ! A moins que de le prendre au

(1) Femme d'un conseiller au Parlement qui a beaucoup marqué dans les troubles de la Fronde. (*Voyez* t. 4, p. 14, l'Historiette de madame Coulon.)

« collet, il n'y a pas moyen d'en venir à bout. » Une fois qu'il jouoit à la prime, il y avoit un homme auprès de sa femme; il le voyoit, cela le troubla de sorte qu'il ne savoit ce qu'il faisoit, et il perdit tout son argent. Elle, de son côté, ne se soucioit de rien, pourvu qu'elle se divertît : c'étoient continuelles parties. Ils ne se faisoient pas déchirer leur manteau pour demeurer quand on les vouloit retenir. Madame Nolet disoit : « Ils sont allés voir une belle maison; ils y « souperont s'ils peuvent. » Ils ne payoient pas autrement bien. Une fois, à l'église, Tallemant dit au prieur Camus : « Vous priez long-temps Dieu. — « C'est, répondit l'autre, que je le prie que vous me « payiez. »

Enfin, quoique Tallemant eût hérité de sa sœur de près de quatre cent mille livres d'argent comptant, et que, s'il se fût contenté de faire une dépense honnête, il eût dû avoir quatre cent mille écus de bien et davantage, il ne savoit plus où il en étoit, car il a beaucoup d'enfants. J'entrepris, avec un de mes parents, d'être son intendant, de recevoir tout son revenu, et de lui donner tant par mois, pourvu qu'il réglât son train, et qu'il se logeât comme je voudrois. Je les ai fait pleurer vingt fois sa femme et lui. Il falloit pour cela le remettre bien avec mon père, son oncle [1], qui ne vouloit plus le voir, et que je voulois obliger à lui fournir tant par an pour le revenu de certains effets qu'il faisoit valoir en commun pour la famille. Je commençai donc par lui proposer de chasser son cuisinier. « Bien, dit-il, je

---

[1] Gédéon Tallemant étoit fils de Gédéon Tallemant, trésorier de Navarre, oncle de l'auteur de ces Mémoires. (Voyez la *Notice*.)

« le chasserai dans quatre mois. — Et moi, lui dis-
« je, je parlerai dans quatre mois à mon père. » Sa
femme me disoit : « Hé! pour l'amour de Dieu, mon
« pauvre cousin, sauvez-moi encore un laquais. » Ils
me trompoient, car les gens qu'ils faisoient semblant
de chasser, ils les logeoient vis-à-vis de chez eux ; je le
sus. « Hé! leur dis-je, c'est vous que vous trompez, et
« non pas moi. » Et, les ayant trouvés incurables, je
ne m'en voulus plus mêler.

Il trouva moyen, entre la première et la seconde
guerre de Paris, de se faire donner l'intendance de Languedoc par le moyen de Vallon (1), de chez M. d'Orléans, à qui il fit un présent pour cela ; mais la cour
ne l'agréa pas. Le cardinal lui en vouloit ; car on l'accusoit d'avoir dit, durant son exil, que c'étoit un es-
croc, et qu'au jeu il l'avoit pipé plusieurs fois. Il fit
pourtant en quelque sorte sa paix par le moyen de
Lyonne qui étoit de sa connoissance, et il eut ordre de
tenir les Etats en Provence. Il étoit allé en Languedoc
avec un train de Jean de Paris (2), et d'autant plus volontiers, qu'il avoit été autrefois conseiller des Aides
à Montpellier, où, à l'entendre, il avoit encornaillé
toute la ville.

Il prit une vision à sa femme, étant grosse, d'aller,
à huit lieues de Montpellier, à un bal en litière : elle
et une sœur naturelle de son mari, qui est une
grande étourdie, se mettent en chemin toutes bouclées;
le branle de la litière leur fit mal au cœur ; il fallut

---

(1) Vallon étoit lieutenant-général attaché à Gaston. Mademoiselle
de Montpensier en a parlé fréquemment dans ses Mémoires.
(2) Livrée de couleur jaune-clair.

mettre la tête au vent; il pleuvoit; quand elles arrivèrent, c'étoient des poules mouillées.

En s'en allant, ils laissèrent ici quatre enfants en pension, et disoient à chacun de leurs parents en particulier : « Nous avons mis ordre à tout ce qu'il leur faut. » Il se trouva enfin que personne n'étoit chargé d'en avoir soin, et il fallut que madame de Sully, dont la jardinière nourrissoit le plus petit des quatre, fît donner de l'argent à cette femme et acheter tout ce qui étoit nécessaire à cet enfant; puis elle en fit un mémoire. Par bonheur, elle connoissoit madame Tallemant, pour l'avoir vue à Bourbon.

Il eut ensuite l'intendance de Guienne. Ruvigny l'y servit utilement. Il l'a encore, et quoique cet emploi lui vaille, j'ai honte de le dire, tous les ans vingt mille écus, il n'en épargne pas un sou, tant il fait *flores*. Comme il y a moins de cervelle de delà que deçà de la Garonne, ils sont aussi un peu plus évaporés à Bordeaux qu'à Paris, et l'on s'y moque aussi un peu plus d'eux.

Madame Tallemant n'est plus jolie, car elle n'est plus jeune, et elle accouche quasi tous les ans. Elle fit une fois une bonne étourderie au Cours qu'on y fait le long de l'eau : elle étoit dans son carrosse avec cinq femmes et deux jeunes conseillers, Pontac et Gâchon; M. de Saint-Luc, lieutenant du roi, vient à passer: « Monsieur, voulez-vous venir ici? » Il descend. « Mon« sieur de Pontac, dit-elle, faites place à M. de Saint« Luc. » Pontac, qui est tout jeune, sort sans trop songer à ce qu'il faisoit : « Mais, ajoute-t-elle, sera-t-il « tout seul dans l'autre carrosse? Monsieur de Gâchon, « allez lui tenir compagnie. » Gâchon y va, mais ce

fut par dépit, et il irrita si bien l'autre qu'ils n'ont point voulu se raccommoder avec elle.

Tout le monde dupe l'intendant en chevaux et en autres choses. Sa dépense fait honte à Saint-Luc et à d'Estrades, qui ne lui en veulent point de bien. M. de Candale ne mangeoit jamais que chez eux. Avant Tallemant, un intendant ne paroissoit point à Bordeaux; à cette heure on n'y parle que de M. l'intendant et de madame l'intendante; car ils ne veulent point qu'on les appelle autrement.

Elle a depuis fait une équipée qui a bien éclaté. Son mari avoit la goutte bien fort; il ouït dire qu'à un village nommé Bègle, à une lieue de la ville, il y avoit un saint, appelé saint Maur, qui guérissoit de la goutte : il prie sa femme d'y faire quatre voyages, pendant quatre dimanches consécutifs; elle lui promet d'y aller soigneusement. Aussitôt elle en fait avertir un conseiller, nommé Sénault, qui est, dit-on, son galant, et un petit abbé de Marans, qui en contoit à mademoiselle Du Pin, sœur bâtarde de Tallemant. Je ne sais pas ce qu'ils firent, mais je sais qu'ils n'employèrent pas tout le temps à prier Dieu. Il y avoit une demoiselle, la première fois, qui les laissa en liberté, et qui n'y alla pas la seconde; au troisième dimanche, comme ils entrèrent dans l'église, ils trouvèrent que le maître-d'hôtel du mari avoit pris les devants, et étoit déjà à faire ses *oremus*. Il fallut que les galants retournassent à pied. Pour le quatrième voyage, je pense qu'il fut fait dans les règles. Le mari cependant faisoit de grands compliments à sa femme pour la peine qu'elle prenoit. Au reste, pour dire ce que j'en pense, je crois qu'il y a plus d'imprudence que d'autre

chose; d'ailleurs on est fort médisant dans la province.

J'ai vu depuis ce petit abbé de Marans ici avec elles en un petit voyage qu'elles y firent seules ; ou je ne m'y connois pas, ou il n'y a rien que de la badinerie.

Ce voyage a été plus long qu'elles ne pensoient; car Tallemant fut révoqué. Toute la province en eut du regret, car il est bonhomme et si accommodant, que les partisans, le Parlement et le peuple en étoient contents : d'ailleurs il y accommoda, et en Provence aussi, des querelles où bien des gens auroient échoué. Retourné qu'il fut ici, le voilà plus fou que jamais, et sa femme de même : ils faisoient de continuels cadeaux et avoient des relations avec des femmes mal famées, qui avoient chacune leur galant dans la troupe ; tellement que c'étoit au maître des requêtes à donner les violons à sa femme : cependant au diable les arrérages qu'on payoit. Elle croit dire une belle chose quand elle dit : « Mon Tallemant n'a pas rap-
« porté un sou de son intendance. » Il y mangeoit quatre-vingt mille livres tous les ans, et il n'y a pas acquitté une dette : sa fille, qui étoit en religion à Longchamps, y est morte de chagrin. La mère fait comme si elle n'avoit que dix-huit ans : des enfants grands comme le géant ne l'effraient point. Ils firent les désespérés à cette mort; mais ils en furent bientôt consolés. Il s'avisa, ne sachant de quel bois faire flèche, et pour vérifier le proverbe qui dit que quand on devient gueux on devient brouilleux, de nous chicaner assez ridiculement; mais il n'y gagna rien à la fin.

Ce qui déplaît le plus à madame Tallemant et à Angélique, à Bordeaux, c'est qu'on n'y voit point d'embarras ; car un embarras est un grand divertissement pour elles ; c'est leur ragoût, et à Bordeaux elles disoient : « Mon Dieu, ne verrons-nous jamais un em-« barras? »

MADAME D'HARAMBURE.

Madame d'Harambure, sœur de Tallemant le maître des requêtes, avoit épousé le fils aîné du borgne d'Harambure, qui avoit commandé un temps les chevau-légers de la garde, sous Henri IV, auquel il avoit rendu de grands services. On appeloit La Curée [1], lui et quelques autres, *les Dragons du roi de Navarre*. Elle étoit jolie avant qu'elle eût eu la petite-vérole; pour de l'esprit, elle en avoit du plus brillant, et disoit les choses d'un air tout-à-fait agréable. Chandeville [2], neveu de Voiture, en devint amoureux. Elle, qui n'y entendoit point de mal, lui donnoit un peu trop de liberté; on l'en avertit : la voilà qui passe du blanc au noir; car elle avoit plus d'esprit que de jugement.

[1] Gilbert Filhet de La Curée, l'un des plus braves compagnons de Henri IV. Ce capitaine a été fort peu connu jusqu'à ces derniers temps. Ses beaux faits d'armes sont présentés avec le plus grand intérêt dans le *Journal militaire de Henri IV*, que M. le comte de Valory a publié d'après les manuscrits de la Bibliothèque royale, fonds de Béthune. (Paris, Firmin Didot, 1821, in-8°.)

[2] On a déjà indiqué le Recueil qui contient les poésies de Chandeville.

Elle donne congé au galant; elle fit pis encore, car ce pauvre garçon étant mort quelque temps après, quelqu'un lui en parla par rencontre, elle dit étourdiment qu'elle ne le connoissoit pas. Hors deux de mes frères, ses cousins-germains, et Lozières, autre cousin-germain, qui avoient peut-être plus de tendresse pour elle qu'on n'en a d'ordinaire pour une parente, je ne sache personne qui ait été amoureux d'elle jusqu'à son veuvage. Cette femme avoit quelquefois une fierté insupportable, et se prenoit souvent pour une autre. Elle eut l'insolence de mander à ses oncles Tallemant et Rambouillet, qui la prioient de venir ici pour leurs communes affaires, car son père étoit mort, qu'elle ne viendroit point si on ne lui promettoit de suivre son avis. Lorsqu'on lui demandoit conseil : « Ne me le « demandez pas, disoit-elle, si vous ne me voulez « croire. » Il lui prenoit des visions quelquefois de dire : « La Cloche (c'étoit sa favorite), n'ayons point « d'esprit aujourd'hui; cela est trop commun : tout le « monde en a. » Par vision, elle ne portoit point de rubans, avoit des sangles à ses souliers, au lieu de nœuds, et à ses jambes, au lieu de jarretières. Comme elle étoit brune, elle se fit peindre en esclave more, qui avoit des fers aux mains.

Jamais femme n'a tant aimé l'adoration : ce fut par là que son frère la fit consentir à son mariage; elle vouloit qu'on fût à elle sans rien prétendre; et moi qu'elle avoit aimé tendrement, et quasi comme son fils, elle ne m'aimoit plus tant, parce que j'étois amoureux d'une femme, et qu'elle ne pouvoit pas dire que je fusse absolument à elle. Ma foi! en l'âge où j'étois, il me falloit quelque autre chose pour m'arrêter

que ce qu'elle me vouloit donner ; d'ailleurs, depuis sa petite-vérole, elle n'avoit rien de joli que l'entretien et le bien. Son mari fut tué au combat de la Route avant le secours de Cazal (1). J'ai dit qu'elle ne voulut point acheter le bonhomme de La Force. Elle étoit riche et estimée ; elle voyoit beaucoup de gens de qualité : cependant elle n'étoit point contente ; je n'ai jamais pu deviner ce qu'il lui falloit. Ceux de dehors ne s'apercevoient point de son chagrin ; car, comme elle avoit l'ambition de plaire, elle se forçoit, et je lui disois, à cause de cela, qu'il n'y avoit point d'avantage à être son parent.

Elle avoit une amitié fort étroite avec une madame de Lagrené qui étoit une fort raisonnable personne. Cette femme m'a dit que le dessein de ma parente étoit de faire tous ses efforts pour épouser Gassion, s'il devenoit maréchal de France. Elle ne manquoit pas de gens qui la recherchoient. Celui de tous ses poursuivants qui s'y obstina le plus, ce fut un capitaine aux gardes, qui est aujourd'hui lieutenant des gendarmes, si je ne me trompe ; il s'appelle La Salle. Comme elle aimoit à être adorée, quoiqu'elle ne l'aimât point, elle ne se put résoudre à lui fermer sa porte ; elle lui disoit : « Nous ne sommes pas le fait l'un de l'autre. « Il y a long-temps que je vous connois ; vous êtes ménager, et moi j'aime la dépense ; je suis huguenote, « vous êtes catholique ; vous êtes d'humeur soupçonneuse, et moi d'humeur libre. » La Salle se résout à l'enlever ; il donne de l'argent aux gens de la dame pour avoir plus de facilité à l'enlever sur le chemin de

---

(1) Par le comte d'Harcourt, en 1640.

Charenton. Elle le sait par eux-mêmes; elle leur donne autant que lui, et lui renvoie ce qu'il leur avoit baillé. Ses oncles, qui étoient administrateurs du revenu du cardinal de Richelieu, en allèrent parler à madame d'Aiguillon, et lui firent entendre que La Salle se faisoit fort de M. le comte de Guiche. Elle en avertit le cardinal, qui déclara au comte de Guiche que si La Salle enlevoit cette femme, ce seroit à lui qu'il s'en prendroit, et non à La Salle.

Madame d'Harambure étoit effectivement libérale, et, par son testament, elle donna près de quarante mille écus. Elle mourut jeune (à trente-trois ans), et lorsqu'elle se croyoit mieux, d'une maladie de langueur; elle avoit toujours dit qu'elle vouloit mourir en repos, et que l'appareil de la mort étoit plus effroyable que la mort même. Quand elle étoit malade, elle ne se laissoit quasi voir à personne. Elle mourut comme elle souhaitoit; car s'étant fait un transport au cerveau, elle ne vit ni ne sentit rien de tout ce qu'on fit pour la faire revenir. Cette fantaisie de ne se point laisser voir fit dire bien des sottises; mais je crois qu'il n'y a que de l'imprudence et de l'humeur particulière à tout cela.

LA LEU.

Paul Ivon, seigneur de La Leu, étoit d'une honnête famille de Bleré en Touraine. Dès sa plus tendre jeunesse, il s'amusoit à faire des ronds et des carrés sur le sable; marque certaine qu'il s'adonneroit aux mathématiques. Il s'appliqua au commerce, et, s'étant habitué à La Rochelle, car il étoit huguenot, il épousa la fille d'un Flamand, natif de Tournay, nommé Tallemant, qui, chassé de son pays pour la religion, du temps du duc d'Albe, avoit trouvé une jeune veuve des meilleures maisons de la ville qui l'avoit épousé pour sa beauté. On m'a dit en effet que c'étoit un fort bel homme. Paul Ivon fit une société avec les frères de sa femme, savoir : le père du maître des requêtes et mon père. Ils eurent quelque bonheur en leurs affaires; mais dès que Ivon se vit du bien, la vanité l'emporta, et, ayant été maire, il voulut faire le gentilhomme, et acheta la terre de La Leu à une lieue de La Rochelle. Depuis cela les autres travailloient pour lui, et il les assistoit seulement de son conseil. Cet homme, qui avoit de l'esprit, mais un esprit déréglé, se mit dans son loisir à rêver à des choses qui n'étoient nullement de son gibier; il étoit naturellement vain et s'estimoit infiniment au-dessus de tous ceux de sa volée; et puis, n'ayant point de lettres, il n'apprenoit rien dans l'ordre, et ne savoit aucun principe; cela mit une telle confusion dans sa tête, que peut-être ne

viendra-t-il jamais un homme qui die, ni qui fasse plus de grotesques que lui. La sainte Ecriture l'acheva : il en expliquoit tous les mystères à sa mode, et se fit une religion toute particulière ; il se disoit l'Abraham de la nouvelle loi ; et, pour ressembler mieux à l'autre, un beau matin, il s'imagina avoir reçu commandement de Dieu de sacrifier sa femme, qu'il aimoit fort, et il fallut que ses beaux-frères y missent ordre, aussi bien qu'une autre fois qu'il disoit avoir reçu commandement d'aller demander l'aumône par toute la ville. Pour faire le Socrate, il s'avisa de dire qu'il avoit un esprit familier. Mon père étoit un bonhomme qui avoit pris quelque teinture des visions de son beau-frère, dont il se désabusa pourtant à la fin ; il croyoit qu'effectivement cet homme avoit un esprit qui lui parloit sans que personne l'entendît, et que cet esprit lui avoit souvent donné de fort bons avis. Après l'avoir bien questionné sur cela, je trouvai que la seule chose notable que cet esprit eût conseillée, ce fut d'acheter du blé en Bretagne, et de le faire venir à La Rochelle, où il étoit fort cher. Une fois on trouve notre homme avec de grosses bosses au front qu'il s'étoit faites en adorant, disoit-il, le ventre à terre ; et il vouloit un jour faire prosterner comme cela madame de La Trémouille, qui avoit eu la curiosité de le voir. Sur ce que quelqu'un dit quelque chose à sa table qui le fâcha, il fit serment de manger tout seul, durant je ne sais combien d'années ; il en fit presque en même temps un autre encore plus ridicule ; je n'ai jamais pu savoir pourquoi : ce fut de ne se peigner de certain temps ni les cheveux ni la barbe, qu'il portoit fort longue. Il observa fort exactement ces

deux beaux vœux. Il se fit peindre, car c'étoit un si
beau vieillard et si vigoureux, qu'on lui demandoit si
c'étoit pour quelque maladie que les cheveux lui
étoient blanchis; il se fit peindre, dis-je, dans une chaise
avec une robe de chambre de velours noir ; un rayon
tiré par le signe du Sagittaire comme une flèche, lui passoit par la tête et lui sortoit par la bouche ; il avoit à
la gauche une espèce de temple ouvert, et un tombeau
au milieu couvert d'un drap noir : peut-être étoit-ce
celui de sa femme, qui étoit morte assez jeune. Tout
autour de ce tombeau il y avoit mille griffonnages,
mille ronds, mille triangles, et par-ci par-là des mots
hébreux; il avoit appris quelque petite chose de cette
langue sans savoir ni grec ni latin, et même il en mit
autour de ses armes ; il y avoit des figures de mathématiques, des chiffres, des nombres et cent autres
alibi-forains ; enfin tant de chimères, que Jacques
Pujos (1), qui les dessina, car, pour cela, il falloit un
géomètre, en devint fou lui-même. Je me souviens
qu'il y avoit en un endroit : *Bonne nouvelle annoncée
par Paul Emile.* Ce nom lui sembla beau dans Plu-
tarque, et il le prit à cause qu'il s'appeloit Paul. En un
autre, il y avoit en grosses lettres : *Un loup y a ;* c'étoit
son anagramme, et il entendoit cent beaux mystères
que personne n'a entendus que lui. A cause d'un lion
qui étoit dans les armes qu'il se fit faire, il se mit
dans la tête qu'il étoit le lion de la tribu de Juda, et
c'étoit un des hiéroglyphiques de son *mirificque* (2)
portrait.

(1) C'étoit un garçon, fils d'un de ses commis, qui étoit assez né aux
mathématiques. (T.)

(2) *Merveilleux, admirable.* (Expression empruntée de Rabelais.)

Il a écrit des mathématiques; mais on ne sait ce qu'il veut dire. Pujos disoit de lui : « Il a trouvé de « belles choses, mais il ne peut les expliquer. » Il mettoit toujours pour titre : *Propositions du sieur de La Leu, démontrées par Jacques Pujos*. Mais Jacques Pujos démontroit toujours que les propositions étoient fausses, surtout quand le bonhomme prétendoit avoir trouvé la quadrature du cercle. Au siége de La Rochelle (1), il fit présenter au Roi par mon père, à qui il donna un compliment à faire à Sa Majesté, où l'on n'entendoit rien, une assiette d'or, où la prétendue démonstration de la quadrature du cercle étoit gravée. Depuis le Roi la fit fondre avec quelques bourses de jetons d'or ; cela fâcha terriblement notre vieillard, et d'autant plus que quand il apprit ce beau ménage, il venoit de dédier son dernier ouvrage au Roi. Il y a une lettre dédicatoires, où, entres autres chose, il dit qu'il est l'homme dans le soleil, et défie le Roi de le tuer avec tout le régiment des gardes. Il envoya ce livre à tous les gens de lettres de sa connoissance, et plusieurs le gardent par rareté.

Enchérissant sur ce qu'il avoit dit autrefois qu'il étoit l'Abraham, il alla voir M. de Marca, aujourd'hui archevêque de Toulouse, et lui dit : « Je suis le « Messie. Mais il me faut un précurseur, et c'est vous « qui l'êtes. » A cause qu'il y avoit sur la porte d'Arras :

> Quand les rats prendront les chats,
> Les François prendront Arras.

(1) En 1627.

il fit dire étourdiment à son esprit qu'Arras ne seroit point pris. On fait un conte de deux moines, qui, en parlant à lui, dirent assez bas, comme exorcisant son esprit : « Si tu es de Dieu, parle. » Il l'ouït, et dit : « Vous avez dit telle chose. Mon esprit est de « Dieu, et il parlera. »

Une fois il dit à l'abbé de Cérisy, je ne sais pour quel texte l'autre lui demanda de quel auteur cela étoit : « C'est de Paul Ivon, lui dit-il. — Je vous de« mande pardon, répondit l'abbé, je ne connois pas « encore cet auteur-là. — Il se fera connoître, » répondit-il gravement. A moi, sur ce que je lui disois une fois : « Cela n'est pas si vrai que deux et deux « sont quatre, » il me répondit aigrement qu'il n'y avoit rien plus faux que de dire que deux et deux fussent quatre : « Car la vérité, disoit-il, est une et ce qui « n'est pas un, n'est pas vérité; or, est-il que deux n'est « pas un. *Ergo.* » Ses étymologies étoient à peu près justes comme ses raisonnements; il disoit que *cheminée* étoit *chemin aux nièces; chapeau, échapp'eau, pourpoint, pour le poing,* parce que c'est le poing qui y entre le premier; *chemise,* quasi *sur chair mise.*

Pour ce qui est des mœurs, il vivoit bien ; et, comme il se vanta en épousant sa femme qu'il n'en avoit encore connu pas une, de même il s'est vanté d'avoir eu la même continence en veuvage, quoiqu'il soit devenu veuf d'assez bonne heure, et qu'il fût d'inclination amoureuse. Il étoit brave naturellement, et à une sortie à La Rochelle, du temps de M. le comte (*de Soissons*), il paya bravement de sa personne. Pour le dernier siége, il eut permission d'en sortir. Les ministres, à cause de ses visions, le tour-

mentoient tant, car il dogmatisoit, qu'après la prise de La Rochelle il se fit catholique, ou du moins il fit profession de la religion du prince. Il étoit homme de bien et fort charitable; il a donné beaucoup en sa vie; mais ce qu'il fit à la fin, et que je dirai ensuite, a fait douter que ce ne fût par vanité. Sept ou huit ans devant sa mort, il fit connoissance, par le moyen de quelque dévot, qui, peut-être, le vouloit faire donner dans le panneau, d'une supérieure des Carmélites de Saint-Denis, nommée madame de Gadagne (1); elle avoit été fille de la feue Reine-mère (2). La nonne, qui étoit adroite, le sut si bien cajoler, qu'il en devint spirituellement amoureux, et brusquement il va demeurer à Saint-Denis, et donne six mille livres tous les ans à ce couvent pour faire bâtir l'église. Cela a duré presque jusqu'à sa mort. Il logeoit tout contre, et leur donnoit sans cesse des provisions : comme bienfaiteur, il voyoit les religieuses à découvert. Pour la mère Angélique, c'étoit ainsi que se nommoit sa bien-aimée, à mon goût, elle achetoit bien ce qu'elle en tiroit (3); car il lui falloit entendre, trois ou quatre heures durant, tous les jours, toutes les visions qui passoient par la tête de ce *Messie*.

Or, voici comment mon père, qui déjà n'approu-

(1) Ce fut Saugeon qui le mena voir la mère Angélique de Gadagne. (T.) — Saugeon étoit un gentilhomme saintongeois, dont Tallemant raconte les singulières aventures dans le chapitre des *Amants de différentes espèces*.

(2) Marie de Médicis.

(3) Mais j'ai appris qu'elle en payoit son galant, à qui elle donnoit deux mille livres ; c'est le moine Bragelonne de Saint-Denis : elle l'eût fait coadjuteur de Tours si elle ne fût point morte. Elle gouvernoit madame de Brienne, et étoit bien avec la Reine. (T.)

voit point tout ce que faisoit son beau-frère, commença à se désabuser entièrement. Un matin il dit à mon père : « L'esprit m'a dit : Fais-toi rendre compte par « ton frère. » Mon père rend son compte. Le Messie fut fort étonné de se trouver de beaucoup moins riche que mon père, qui lui représente que les assiettes d'or et autres dépenses, avec les pensions des religieuses, montoient gros. L'esprit parle une seconde fois, et dit qu'il falloit trouver cent mille livres plus que Tallemant ne disoit. Tallemant, homme légal, ne put souffrir cette injure ; il dit que l'esprit étoit un malin esprit, et depuis il commença à croire que son beau-frère étoit fou ; car il n'y a rien qui désabuse tant les gens, et surtout un homme de *numéros* (1), que quand on leur veut ôter ce qui leur appartient. Le Messie entre en fureur jusqu'à lever le bâton. Voyez quel Messie ! Tallemant se retire ; l'autre part sur l'heure, et, sans dire gare, il prend le chemin de La Rochelle. Il étoit tard, il ne put que coucher au Bourg-la-Reine. Là il vécut encore deux ans, et fit travailler Jacques Pujos à de vieux comptes, afin de tourmenter mon père. Enfin, se voyant aux abois, il se repentit et commanda qu'on les brûlât.

On dit : tel maître, tel valet : voici un maître-d'hôtel de M. de La Leu qui n'étoit guère plus sage que lui ; il s'appelle Douet. Il a un peu voyagé à Maroc et au Levant. Cela n'a servi qu'à lui brouiller la cer-

---

(1) Singulière expression : *un homme de numéros, un homme de chiffres,* pour un homme fin et habile en affaires. On voit dans Trévoux qu'un homme *qui entend le numéro* est celui qui pénètre facilement dans le secret de toute affaire où il s'agit de compte ou de profit.

velle; car, à cause de ses voyages, il s'est pris pour un habile homme, et s'est mis à faire des livres. Il y en a un plein de bons avis pour le public; mais on néglige tout en ce siècle-ci. Il recommande, entre autres choses, d'ôter toutes les pierres des champs, et de les porter à la mer. Il y avoit un autre livre intitulé : *Machines de victoires et de conquêtes*. Pour celui-là, personne n'y entendoit rien. Une fois qu'il étoit à la campagne, il persuada à la belle-mère de M. Patru, sa parente, autre bonne cervelle, d'aller à la Boussolle, à je ne sais quelle dévotion dont ils ne savoient point le chemin : il la guida si bien qu'il l'égara de six lieues sur huit. Depuis la mort de son maître, qui lui a laissé une petite pension, il fait tous les ans une quantité d'anagrammes imprimées sur le nom du Roi, et met tout de suite *Louis, quatorzième du nom, roi de France et de Navarre*. Voyez si ce n'est pas une merveille que de trouver quelque chose sur un si petit nom. Je les garde, et c'est un bon meuble pour la bibliothèque ridicule (1).

(1) Tallemant est, à ce que nous croyons, le premier qui ait parlé des ouvrages imprimés de son oncle La Leu et de Douet, le maître-d'hôtel. Ces petits renseignements bibliographiques seront recueillis, et feront connoître les auteurs de ces bizarreries oubliées.

LOZIÈRES.

Le plus jeune de tous ses enfants s'appeloit Lozières, du nom d'un fief de la terre de La Leu : il porta les armes en Hollande ; après, pour n'être pas indigne fils de son père, il prit tout d'un coup le petit collet, après s'être fait catholique ; mais il ne portoit point la soutane et n'avoit point de bénéfices. Il écoutoit son père comme un oracle, et n'étoit guère plus sage que lui. Avec ce petit collet, et ayant les quatre mineurs pour le moins, il s'alla battre en duel avec un gentilhomme avec lequel il avoit eu querelle en Hollande ; il eut l'avantage. Il eut quelque envie de mettre à mal la femme d'un de ses cousins-germains ; elle étoit fort jeune. Pour la gagner, il se mit à l'appeler *mon petit animal*. Elle ne le trouva nullement bon ; elle l'appela *mon gros animal,* et ils se brouillèrent. L'année de Corbie (1), on obligea chaque porte cochère de fournir un cavalier. Mon père équipa un de ses commis pour cela. Le père de ce commis avoit autrefois porté les armes, et s'étoit appelé Lozier. Un dimanche que je n'étois point allé à Charenton (2), je vis un grand laquais de Lozières qui tournoya long-temps autour de ce nouveau gendarme ; et enfin l'ayant

(1) Corbie fut pris par les Espagnols en 1636. (Voyez les *Mémoires de Montglat,* deuxième série de la *Collection des Mémoires relatifs à l'histoire de France,* t. 49, p. 128.)
(2) Au prêche.

tiré à la porte, il lui dit qu'il mît l'épée à la main, ou qu'il quittât le nom qu'il avoit pris. Le commis, mal stylé à l'escrime, gagne la porte, la ferme, et il parloit à l'autre par la grille. J'entends du bruit, je descends, et je me moque de la poltronnerie du cavalier de porte cochère, qui s'excusoit sur ce que son épée étoit plus courte que la brette du laquais; je chasse l'estafier, et, quoique je fusse fort jeune, je vais en faire des plaintes à mon parent. « J'ai donné, me dit-il gravement, cet « ordre à Orange ; l'autre jour, comme il me désha- « billoit : « La Balle(c'étoit le nom du commis), lui dis- « je, va donc à la guerre. » Vraiment, il me fait beau- « coup d'honneur de prendre mon nom, et si ce maraud « vient à fuir, on dira sans distinguer, quand il arri- « vera de parler de moi, qui ne fais que de quitter les « armes : *Je l'ai vu bien détaler, ce n'est qu'un pol-* « *tron*. Orange s'offre à punir cette outrecuidance. « Je suis d'avis, continua Lozières, que vous lui fassiez « mettre l'épée à la main s'il ne veut quitter mon nom, « et que vous le tuiez tout franc. » J'eus beau haranguer, je ne lui pus faire entendre raison : il croyoit avoir fait une belle chose. Il conte l'histoire à mon père et à mon frère aîné, à qui étoit le commis, qui prirent cela au point d'honneur. Lozières avoit pitié d'eux de n'être point de son avis, et il pensoit leur dire une belle raison quand il leur disoit qu'il n'y avoit eu que lui et le second fils de M. le maréchal de Thémines qui eussent porté ce nom-là [1]. La Balle, ou

---

[1] Le maréchal de Thémines s'appeloit *Lauzières*. Son fils aîné portoit le titre de marquis de Thémines, et son second fils Charles avoit conservé ce nom de famille.

Lozier, comme il vous plaira de le nommer, fait un complot avec d'autres cavaliers de porte cochère, d'assassiner ce laquais, et il l'attaque lui troisième; c'étoit sur le rempart, derrière le logis de Lozières (1). Il entend du bruit, y court, terrasse son rival Lozier, et lui ôte son épée qu'il apporta en triomphe, comme si c'eût été l'épée de Bouteville (2). Enfin tout cela s'accommoda : le commis quitta le nom de Lozier, et le victorieux Lozières fit satisfaction à mon frère.

Lozières se remet à étudier le latin, et se fait recevoir conseiller d'église au parlement de Paris. Jamais homme n'a pris les choses plus de travers que celui-ci. De peur qu'on ne le soupçonnât de favoriser ses amis, il étoit toujours contre eux, et il leur refusoit des choses qu'il eût accordées à d'autres. Insensiblement il se met à voir les dames, et surtout celles qui avoient réputation d'avoir de l'esprit. Il fut chez madame Saintot (3), où il dit un jour que son père, il n'en étoit pas encore désabusé tout-à-fait, n'avoit jamais connu d'autre femme que la sienne. Quand il fut sorti, madame Saintot dit à Benserade : « Que te semble de « cela? — Ma foi, ce dit-il, je ne voudrois pas dire l'é- « quivalent de ma mère. » Il cajoloit partout et cajoloit d'une façon pitoyable; vous eussiez dit qu'il prononçoit un arrêt; il étoit pesant à la main; c'étoit un grand homme tout d'une pièce. Jamais homme n'eut

---

(1) Où est à cette heure l'hôtel de l'Hospital. (T.)

(2) François de Montmorency-Bouteville, si célèbre par sa manie pour les duels, mis à mort le 21 juin 1627.

(3) Cette dame Saintot, qui eut pour Voiture une passion si malheureuse. (*Voyez* l'Historiette de *Voiture*, tome 2, page 272 de ces Mémoires.)

tant de besoin de sacrifier aux grâces. Madame de Montbazon ayant un procès à sa chambre, il voulut profiter de l'occasion, et lui faire connoître l'affection qu'il avoit pour son service, afin de s'en prévaloir en temps et lieu; il s'y prit si bien, qu'elle crut qu'il étoit contre elle, et chercha quelque temps les moyens de le récuser. Il en conta quelque temps à madame de Cressy, qui en étoit fort lasse. Lui, soit par une fausse galanterie, ou pour faire croire qu'il y avoit eu de grandes privautés entre eux, car il avoit une vanité enragée, fit semblant de s'évanouir un jour qu'il étoit seul avec elle. « Apportez un seau d'eau, dit-elle à ses « gens; s'il ne revient, on le jettera par les fenêtres. » Il fut tout glorieux de revenir.

La petite madame de Courcelles l'appeloit *le héros*. Je crois que cela vient de ce qu'il ne parloit un temps que des règles du théâtre. Il s'est toujours piqué de faire de belles lettres. A la vérité, il y prenoit bien de la peine, et avec tout cela, le monde étoit si malicieux que de ne les vouloir pas trouver belles.

Une fois, en passant par Saumur, il y a dix-sept ans, il y trouva mademoiselle de Bussy qu'il connoissoit, et, en badinant avec elle, il lui fit une promesse de mariage avec du crayon sur une carte. Il part pour aller coucher à La Flèche; à Baugé, ayant rêvé à cela, il trouva à propos de faire une déclaration par-devant notaires que ce qu'il en avoit fait n'avoit été qu'en riant. Le notaire ne voulut pas lui en donner acte qu'il n'eût vu la carte; mais à La Flèche il en trouva un plus commode. Avant cela il alla débiter une assez plaisante fable : il dit qu'ayant fait faire le portrait de cette belle, dans l'impatience qu'un la-

quais, qui l'étoit allé chercher chez le peintre, revînt, il se mit à la fenêtre, et qu'il vit deux traîneurs d'épée s'estocader en présence de ce portrait qu'un homme tenoit élevé comme le prix du combat. Lozières dit qu'il prit des pistolets, et qu'il alla arracher ce portrait et le reporta en triomphe chez lui. Il n'y avoit pas un mot de vérité à tout cela, car il ne logeoit point sur la rue, et son laquais n'entra point, comme il prétend, dans un cabaret où des gladiateurs lui eussent ôté le portrait. Tout le monde sait cette histoire ; elle va jusqu'au Louvre. La belle envoie quérir Lozières qui lui dit : « Eh ! de quoi s'est-on avisé de vous aller dire « cela ? Je ne voulois point que vous le sussiez. »

La connoissance qu'il fit avec le coadjuteur, alors l'abbé de Retz, chez madame de Roche (1), lui fut fort préjudiciable; car, outre que ce fut lui qui lui prêta de quoi payer ses bulles de coadjutorerie, et que cet argent n'est pas prêt à être rendu, cette connoissance fut cause qu'il se mit tout autrement l'ambition dans la tête (2). Persuadé de son mérite, il quitte le parlement pour un brevet de conseiller d'Etat ordinaire que le coadjuteur lui fit donner. Le voilà intendant de Dauphiné par le moyen de madame Bigot, qui demanda cet emploi à Lionne. Il ne contenta personne en cette

---

(1) Belle-fille de l'écuyer de madame de Retz. Elle épousa Pierre de Lalane. (*Voyez* son article à la suite de celui-ci.)

(2) Il ne passoit pas autrement pour bon catholique ; il crut que d'aller communier au cardinal à sa première messe, le mettroit en bonne réputation, ou bien il crut que cela se devoit. Il y fut, et pas un parent n'y alla; cela sembla ridicule. (T.) — Cette note de Tallemant mérite qu'on s'y arrête un instant. On y voit que la famille de l'abbé de Retz affecta de ne pas assister à sa première messe.

intendance. Lionne le maintint par honneur. Lozières, par reconnoissance, s'avisa de cajoler à Grenoble la femme du président Servien, oncle de Lionne. Le président écrit le diable contre lui ; madame Bigot le sait et lui écrit qu'il se garde d'irriter les maris. Il se doute que cela venoit du président, et, par une générosité de l'autre monde, lui va décharger son cœur et met l'oncle mal avec le neveu. Il refusa une chose juste à Lionne, le maître des comptes ; l'autre lui dit : « Monsieur, quand vous aurez cinquante ans comme moi, vous aurez plus d'expérience. » Son successeur, qui ne connoissoit point Ménage, accorda à Ménage une chose que Lozières lui refusa, quoiqu'il fût son ancien ami, et que Ménage lui eût donné M. Nublé [1]. On lui écrivoit de la cour : « Ne dites point telle chose à M. de Lesdiguières. » M. de Lesdiguières la savoit aussitôt. Je crois qu'il l'auroit plutôt dite à madame ; car, sans doute, il lui en aura voulu conter, puisque c'étoit la parente du coadjuteur. A Grenoble, il écrivoit à d'Émery qu'il falloit qu'il se montrât pasteur et non *mercenaire*.

Il cajola une dame dont on avoit médit douze ans durant avec un autre ; il se servit d'un désordre qui

---

[1] Louis Nublé, avocat au parlement de Paris. Il étoit l'ami de Ménage, qui lui a dédié ses *Amœnitates juris civilis*. Ce fut lui qui défendit Ménage devant le Parlement quand il y fut traduit pour ces vers de sa neuvième élégie latine, adressée au cardinal Mazarin :

Et puto tam viles despicis ipse togas,
Qui modò te rerum dominum venerantur, adorant;
Hi sunt sæpè tuum qui petiére caput.

Nublé, né à Amboise, est mort à Paris en 1686.

arriva entre eux. Le premier galant mourut d'un mal invétéré qui s'augmenta par le chagrin d'être mal avec la belle. Elle-même mourut peu de temps après. M. l'intendant affecta d'aller à l'enterrement avec une mine stoïque. Tout le monde se moqua de lui.

En une opération qu'on lui fit une fois au pied, il se piqua de constance, et de ne pas jeter un pauvre petit *aie!* il en souffrit trois fois davantage et en *tres-sua tellement d'ahan* (1), que tout étoit percé jusqu'à la paillasse.

Pour soumettre un village (2) rebelle il laissa ses fusiliers, et alla chercher main forte : il rencontra madame de Villeroy, et, sans autre compliment, il lui dit d'un ton de dictateur : « Madame, je vous ordonne « de la part du Roi de m'envoyer cent des Suisses de la « garnison de Lyon. » Elle le prit pour un Don Quichotte en intendance et ne lui répondit rien. Il rencontra après une recrue de vingt-cinq chevau-légers qui n'avoient encore que des épées ; il en dit autant à l'officier : cet officier se mit à rire, et lui dit : « Mon- « sieur, j'irai pour l'amour de vous, mais non pas à « cause de votre intendance. » Il y fut, mais le village avoit capitulé ; Lozières en pensa enrager, car il avoit envie de faire carnage. J'oubliois que quand il étoit

---

(1) *Ahan* (vieux mot), douleur.

(2) Ce village appartenoit à un parent de M. de Bellièvre, alors second président au mortier du Parlement de Paris. Notre intendant crut être obligé de lui en faire compliment ; mais il fut si bon, qu'après avoir dicté la lettre à son secrétaire, il mit au bas qu'il le prioit de l'excuser s'il ne lui avoit pas écrit de sa main ; que ce jour-là il lui avoit fallu faire une lettre pour M. le cardinal, etc. Il en nommoit je ne sais combien. M. de Bellièvre dit : « Il est vrai que voilà bien des lettres. »

(T.)

conseiller il fit des exploits gigantesques en un *Te Deum* contre la chambre des comptes qui eut prise avec le Parlement pour la cérémonie.

A son retour, Nublé, dont tout le monde se louoit fort, le quitta parce qu'il ne voulut pas se loger ailleurs que fort loin du Palais, et qu'il le traita peu civilement. Nublé lui ayant représenté l'incommodité d'avoir si loin à aller, il lui répondit avec un sourire moqueur par un conte : « Il y avoit, lui dit-il, « un homme qui marioit sa fille ; un savetier, son voi- « sin, lui dit qu'il ne trouvoit pas qu'il eût bien fait. « — Je le trouve, moi, dit l'autre. — Puisqu'ainsi est, « reprit Nublé, vous me permettrez de me retirer. »

Voilà notre homme sans emploi, lui qui eût été de bonne heure à la grand'chambre. Il s'ennuyoit terriblement. Il fut tenté de se marier, de peur, disoit-il, que la solitude ne le fît devenir comme son père. Je suis fâché qu'il n'en ait pas passé son envie, car il m'eût sans doute fait rire. Il n'y avoit pas un homme au monde plus soupçonneux, ni qui eût plus mauvaise opinion des femmes : la sienne eût été obligée par honneur à venger le sexe. Mais il mourut en délibérant, et d'une mort assez fâcheuse, car il fut six mois à mourir. On l'ouvrit, et on lui trouva dans le foie plus de six douzaines de boules de chair, la plupart grosses comme des balles de mousquet, et quelques-unes grosses comme des éteufs (1). Tout cela venoit de mélancolie. Il voulut faire le philosophe, et, après avoir eu tous ses sacrements, il dit à ses parentes : « Mesdames, excusez si mon linge n'est pas trop blanc;

---

(1) Des balles de paume.

« mais j'ai à faire un si grand voyage qu'aussi bien il
« seroit bientôt sale. » Il fit un testament dont il étoit
le plus satisfait du monde ; il croyoit avoir fait merveille. Il y avoit des sottises à donner le fouet. Il donnoit à un de ses parents, à qui il avoit de l'obligation
et qu'il faisoit son exécuteur testamentaire, une tapisserie, à condition de payer plus que cette tapisserie ne
valoit ; il y avoit un article où il parloit de Nublé,
comme de son domestique ; il disoit qu'il l'avoit payé
et au-delà de ses gages ; mais que, pour lui ôter tout
sujet de plainte, sur ce qu'il a ouï dire que M. Nublé
disoit qu'il avoit perdu quelques meubles, il charge
ses héritiers de lui donner ce que dira M. Ménage jusqu'à la somme de trois cents livres. Par vanité, il
laissa cent livres de rente à une parente de La Rochelle
qu'il avoit aimée en vain autrefois. Cela pensa faire
enrager cette femme, car il sembloit qu'il la voulût
payer de si peu de chose. Il laissa ses livres à Bernard
de Lesfargues, dont nous allons parler, et vous saurez
pourquoi. Il fit héritiers ceux qui l'étoient par la
coutume, et c'étoit le moins qu'il pouvoit faire, car il
s'étoit fait donner sous main cent mille livres par
son père.

Il avoit un beau-frère digne de lui, qu'on appeloit
M. de Chéusse ; il avoit été conseiller à La Rochelle,
mais il faisoit le marquis (1). Ce fat avoit je ne sais quoi
à démêler avec quelque homme de La Rochelle, qu'il
traitoit fort de haut en bas. Cet homme pourtant lui

---

(1) Ce benêt avoit une sotte coutume de dire *mes amis*, au lieu de
messieurs. Un bourgeois qui l'étoit allé voir seul, voyant qu'il disoit
mes amis, se retourne et ne voit que son barbet. « Hé ! coquin, lui dit-
« il, remercie donc monsieur. » (T.)

fit quelque niche; le voilà en colère. « Ah! petit rous-
« seau (cet homme étoit roux), disoit-il, petit rous-
« seau, ce sont autant de charbons ardents que tu t'at-
« tises sur la tête. Ma fille, ajoutoit-il, parlant à une
« folle de fille qu'il a, je vois bien qu'il faudra souiller
« ses mains de ce vilain sang. » Cette fille disoit une
fois que la Reine avoit dit à Lozières : « Monsieur de
« Lozières, monsieur de Lozières, la soutane n'est pas
« votre fait, à ce bâton, à ce bâton. »

MADAME DE LALANE.

Mademoiselle de Roche étoit une des plus aimables personnes du monde; elle s'appeloit Galateau (1) en son nom, et étoit fille de la femme de l'écuyer de madame de Retz. Elle avoit de l'esprit, disoit les choses fort agréablement (2), étoit belle comme un ange, et point coquette. On en fit tant de bruit que la Reine la voulut voir; mais les dames de la cour, et surtout les filles de la Reine, la traitèrent fort de bourgeoise. Le grand-maître, depuis duc de La Meilleraye, alors veuf, la voulut faire épouser à l'Ecossois, qui étoit à lui, et logeoit à l'arsenal. L'Ecossois étoit riche, mais

---

(1) Titon Du Tillet dit que madame de Lalane s'appeloit Gastelle Des Roches. (*Parnasse françois*, p. 331.)

(2) Madame de Lalane écrivoit des lettres spirituelles, et faisoit de jolis vers, s'il en faut croire Campion. (Voyez le *Recueil de lettres qui peuvent servir à l'histoire*; Rouen, 1657, p. 73.)

elle eut peur de la violence du grand-maître, et, voyant sa mère gagnée, elle se fit enlever par Lalane, son amoureux, celui-là même qui faisoit si joliment des vers (1). Les enfants l'ont fait mourir toute jeune ; ce fut grand dommage (2).

LESFARGUES (3).

Bernard de Lesfargues étoit avocat à Toulouse et fils d'avocat. Pour son malheur, il s'imagina qu'il étoit éloquent, et s'étant mis à traduire Quinte-Curce, il

---

(1) Les poésies de Pierre de Lalane ont été recueillies par Saint-Marc, et publiées en 1759, avec celles de Montplaisir.

(2) Lalane n'est guère connu que par les poésies touchantes que lui inspira le regret de la perte de sa femme. Chapelain lui-même adoucit, en faveur de celle-ci, la rudesse de ses vers, et il lui fit cette épitaphe :

> Vénus repose en ce tombeau
> Du nom d'*Amarante* couverte,
> Le monde a perdu dans sa perte
> Ce qu'il eut jamais de plus beau.
> Toutes les Grâces, de tristesse,
> Sont mortes avec la Déesse ;
> Son fils voit encore le jour.
> L'*Amour* reste encor de la belle :
> Mais ce ne peut être l'*Amour !*
> Il est aussi mort avec elle.

(3) Bernard Lesfargues, auteur de *David, poëme héroïque*, dont Boileau a dit dans la neuvième satire :

> Le *David* imprimé n'a point vu la lumière.

fut si charmé de son style, qu'il crut qu'il n'y avoit que Paris digne de lui. A son arrivée, il s'adressa à feu Camusat, libraire de l'Académie. Camusat étoit bon libraire, et tandis qu'il suivit le conseil de Chapelain et de Conrart, il n'imprima guère de méchantes choses; mais sur la fin, il s'imagina être assez habile pour faire les choses de sa tête, de sorte qu'il se mit à imprimer l'*Alexandre françois* (c'étoit le titre que Lesfargues avoit donné à Quinte-Curce (1)), sans en demander avis; il passa bien plus avant, car il crut avoir trouvé un homme à opposer à Du Ryer qui traduisoit Cicéron pour d'autres libraires, et donna six cents livres par an à Lesfargues; mais, parce qu'il voyoit que l'approbation de ceux de l'Académie étoit nécessaire à son nouveau venu, il obligea ce galant homme qui prétendoit, disoit-il, jeter de la poudre aux yeux de tout le monde, à visiter quelques académiciens, et à se mettre le ventre à terre devant eux. Lesfargues alla, entre autres, voir M. Conrart, entre six et sept heures du matin. Conrart étoit encore au lit; on lui dit que c'étoit de la part de Camusat. Or, Camusat avoit promis de lui envoyer un faiseur de lunettes pour une commission, et parce qu'il lui avoit dit que c'étoit un homme fort bizarre, il prend sa robe de chambre et le fait entrer. Lesfargues vient, et faisant une révérence très-profonde, il lui dit : « *Monsur, jé suis*
« *ce misérable tradutur dont monsur Camusat bous*

On ne sait pourquoi on dit dans la *Biographie* de M. Michaud, que Lesfargues étoit imprimeur.

(1) L'ouvrage est indiqué dans la *Biographie universelle* sous ce titre : *Histoire d'Alexandre le Grand, tirée de Quinte-Curce et autres auteurs*, 1639, in-8°.

« *a parlé.* » Mais le pauvre Toulousain perdit bientôt son protecteur; Camusat mourut un an après, lorsque son *tradutur* étoit sur le point de faire imprimer les *Verrines* (1). On empêcha que la veuve ne les imprimât, et bien lui en prit, car on n'en a presque point vendu. Ce Gascon disoit : « Il falloit bien que je les traduisisse, car, pour cela, il faut une parfaite connois-« sance du droit romain et une parfaite élégance. » Il faisoit des vers qui ne valoient pas mieux que sa prose. Dépourvu de son Mécénas, Camusat, il se mit à faire la cour à l'abbé de Cérisy (2), à La Chambre (3), et à Esprit (4), et de là vient que Ménage, dans la *Requête des dictionnaires*, l'appelle :

Votre candidat Lesfargue.

Mais son véritable support fut Lozières. Lesfargues lui disoit : « Vous êtes le dispensateur de la gloire, » et il le flattoit sur toutes choses; de sorte qu'il s'y *adomestiqua* (4) si bien, qu'avec une insolence de gascon, quoique l'autre ne s'en aperçût pas, il lui dit un jour :

---

(1) Les Oraisons de Cicéron contre Verrès, traduites en françois, 1640, in 4°.

(2) Germain Habert, abbé de Cérisy, poète assez distingué, membre de l'Académie françoise. Sa pièce principale est la *Métamorphose des yeux de Philis en astres*. (Voyez le *Recueil de diverses poésies*; Paris, Chamhoudry, 1651, première partie, p. 29.)

(3) Marin Cureau de La Chambre, médecin ordinaire du Roi, membre de l'Académie françoise, auteur du *Caractère des Passions*, ouvrage fort remarquable.

(4) Jacques Esprit, de l'Académie françoise. (*Voyez* la note de la p. 38 du t. 3.)

(5) *Adomestiqua*, il se familiarisa, expression empruntée du mot italien *dimesticar'si*.

« Eh bien, *Monsur*, cette chambre que *bous* me *bou-*
« *lez* donner chez *bous* est-elle prête? » Il n'y en eut
pourtant point. Lozières étoit pesant, et ne savoit
quasi rien; il lisoit avec ce fou; ils virent sa poétique,
et le sénateur se mit en tête de faire des sujets de
pièces de théâtre. Il en disposoit les actes et les scènes,
et mettoit en prose tout ce qu'il eût voulu qu'on eût
mis en vers. Lesfargues écrivoit sous lui, et je me souviens qu'il disoit en ce temps-là : « Je me soumets à
« écrire sous M. de Lozières; regardez quel homme
« il faut que ce soit? » Il disoit une fois à l'abbé de
Retz : « Il n'y a que vous et moi qui ayons du feu. »
Il étoit dans je ne sais quelle maison, où il y avoit une
tapisserie antique de velours en broderies, avec un lit
de même : « Cette chambre, dit-il, me fait ressouve-
« nir de celle de mon père; il y a un meuble tout
« pareil qu'on lui donna pour des affaires de la mai-
« son de Foix, qu'il a faites il y a long-temps. Seriez-
« vous d'avis que je fisse venir ce meuble? » Lozières,
en s'en allant en Dauphiné, fit tant envers ces messieurs de chez M. le chancelier, qu'on fit Lesfargues
avocat au conseil, où il a toujours travaillé depuis,
après avoir renoncé à sa mal fondée prétention d'éloquence (1).

(1) On ne trouve nulle part des détails aussi circonstanciés sur Lesfargues.

L'ABBÉ TALLEMANT (1),

SON PÈRE, ETC.

L'abbé Tallemant est un garçon qui a de l'esprit et des lettres ; il fait même des choses agréables ; mais il n'y a rien d'achevé. C'est le plus grand *inquiet* de France, et qui se chagrine le plus. Il est vrai que son chagrin est quelquefois assez plaisant. L'ambition lui fit changer de religion, et il avoit ce dessein il y a vingt ans, lorsqu'un de mes frères du premier lit, lui et moi, allâmes en Italie. Il étoit le plus jeune des trois, et n'avoit pas encore dix-huit ans. A Venise, où nous fîmes quelque séjour avant que d'aller à Rome, il coucha avec une courtisane : le lendemain, nous lui demandâmes : « Eh bien, était-elle « jolie?—La plus jolie du monde, dit-il, elle n'avoit pas « de p...— Ah! l'innocent, lui dîmes-nous, il a apporté « son p....... en Italie. » Au retour, il voulut donner à l'abbé de Retz la gloire de l'avoir converti. Mon père se fâcha, et l'envoya pour quelque temps hors de Paris. Une fois que le bonhomme lui écrivit une lettre où il y avoit des endroits pleins de bile, et quelques-uns qui marquoient qu'il avoit fait quelque effort, le prosélyte, en la montrant à Quillet, disoit : « Voyez-

---

(1) François Tallemant, né vers 1620, membre de l'Académie françoise, mourut en 1693. Il étoit frère de l'auteur de ces Mémoires.

(2) On l'appeloit *son inquiétude*, comme on dit *son excellence*. (M. Daunou, dans la *Biographie universelle*.)

« vous bien, en voilà un qui est de la façon de Dés Réaux,
« et celui-ci où il y a : *Sera-t-il dit qu'un François*
« *Tallemant, petit-fils d'un autre François Tallemant,*
« *qui aima mieux sortir de sa patrie, que de fléchir*
» *le genou devant l'idole,* etc.; voilà qui est du fils
» aîné. » La meilleure raison qu'il ait dite, c'est qu'il
étoit toujours à la portière du côté du vent, en allant
à Charenton.

C'est un des plus grands paresseux qui soit au
monde; avant que nous eussions un carrosse, on lui
donna un cheval. Je ris encore quand je me ressouviens de la manière dont il alloit par la ville ; sa bête
étoit presque toujours dans le ruisseau, la bride sur
le cou, et quand elle approchoit des maisons, elle
mettoit la tête dans toutes les portes : au diable le
coup d'éperon qu'il lui donnoit ! Etoit-il de retour ? le
voilà à pester contre ce cheval. « Ce chien d'animal,
« disoit-il, s'arrête toujours où je ne veux pas aller.
« Aussi, voilà une belle occupation que de conduire
« une bête. »

Pour n'avoir pas la peine de manier un gros livre,
il fit relier un Aristote en vingt-quatre petits volumes,
et de ces vingt-quatre, en peu de jours, il ne s'en trouva
pas quinze. Il se tenoit dans son lit à lire quelquefois
jusqu'à onze heures, et, la plupart du temps, ses draps
étoient à bas, et il n'avoit que la couverture sur lui ;
aussi frileux que malpropre, on l'a vu cent fois entourer sa chaise de paravents devant un grand feu, affublé
d'une grosse robe de chambre. Il étoit amoureux de
madame d'Harambure, quoiqu'elle fût bien gravée.
Elle s'en divertissoit, et n'a pas peu contribué à le rendre bizarre, car elle souffroit toutes ses visions. Un

beau matin, au plus fort de son amour, nous fûmes tout étonnés de le voir avec une perruque. Il avoit la tête belle; mais ses cheveux, par endroits, s'étoient blanchis. On ne s'en apercevoit pourtant point, car il en avoit beaucoup; mais il fut bien attrapé quand, au lieu de revenir noirs, il en revint une fois plus de blancs qu'il n'y en avoit.

Tout d'un coup il lui prend une fantaisie de retourner à Rome : durant son absence, cette femme mourut. Il a voulu nous faire accroire depuis qu'il s'étoit éloigné parce qu'il voyoit bien qu'elle mourroit. Revenu de Rome, on le fit aumônier du Roi, justement au commencement de la régence. Je ne sais si c'est la soutane qui lui a communiqué l'avarice des gens d'église, mais aussitôt il eut une âpreté étrange pour le bien. Il se mit dans la tête que cela lui nuisoit de demeurer avec des huguenots. Il fit accroire à mon père que le Père Vincent (1) en avoit dit quelque chose, et qu'il n'auroit point de bénéfices s'il ne logeoit séparément. Il sort du logis. Il logeoit vers le Palais-Royal, et prenoit ses repas dans une auberge. Cette vie l'ennuya; il se logea plus près de mon père pour avoir des bouillons; après il y prit ses repas; ensuite il y logea seul; ses gens étoient dehors; enfin il les y logea aussi.

Or, avant que de passer outre, il est bon de dépeindre un peu l'humeur de mon père. C'étoit un homme du vieux temps, *in puris naturalibus*, qui, en sa vie, n'avoit fait une réflexion. Opiniâtre à un point étrange,

---

(1) L'auteur parle ici de saint Vincent de Paul. Il lui donne la qualité de *Père*, comme fondateur des Lazaristes, ou Pères de la mission.

il disoit naïvement : « On dit que je suis opiniâtre;
« qu'on me fasse venir un homme qui me persuade,
« on verra bien que je ne suis point têtu. » Il avoit de
l'honneur et étoit humain, mais le plus méchant politique du monde : il avoit des façons de parler toutes
particulières, et il croyoit que tout le monde étoit
obligé de l'entendre comme ceux de sa famille. L'aversion qu'il avoit eue contre un ministre écossois,
nommé Primerose (1), qui prêchoit deux heures d'horloge, et ne disoit rien qui vaille, fut cause que pour
dire un *lanternier* (2), il disoit un *Ecossois*. Mon père
une fois disoit à un homme : « Celui dont vous parlez
« est un Ecossois. (Il vouloit dire un *sot*.) — Vous
« m'excuserez, monsieur, dit l'autre, il est de Tou-
« louse. » Or, le bonhomme appeloit en riant l'aumônier *notre Ecossois*. Un jour le portier dit au cocher de l'aumônier : « Où as-tu laissé ta charge? —
« J'ai laissé, dit le cocher, *notre Ecossois* au Palais-
« Royal. » Mon père s'avisa ensuite, pour enchérir, de
dire *excellent Ecossois*, puis *excellent* tout seul; après
magnifique excellent, et enfin rien que *magnifique*;
tellement que, pour savoir ce qu'il vouloit dire, il falloit faire toute cette gradation. Il parloit aux gens de
dehors, pour peu qu'il fût en belle humeur, car il est

---

(1) Ce ministre disoit une fois : « Mes frères, les proverbes sont vé-
« ritables : qui a fait Normand a fait gourmand; qui a fait Gascon a
« fait larron (notez que c'étoit à Bordeaux); qui a fait Saintongeois a
« fait bavard, etc. Mais qui a fait Écossois a fait prompt et propre à
« toutes vertus. » (T.)

(2) Un diseur de fadaises, un homme qui ne termine rien de ce qu'il
commence; qui, en parlant, n'arrive jamais au but qu'il se proposoit
d'atteindre.

gai naturellement, comme à ses enfants ; vous l'entendiez si vous pouviez. La première fois que Ruvigny, qui a épousé ma sœur, le vit, il fut terriblement attrapé ; il disoit toujours oui, et il rioit quand il le voyoit rire. « Voyez-vous, lui disoit-il, ma femme elle « est C. A. I. L. (1) de sa fille ; vous serez le gendre à « la Manon ; quand elle sera *douze douzaines*, on lui « donnera bien des bouillons. Je vous en avertis, *a* « *bon co, ma ne voude de Battagley* (2). » Quand il vouloit dire, *vous dites vrai*, il disoit : « L'enfant dit « vrai, y en eût-il pour cent écus. » C'est qu'à La Rochelle il y avoit un vieillard qui faisoit aller un petit garçon devant lui. Ce petit disoit : « Qui a de vieux « souliers à vendre ? mon père les achetera. » Et le vieillard ajoutoit gravement : « L'enfant dit vrai, y en « eût-il pour cent écus. »

Naïvement, au lieu d'aller recevoir dans la cour madame de Rohan la douairière, qui amenoit Ruvigny au logis, croyant lui faire honneur, il prit sa belle robe de chambre et la reçut au coin de son feu. Au lieu de *bonjour*, il disoit toujours : « *Adieu, adieu,* « monsieur, comment vous portez-vous ? » Il n'avoit pas de plus grande joie au monde que d'avoir de bon vin, lui qui ne buvoit que de l'eau ; mais il haïssoit les festins. Il amenoit quelquefois un peu trop de gens

---

(1) C'est-à-dire *Caillette* ; à La Rochelle on dit un *Cail* ; il vouloit dire coiffé de sa fille ; *douze douzaines*, c'est une *grosse* ; quand elle sera grosse ; le gendre à la Manon, c'est que ma mère avoit bien du soin du gendre de la fille du premier lit, et mon père disoit : « Que sera-ce « donc du gendre à *la Manon ?* » Ma sœur de Ruvigny s'appelle *Marie*. (T.)

(2) Une femme de Bordeaux disoit cela : « Ma sœur de Battagley a « bon cœur. » Il vouloit dire que ma sœur avoit du cœur. (T.)

pour son ordinaire, et il raisonnoit ainsi : s'il y a à manger pour six, il y en a bien pour sept, et ainsi du reste. Il ne crioit jamais tant son porteur d'eau que quand il lui apportoit de l'eau bien claire. « Voilà de « bonne eau, cela, disoit-il, coquin, pourquoi ne m'en « apportes-tu pas toujours de même ? » Je ne l'ai jamais vu si en colère que quand après avoir bien appelé *laquais*, il trouva tous ceux de ses enfants, jouant à la boule dans la cour, qui s'entredisoient : « Joue, « joue, ce n'est que M. le père. » Il ne les battit pourtant point, car jamais je ne lui ai vu frapper personne. Il étoit un peu d'amoureuse manière ; mais il ne s'amusa à rien de qualifié que sur ses vieux jours qu'il en conta à madame Boiste, qui, très-avant sur le retour, ne fut pas fâchée de trouver encore un galant. J'ai trouvé plus de vingt brouillons de lettres d'amour qu'il lui écrivoit. Une fois, pour lui plaire, il s'avisa de se faire raser tout le poil de l'estomac ; il lui en vint une bonne apostume, qui étoit comme une peste. Ma mère étoit une bonne femme qui étoit bien aise qu'il se divertît. Une fois on le trouva à table avec la Boiste, Calprenède et la Beaupré, une comédienne qui avoit fait amitié avec cette femme. Ma mère mourut huit mois devant lui et mourut en dormant. Il disoit naïvement : « Regardez, j'étois, il n'y a que deux jours, « couché avec elle. N'allez pas croire au moins que je « lui aie rien fait. En conscience, je n'y touchai pas ; « cela lui eût fait mal. »

Revenons à l'aumônier, que nous appellerons *l'abbé* désormais. L'abbé, à cause qu'il avoit changé de religion, s'imaginoit qu'on lui feroit faire désavantage, et il me craignoit plus que tous, parce que ma mère

m'aimoit fort. Moi, de mon côté, j'étois fort las des divisions de la famille; deux différents lits ne sont bien jamais d'accord; d'ailleurs l'abbé, dès son enfance, avoit toujours eu contre moi une envie étrange qu'il a encore et que je n'espère pas surmonter. Je me résolus donc, voyant que mon père n'étoit pas homme à me donner du bien qu'en me mariant, ou me faisant conseiller, et je haïssois ce métier-là, outre que je n'étois pas assez riche pour jeter quarante mille écus dans l'eau (1); je me résolus donc à me marier, mais à y prendre le plus de précaution que je pourrois. Ma mère étoit sœur de M. de Rambouillet; il avoit une petite fille fort jolie, pour laquelle je me sentois de l'inclination, c'étoit ma cousine-germaine; on m'estimoit dans sa famille; la mère m'aimoit tendrement, les fils étoient en quelque sorte mes disciples; on ne me pouvoit pas tromper pour le bien : nos pères avoient fait mêmes affaires, et, comme ils avoient eu de grands procès, et qu'il y avoit encore tous les jours quelque chose à démêler, je croyois les rendre amis pour jamais. Si on peut dire qu'on ne fait pas une sottise en se mariant, il me semble que je pouvois dire que je n'en faisois pas une. J'en fais parler par mon frère aîné, qui aime qu'on fasse honneur à la primogéniture : nous voilà accordés pour être

(1) Le prix des charges de conseiller au Parlement de Paris s'étoit beaucoup augmenté. Les financiers, dans la vue de s'élever, plaçoient leurs enfants dans les cours souveraines pour acquérir la noblesse, et le Parlement avoit d'ailleurs acquis, durant les troubles de la Fronde, une grande importance politique. On voit, dans les Mémoires de Coulanges, qu'en 1656 une charge de conseiller se vendit cinquante-cinq mille écus. (*Mémoires de Coulanges*; Paris, Blaise, 1820, p. 1.)

mariés au bout de deux ans, car elle n'avoit que onze ans et demi. La mère meurt au bout d'un mois; on fait venir en sa place la fille aînée qui étoit veuve. Cette veuve est une personne fort douce et fort bien faite : je me mis bientôt admirablement bien avec elle, et je n'eus pas grande peine à aimer la petite, et aussi à m'en faire aimer.

Il n'y avoit pas long-temps que nous étions accordés, quand un soir on me vint dire que Mallet, un secrétaire du Roi qui avoit sa fortune auprès de Rambouillet, et mon frère aîné, me cherchoient partout. Je me doutai aussitôt de ce que c'étoit. Ils reviennent. « N'est-ce pas, leur dis-je, que vous avez accordé ma « sœur avec Rambouillet ? — Oui, me dirent-ils, et « cela est signé; nous ne vous l'avons point voulu dire, « parce qu'on a remarqué que vous n'en étiez pas « d'avis. » J'avois raison; ils n'étoient pont le fait l'un de l'autre, comme vous verrez par la suite. « Je me « trompois peut-être, leur dis-je en dissimulant; mais « j'en suis ravi. » Sur cela je vais trouver Rambouillet, et je l'embrasse un million de fois. Voilà l'abbé en cervelle. « Des Réaux, disoit-il, sera le maître de tout; « il taillera et rognera comme il lui plaira. » Il fait une cabale avec un cadet, qui restoit de deux qui avoient pris les armes, et ils n'eurent pas grande peine à dégoûter une fille de qui on avoit arraché un consentement à ce mariage ; car elle avoit de l'ambition. Ils eurent le loisir de dire tout ce qu'ils voulurent, car il se trouva que Rambouillet, qui n'avoit guère que vingt-un ans, s'étoit laissé emporter au gros mariage qu'on lui donnoit, et à la persuasion de sa famille, sans prendre garde à ce qu'il faisoit, et

qu'il avoit mal au *cazzo*. Il se découvrit à moi ; je le dis à ceux du premier lit qui avoient fait l'affaire ; on fait agir Guenault, qui se sert de la fièvre quarte que la demoiselle avoit, disant qu'il étoit dangereux de la marier en cet état-là. L'abbé cependant avoit fait dire par ce cadet, de qui on ne se défioit point, tout ce qu'il avoit voulu, et lui-même, voyant que la fille étoit ébranlée, tournoit ce jeune homme en ridicule le plus qu'il pouvoit. Un accordé jeune et peu caressé est aisé à déferrer ; à tout heure le jouvenceau ne savoit où il en étoit. Dès qu'il fut guéri, on le pressa fort de passer le contrat et de faire publier des annonces ; il y consentit ; on fait une annonce ; mais comme je m'y attendois le moins, je le vois à mes pieds dans mon cabinet. « J'ai tort, je l'avoue, me dit-il ; je ne devois
« rien faire sans vous en parler, mais je croyois que
« je ne pouvois vous être trop proche. Je vous viens
« demander conseil. Votre sœur me traite le plus
« étrangement du monde. Sans votre considération,
« j'aurois tout rompu déjà. — Vous me mettez en
« une terrible peine, lui dis-je. J'aime votre sœur et
« il est bien difficile que je vous serve sans qu'on me
« l'ôte : nous y ferons ce que nous pourrons. Trouvez-
« vous tantôt chez Patru, qui est malade, et allez
« prier M. Conrart de s'y rendre. » Nous voilà tous assemblés. « Je suis résolu, leur dis-je, à tout hasar-
« der pour tirer ce garçon de l'embarras où il s'est
« mis : en cela je sais que je fais son bien et celui de
« ma sœur tout ensemble. Ils ne sont point le fait l'un
« de l'autre ; il y faut un homme d'autorité, et mon
« cousin est quasi aussi jeune qu'elle : ils mourroient
« tous deux de chagrin. Ceux qui ont fait cela sont des

« bourgeois qui font les mariages comme à la comé-
« die, où tout le monde se marie à la fin. Je suis
« d'avis, moi, qui connois assez les deux veillards
« auxquels nous avons affaire, que, dès ce soir, ce
« garçon déclare à son père que ma sœur a dit à Cha-
« renton, et cela est vrai, qu'elle vouloit bien Ram-
« bouillet pour son cousin, mais non point pour son
« mari; » et un million d'autres choses qui étoient capables de choquer terriblement le bonhomme, et où il
n'y avoit rien d'inventé; qu'après cela le supplie de
trouver bon qu'il ne pense plus à une personne qui
a de l'aversion pour lui; que ce n'avoit été que par
complaisance qu'il s'étoit résolu à se marier si
jeune, etc. « Si le père prend feu, ajoutai-je, comme
« je n'en doute point, sur l'heure, envoyez faire vos
« excuses à votre accordée, si vous ne l'allez point voir,
« et que vous vous trouvez mal; cela la choquera et
« la rendra d'autant plus aigre, et son aigreur nous est
« nécessaire; après, allez coucher en ville, de peur
« que votre père ne change d'avis; demain, dès sept
« heures, allez trouver mon père, il n'y a que lui
« de levé au logis à cette heure-là; représentez lui
« le déplaisir que vous avez d'apercevoir tous les
« jours de plus en plus l'aversion que sa fille a
« pour vous; que vous seriez bien fâché de la
« rendre malheureuse, et que vous le suppliez de
« trouver bon que vous vous retiriez, etc. Le bon-
« homme, car il est brusque et a encore quelque
« teinture des dogmes de son beau-frère de La Leu,
« ne manquera pas de dire, quand il verra que c'est
« tout de bon, que Dieu ne l'a pas voulu, et que le
« décret éternel en a autrement ordonné. Cela fait,

« allez-vous-en vous promener en Languedoc, où un
« de vos frères est directeur de la Foraine (1). » M. Conrart tâtonna long-temps ; mais Patru fut de mon avis, dit que temporiser cela c'étoit tout gâter. Le père de Rambouillet prit la chose comme j'avois dit; mon père d'abord se mit à rire et m'envoya quérir. Moi qui m'étois bien douté de cela, je me faisois le poil tout exprès ; il m'obligea de descendre en l'état que je me trouvois, avec une joue rasée et l'autre qui ne l'étoit point. « Votre cousin, me dit-il, croit qu'on se défait de l'a-
« mour, comme d'une chemise (car le bonhomme a toujours cru qu'il n'y avoit rien au monde de si beau que sa fille; elle n'étoit point mal faite, à la vérité, et ce qui le fit résoudre enfin à la donner à Ruvigny, c'est qu'on lui fit accroire que le cavalier, qui ne l'avoit jamais vue, en étoit furieusement amoureux); je ne
« le prends point au mot; je lui donne huit jours
« pour y penser, et puis ma fille ne demeurera pas. »
Moi, je fis semblant de quereller Rambouillet, et lui reprochai qu'avec ses légèretés il me donnoit de belles affaires. Enfin, il parla de façon que mon père crut qu'il vouloit rompre. Moi, pour rendre la chose plus difficile à renouer, je dis à ma mère : « Ma sœur
« saura cela aussi bien par d'autres; je suis d'avis que
« vous le lui alliez dire. » Elle y fut. Ma sœur lui dit aigrement : « J'avois toujours bien espéré cela ; j'en
« priois Dieu tous les jours. » Mallet par hasard étoit au logis quand ma mère rapporta cela à mon père. Mallet

---

(1) *La Foraine.* La *traite foraine* étoit un impôt qui se levoit sur les marchandises qui entroient ou sortoient du royaume. En Languedoc on disoit simplement *la Foraine.* (*Dict. de Trévoux.*)

le redit au père de Rambouillet, qui vit bien, par là, que son fils ne lui avoit point menti. Mon père, en colère, ne veut point voir sa fille. Les frères du premier lit avoient un pied de nez. Cependant Rambouillet, qui m'avoit promis de s'en aller, ne s'en alloit point. Au bout de deux jours, comme j'allois voir mon accordée, je vois le carrosse de l'abbé à la porte; il étoit dans la chambre de Rambouillet, où il lui disoit : « Regardez « quelle insolence? que quoi qu'on lui dît de la part de ma « sœur, qu'il n'en crût rien, et que ce n'étoit que pour « ne se pas mettre toute la famille à dos qu'elle en usoit « ainsi. » Je sortois, quand je trouvai mes deux frères qui montoient dans la chambre de ce garçon; l'abbé n'en faisoit que de partir : je les suis. L'aîné, qui étoit fort gros homme, entre tout essoufflé, car il commençoit à faire chaud et il étoit venu à pied, et, en mettant son chapeau d'une main sur la table, et se déboutonnant son collet de pourpoint de l'autre : « *Nox* « *dabit consilium*, je l'avois bien dit, mon fils, la nuit « l'a donné, la nuit l'a donné. Ce matin, *notre sœur* « m'a envoyé quérir, et m'a prié de vous venir dire « qu'elle vous prioit d'excuser le chagrin que donnoit « la fièvre quarte, etc. » Il fut si bon que de lui offrir de lui faire écrire des lettres d'amour par cette fille. Rambouillet, à qui, sur toutes choses, j'avois recommandé de ne parler guère, se contenta de les remercier de la peine qu'ils avoient prise, et ne leur dit autre chose. Ce qu'il y avoit de meilleur, c'est que ces messieurs croyoient avoir mis l'honneur de leur sœur à couvert en faisant cette sottise, au lieu qu'elle étoit au-dessus, et qu'elle pouvoit dire : C'est une fille qui n'a pas voulu de ce garçon; ils firent en sorte qu'on dit :

C'est un garçon qui n'a pas voulu de cette fille. Le gros homme qui s'étoit vanté de faire revenir ce garçon de cinquante lieues, le fit fuir à deux cents jusques en Languedoc. Ils s'en vont et moi avec eux, qui, passant le dernier, eus le loisir de dire au jeune homme en sortant : « Partez, partez, partez. » Mallet et Sablière, le second frère de Rambouillet, avoient soufflé aux oreilles du bonhomme que cette fille se mettoit à la raison, etc.; de sorte qu'il leur donna ordre de chercher son fils. Ils se doutèrent qu'il n'étoit allé que chez Mallet, à trois lieues de Paris ; ils y vont et le ramènent jusqu'à la Bastille : là, il dit qu'il vouloit descendre ; ils furent obligés de le laisser. Aussi bien, il ne leur avoit rien fait espérer. Je le croyois à Nevers, quand le valet de Conrart me vint dire qu'il y avoit un cavalier chez son maître qui me demandoit. Je me doutai que c'étoit mon homme ; je le gronde : « Vous « m'exposez. Je dépendrai désormais de la langue des « gens de M. Conrart. Que ne demeuriez-vous dans « un cabaret, on vous y seroit allé trouver ? » Je donne tout ce que nous avions d'argent sur nous au domestique de notre ami. « Je viens, me dit-il, pour savoir si « votre affaire est en danger d'être rompue, et pour « vous déclarer que j'aime mieux me sacrifier que de « vous causer ce déplaisir. » Je le fis partir cette fois-là pour le Languedoc, d'où il ne revint que quand je le demandai, c'est-à-dire à dix mois de là ; car ce cadet ayant été tué à Nordlingen, M. de Rambouillet considéra que j'étois encore un meilleur parti, et me donna sa fille plus tôt qu'il n'avoit résolu. Je gagnai à tout ce tripotage, car ma mère tourmenta tant les gens pour sa fille, qu'elle me fit avoir cinquante mille

écus de plus que j'en eusse eu, car on refit mes articles pour les rendre pareils à ceux de ma sœur.

Ce M. de Rambouillet est un homme qui n'aime que lui, et qui ne se refuse rien ; pourvu qu'il y trouve sa satisfaction, il ne se soucie guère du reste. Il raisonne de travers pour se satisfaire, et croit que les autres raisonnent comme lui ; il est vain, et c'est un franc nouveau riche. Jamais homme ne parla tant par *mon* et par *ma* ; il dit *mon vert* est le plus beau du monde, pour dire *le vert de mon jardin* ; et il dit *mon eau* est belle, pour dire l'*eau de ma fontaine*. Madame la présidente Le Feron dit : *Mon cul-de-sac* ; il y a un cul-de-sac proche de sa maison. Quand il fit ce jardin hors la porte Saint-Antoine, qu'on appelle *Rambouillet* (1),

---

(1) On voit encore dans la rue de Charenton une porte d'entrée et les restes des pavillons qui marquoient les quatre angles de ce beau jardin. Du temps de Sauval, on appeloit ce lieu *le jardin de Reilly* ou *la folie Rambouillet.* « Dans ce jardin, dit-il, se trouvent des allées de « toutes figures, et en quantité. Les unes forment des pattes d'oie, les « autres des étoiles ; quelques-unes sont bordées de palissades, d'autres « d'arbres. La principale, qui est d'une longueur extraordinaire, « conduit à une terrasse élevée sur le bord de la Seine ; celles de tra- « verse se vont perdre dans de petits bois, dans un labyrinthe et autres « compartiments : toutes ensemble forment un réduit si agréable qu'on « y vient en foule pour se divertir. Dans des jardins séparés se cultivent « en toutes saisons un nombre infini de fruits, dont la saveur, la gros- « seur, ne satisfont pas seulement le goût et la vue, mais même sont si « beaux et si excellents, que les plus grands seigneurs sont obligés de « faire la cour au jardinier quand ils font de magnifiques festins ; et « même le Roi lui en envoie demander. En un mot, on parle des fruits « de Ruilly comme de ceux des Hespérides ; hormis que pour en avoir « on ne court pas tant de hasards. » (*Antiquités de Paris*, t. 2 p. 288.) Il ne reste plus rien de toutes ces belles choses, des marais bien cultivés en ont pris la place ; seulement la rue qui longe ce terrain en se dirigeant vers la rivière, porte le nom de *rue de Rambouillet*. On a déjà dit quelques mots de ce jardin dans une note du t. 3, p. 205.

ses associés crièrent fort ; car c'étoit trop découvrir le profit qu'ils faisoient aux cinq grosses fermes ; il leur écrivit qu'il avoit ici tout le faix (1), qu'il falloit bien qu'il prît quelque divertissement, et qu'il prétendoit bien aussi que tous ses associés contribuassent à la dépense d'un jardin (2) qui conservoit la santé à une personne qui leur étoit si nécessaire. Voyez quelle *pantalonnade !*

Rambouillet est propre jusqu'à l'excès ; une fois que le feu se mit chez feu Tallemant, qui étoit aussi son beau-frère, il mit ses jarretières et sa rotonde (3) pour y courir. Je l'ai vu mettre ses cheveux sous son bonnet, et avoir des rubans incarnats à ses manchettes à soixante-trois ans. Jamais je ne vis un homme qui aimât tant à entendre louer ce qu'il fait ; il n'y a pas un pied d'arbre chez lui dont je n'aie fait dix fois l'éloge durant le temps que je fus accordé. Au reste, grand tyran, il donna de fort mauvaise grâce, à sa fille aînée, une maison pour l'égaler à ma femme. Elle lui disoit : « Mais, mon père, cette maison n'a garde de valoir « tant.—Ma fille, lui dit-il, je ne trouve nullement « bien que vous veniez dénigrer ainsi mon bien. » Depuis que je fus marié, il me dit une fois : « Je n'ai « que l'usufruit de tout cela, mon bien est à vous au-« tres ; vous l'aurez à votre tour.—Ma foi, vous me « dites là une grande merveille, lui répondis-je : avez-

---

(1) Mon père étoit encore à Bordeaux. (T.)

(2) Ce jardin est de près de trente arpens, et il coûte horriblement à faire et à entretenir. Il y a assez de bâtiments. (T.)

(3) Collet empesé, monté sur du carton. (*Dictionnaire de Trévoux.*)

« vous jamais vu personne qui ait emporté sa maison
« dans l'autre monde? »

L'abbé avoit fait tout ce que je viens de conter, et c'étoit lui, à proprement parler, qui rompoit ce mariage. Cependant, comme dans la famille tout ce qu'il faisoit et disoit n'étoit d'aucun poids, à cause que ses bizarreries l'avoient empêché d'y avoir le moindre crédit, on ne lui en témoigna point de ressentiment; au contraire, mon père, en bon politique, après la mort de ce dernier gendarme, qui étoit un si bon garçon qu'il disoit, pour dire qu'il vouloit être *enseigne*, qu'il vouloit être *drapeau*; après la mort de ce garçon, au lieu de cent mille francs qu'il donnoit à ma sœur, il lui donna cinquante mille écus, et autant à l'abbé, les égalant tous deux à moi, qu'on marioit et qui étois l'aîné; encore me vouloit-il obliger à me faire conseiller (*au parlement*), sans me faire aucun avantage. Mon père me disoit : « Il y en a bien
« d'autres qui le sont, qui n'ont pas plus que vous. —
« C'est comme si vous me disiez : il y a tant de gens
« qui font des folies, pourquoi n'en voulez-vous pas
« faire? »

Mon père se repentit avant qu'il fût long-temps de toutes ses libéralités; car il donna à proportion à ceux du premier lit; cependant il tenoit quasi toute sa famille en pension chez lui, et vous pouvez bien croire, comme il disoit lui-même naïvement, qu'il n'y gagnoit pas. Pour moi, j'étois en mon particulier avec la sœur aînée de ma femme, avec laquelle je suis encore. Voilà comme j'avois dessein de faire faire désavantage à M. l'abbé. Ces cinquante mille écus firent ouvrir les oreilles à bien des gens. Madame de Rohan, la mère,

pensa à faire le mariage de Ruvigny (1) et de ma sœur. Ceux du premier lit avoient un homme de la campagne en tête, un jeune homme peu établi, et qui s'est rendu tout-à-fait campagnard. Moi, je préférois Ruvigny, parce que je le voyois fort estimé, et qu'il ne bougeoit de la cour; je ne voulus pourtant point m'en mêler, après ce que j'avois vu, que je n'eusse déclaré à ma sœur, en présence de l'abbé, que je ne prétendois nullement qu'elle me vînt dédire comme les autres, que je lui donnois du temps pour y penser. Elle me dit: « J'y ai déjà pensé, vous me ferez plaisir. « J'aime mieux cet homme-là que pas un dont on ait « encore parlé. » Ainsi j'entrepris la chose, et enfin j'en vins à bout. Mon père disoit assez plaisamment que, depuis que ma mère eût ouï parler du quarré, elle lui disoit, toutes les fois qu'il se réveilloit la nuit: « Monsieur Tallemant, vous ne trouverez jamais mieux « pour votre fille (2). »

Ruvigny avoit en ce temps-là un cocher fort insolent: ce cocher vouloit qu'un charretier bien chargé prît dans le ruisseau, et il lui donna vingt coups de fouet. Ruvigny descend, bat le cocher, et oblige le charretier à lui donner autant de coups de fouet qu'il en avoit eu.

(1) Saint-Simon, qui n'est pas louangeur, rend justice à Ruvigny. Ce gentilhomme huguenot, plein d'honneur et de probité, a été pendant très-long-temps le député de sa religion à la cour. A la révocation de l'édit de Nantes, le Roi lui offrit de rester en France, mais il n'accepta point, et il passa en Angleterre. (*Mémoires de Saint-Simon*, t. 1, p. 452; édition de 1829.)

(2) Ruvigny étoit rousseau et la Grossetière, gendre du premier lit, aussi. « Oh! dit l'abbé, je pense que toutes les bêtes fauves se viendront « prendre céans. » (T.)

Aussitôt voilà M. l'abbé à tourmenter Ruvigny pour demander des bénéfices pour lui. Le cardinal ne vouloit ouïr parler d'évêché; il récompensoit une famille entière par un évêché; il différoit toujours : cela dura cinq ans et davantage. Il fit en ce temps-là un voyage à Londres par inquiétude. Un garçon qui étoit déjà inquiet, déjà chagrin, n'avoit garde qu'il ne le devînt encore davantage; il en devint sec, il en eut et a encore une chaleur d'entrailles qui le dévore; il n'a jamais lu depuis un livre tout du long; vous en trouverez vingt sur sa table, tous différents de matière, les uns grecs, les autres latins, quelques-uns italiens et même espagnols; ils seront presque tous ouverts, car il les lit tous à la fois. Il veut connoître tout le monde, et puis il les laisse là; il aime, pour deux ou trois mois, soit hommes, soit femmes : son amitié n'est guère plus constante que son amour. Il ouït dire qu'une madame Des Friches étoit d'agréable humeur; c'est, comme on dit, une honnête femme qui se gouverne mal, mais il en coûte bon : il y va, fait dire son nom. Elle répond que M. l'abbé Tallemant ne la voyoit point, et dit au laquais qu'il se méprenoit. « Dis-lui que je suis parent « de ses voisines de la campagne. — Qu'il vienne « donc, » reprit-elle. Il entre en rêvant : au lieu de laisser ses galoches à la porte de l'antichambre, il y laisse ses gants; il les retrouve en sortant. « Vraiment, « dit-il, quoi qu'on dise, voici une maison d'hon- « neur. »

Ennuyé de ne rien avoir après dix ans de service, il vouloit que Ruvigny menaçât le cardinal, comme s'il eût été gouverneur de Calais. Enfin, l'abbé parla au cardinal et le gronda quasi, et disoit entre ses dents :

« Si vous ne le faites, prenez garde. » Le cardinal le conta à Ruvigny, et lui dit : « Je me mis à rire, et lui « dis : Je parlerai à votre beau-frère. » Ruvigny représenta au cardinal : « Si votre Eminence ne donnoit « rien à l'abbé, toute la famille croiroit que c'est ma « faute, et que je ne vous en ai pas supplié de la bonne « sorte ; cela m'est important pour mon repos. Je ne « vous demande que cette grâce. » Ainsi il eut Saint-Irénée de Lyon, un prieuré de fondation royale qui vaut douze cents écus de rente. L'abbé ne fut point content de cela ; jusques à cette heure, il fait des offres pour tous les évêchés qui vaquent, et pour cela ne se défait point de sa charge d'aumônier, parce qu'il espère en la donnant avoir quelque grosse pièce. Tous les jours il a de nouvelles prétentions ; il n'y a pas longtemps qu'il songeoit à se faire auditeur de rote ; et, pour cela, il apprenoit le droit canon. Voyez quelle folie, avec le bien qu'il a, de ne pas demeurer à Paris. J'ai oublié de dire qu'il se fit de l'Académie, croyant que cela lui serviroit à la cour ; mais il se trompe, rien ne lui a guère plus nui que les sonnets et les madrigaux qu'il fait à tout bout de champ sur tout ce qui arrive à la famille Mazarine.

Mon père et lui avoient quelquefois d'assez plaisants dialogues. Le bonhomme savoit de bons contes, mais il les répétoit souvent ; ce garçon, mal complaisant, témoigna ouvertement que cela l'ennuyoit, tellement que mon père n'osoit plus faire un conte sans le regarder en riant, comme pour lui en demander permission : l'abbé se levoit dès qu'il commençoit ; le bonhomme le rappeloit : « Reviens, reviens. — Vous ne « le direz donc pas ? — Non, non. » Après il recom-

mençoit. L'autre se levoit encore : ils se jouoient quelquefois un demi-quart d'heure. L'abbé s'avisa de dire qu'il vouloit faire une taille pour marquer chaque fois que mon père feroit un même conte, afin de rabattre autant de jours de sa pension ; tellement que, dès que le bonhomme commençoit à répéter un conte, l'abbé crioit : « Laquais, la taille. » Mon père rioit et disoit qu'il vouloit faire aussi une taille pour marquer toutes les fois que l'abbé se plaindroit de la peine que lui donnoient les pauvres pour la cène du Roi. Quand l'abbé fut de l'Académie, il vouloit faire aussi une taille pour les mauvais mots de son père. Il vint une fois dîner au logis une femme qu'il haïssoit. « Où « irai-je dîner? dit-il. — Allez, lui dit-on, chez M. de « Rambouillet, ici près; la naine (1) y est. Allez chez « votre frère aîné.—Carron (2) m'ennuie trop; voyez, « ajouta-t-il, quel chien de quartier; on n'y sait que « devenir. » Il ne faut pas s'étonner s'il s'ennuyoit des gens; il se chagrinoit d'un tailleur de pierre qui étoit à une tapisserie, et disoit : « Cet impertinent-là n'a-« chevera-t-il jamais de tailler cette pierre? » Il disoit quelquefois les choses assez plaisamment. Une vieille fille disoit : « Je pense que je ne serai mariée qu'en « paradis. — Je pense, lui dit-il, qu'entre tous les « saints, vous ne manquerez pas de prendre saint Ali-« vergaut pour votre mari. » Il disoit que le plus beau jour de la semaine étoit le dimanche, car tout le monde a du linge blanc.

Depuis la déroute de la famille, par la mort du frère

---

(1) Une petite Rambouillet qui est demeurée fort courte. (T.)
(2) Un sot parasite. (T.)

aîné du premier lit, et l'infidélité de Bibaud, associé, qui avoit épousé une nièce du père, l'abbé fut sans carrosse jusqu'à ce qu'il eût vendu sa charge d'aumônier, sur laquelle il gagna dix-huit mille écus. Durant qu'il étoit à pied, il écrit un jour à Tallemant, le maître des requêtes, qu'il avoit à lui parler d'une affaire pressée, et qu'il le prioit de lui envoyer son carrosse pour aller dîner avec lui. On le lui envoie; il étoit temps de dîner quand il arrive; il se met à table; aussitôt après, des gens de son quartier viennent solliciter le maître des requêtes ; il prend l'occasion et s'en retourne avec eux, sans avoir dit un mot de cette affaire pressée, laquelle il a tellement oubliée, qu'il n'en a jamais parlé depuis.

MADAME D'ANGUITTARD.

Madame d'Anguittard ([1]) étoit une demoiselle de Poitou qui avoit épousé Anguittard, cadet de M. Du Vigean : ç'a été une personne tout-à-fait extraordinaire ; jamais femme n'a plus fait la fée que celle-ci. Elle étoit belle et avoit beaucoup d'esprit; elle se piquoit même de bien écrire, et, en je ne sais quelle rencontre, elle voulut faire voir de son style au cardinal de Richelieu. Il trouva sa lettre bien faite, et dit :

[1] On croit que Desmarets a pris d'elle le personnage d'Hespérie dans *les Visionnaires*, qui croit que tout le monde est amoureux d'elle. (T.)

« Il faut que cette dame ait bien de l'esprit. » Encore plus maîtresse de son mari que madame Du Vigean ne l'étoit du sien, elle ordonnoit de toutes choses à sa fantaisie, et elle avoit autant de galants qu'il lui plaisoit. Le duc de Saint-Simon, le feu archevêque de Bordeaux, et autres, ont été ses adorateurs; mais celui qui a fait le plus de bruit, ç'a été M. de La Vauguyon. Quand cette femme alloit seulement à la promenade dans un bois, il falloit que l'air fût si tempéré, qu'à peine trouvoit-elle trois jours en tout un printemps. Mais cette promenade se faisoit avec bien du mystère; tous ses gens passoient devant elle; l'un portoit une chaise, l'autre un carreau, qui un parasol, qui une écharpe, qui une coiffe, qui un mouchoir; et tout cela pour n'être point surprise. Quand elle commença à n'avoir plus le teint si beau, elle ne voulut plus paroître au jour en plein midi. On étoit entre chien et loup dans sa chambre, et, l'hiver comme l'été, il y avoit toujours des rideaux tirés devant ses fenêtres et une portière devant sa porte. Toute sa vie elle ne s'étoit pas laissé voir à tous ceux qui venoient chez elle : plusieurs s'en retournoient sans avoir vu que le mari. Ce fut bien pis en ce temps-là ; car premièrement on ne la voyoit guère que la nuit, et il falloit attendre, sans demander à la voir, qu'elle envoyât dire qu'on pouvoit venir; et encore ne croyez pas que cette grâce fût commune à tous les étrangers qui se trouvoient alors chez elle; il y en avoit d'exclus, il y en avoit d'admis, et on étoit si accoutumé à ses façons de faire, qu'on ne s'en scandalisoit point. Le seul M. de La Vauguyon étoit patron. Il y avoit encore bien des façons pour faire observer un profond silence autour de chez elle;

car, comme elle ne se montroit que la nuit, elle dormoit bien tard le matin. C'étoit un crime irrémissible que d'interrompre son sommeil.

Ses propres filles la servoient par quartier ; elle en avoit assez bon nombre. Son mari fut tué en duel. Elle le survécut de quelques années. « Ah ! pauvre « Anguittard, dit-elle, tu es mort. Je ne te saurois « trop regretter, quand je considère combien tu m'ai- « mois, et que de mon mari, tu avois fait gloire de de- « venir mon esclave. »

On fut tout étonné à la mort de cet homme, quand on trouva qu'il n'étoit point endetté, car on faisoit là-dedans bien de la dépense; mais cette visionnaire étoit grande économe ; peut-être aussi La Vauguyon fournissoit-il. Elle voulut être enterrée dans son jardin (1), et elle ordonna qu'on fît une volière sur son tombeau; elle vouloit, je pense, entendre les oiseaux après sa mort. On trouva dans sa cassette un contrat de mariage de La Vauguyon et d'elle. Elle n'est jamais venue à Paris. Pour le mari, c'étoit un gros petit homme. Un jour, à l'hôtel Liancourt, il s'assit sans y penser sur un téorbe (2), et en se relevant, il alla donner de la tête contre une tablette pleine de porcelaines qu'il jeta tout à terre. A vingt ans de là, feu La Rocheguyon donna de la tête contre un bras de chandelier dans

---

(1) Elle étoit huguenote. (T.)

(2) J'ai ouï dire depuis que M. Du Vigean l'introduisant à l'hôtel de Liancourt, lui dit : « Faites comme vous me verrez faire, » et que M. Du Vigean ayant trouvé là bien du beau monde, avec qui il étoit fort familier, s'étoit mis à genoux en les saluant; lui en fit autant. On en sourit; il s'en aperçut, et, tout déferré, s'alla asseoir sur un téorbe.

(T.)

l'alcôve de madame de Rambouillet. « Jésus ! madame, « dit-il, je pense que je ferai céans comme M. d'An- « guittard chez ma mère. » Anguittard, qu'il ne connoissoit point, étoit là ; il n'étoit pas venu depuis à Paris ; mais il ne l'entendit point.

Depuis, Anguittard, à cheval, suivi d'un valet-de-chambre, trouva en Saintonge, où il demeuroit, quatre pélerins à l'ombre sous un arbre ; il passe à quelques cents pas de là. Il s'avisa que ces pélerins ne l'avoient point salué ; il retourne à eux, et, en colère, leur dit qu'ils étoient des coquins de ne l'avoir pas salué. Ils s'en excusèrent en disant qu'ils ne le connoissoient pas : il les menaça et les maltraita fort de paroles ; ils lui répondirent que s'il les frappoit, il trouveroit à qui parler ; c'étoient des gentilshommes qui alloient à Saint-Jacques. Il voulut faire le brave ; et, prenant un fusil que portoit son valet-de-chambre, il tire sur un. Le fusil n'étoit chargé que de poudre de plomb ; mais ce coup gâta tout le visage au pélerin. Les trois autres le vengèrent bien aussi, car ils se saisirent des pistolets d'Anguittard, et à coups de bourdon ils l'accommodèrent si bien qu'ils le laissèrent pour mort sur la place. Ils plaidèrent ensuite, et à Xaintes Anguittard fut condamné à pur et à plein.

LA CALPRENÈDE.

La Calprehède (1) est de Limousin ou de Périgord ; son père est juge de quelque gros bourg, et peut avoir deux mille livres de rente ; mais il est assez bien allié. Je ne sais comment il s'appelle, car La Calprenède c'est-à-dire *La Charmoye*, et apparemment c'est le nom de la maison de son père. Il n'y a jamais eu un homme plus gascon que celui-ci ; il vint jeune à Paris, et, quoiqu'il fît l'homme de condition, il fut long-temps un des arc-boutans du bureau d'adresse, et ne manquoit pas une conférence ; après il fit une pièce de théâtre, qu'on appelle *la Mort de Mithridate* (2). Elle fut estimée. Il n'y en avoit pas tant de bonnes alors qu'il y en a eu depuis : la première fois qu'on la joua, il étoit derrière le théâtre. Quelqu'un de sa connoissance l'appela : « Monsieur, monsieur de La Cal- » prenède. — Eh bien ? — Vous voyez comment votre « pièce réussit. — Chut, chut, lui dit-il, ne me nom- « mez point ; car si *le père le savoit*. Une fois, disoit- « il, que le père, qui ne vouloit pas que je fisse de « vers, me trouva comme je rimois, il se mit en colère « et prit un pot de chambre, *d'argent s'entend*, pour « me le jeter à la tête. »

(1) Gauthier de Costes, de La Calprenède, né au château de Tolgou, auprès de Sarlat. Il est mort en 1663.
(2) Elle a été imprimée en 1637, in-4°.

Il se fourra parmi les filles de la Reine, et un jour qu'il avoit un habit d'une couleur bizarre, comme tout le monde étoit en peine de savoir quelle couleur c'étoit : « C'est, dit le feu marquis de Gesvres, couleur « de Mithridate. »

Il devint amoureux d'une vieille mademoiselle Hamont que le grand prévôt d'Hocquincourt, père du maréchal, entretenoit ; il la vouloit épouser, et elle lui étoit cruelle : cent fois il lui a présenté son épée pour le tuer, et il fit tant l'amoureux de roman, qu'enfin il se mit à en faire un où la plupart des héroïnes sont veuves, à cause que sa maîtresse l'étoit. Ce roman s'appelle *Cassandre*; la matière en est belle et riche, car c'est l'histoire d'Alexandre : il y a même de l'économie (1); mais les héros se ressemblent comme deux gouttes d'eau, parlent tous *Phébus*, et sont tous des gens à cent lieues au-dessus des autres hommes. Les dames y sont un peu sujettes à donner des rendez-vous du vivant de leurs maris, et cela, au goût de l'auteur, est fort dans la bienséance. Ce livre a réussi ; cela lui a donné courage d'en entreprendre un autre, où il n'a pas si bien pris sa scène ; car c'est sous le règne d'Auguste, règne si connu, qu'il n'y a pas moyen de rien feindre (c'est *Cléopâtre*); cependant, il fait Cléopâtre plus honnête femme que Marianne, car Marianne donne des rendez-vous à un prince étranger, son galant, et, ce que j'en trouve de plus ridicule, le baise au front. Les personnages ressemblent si fort à ceux de *Cassandre*, qu'on voit bien qu'ils sont tous sortis d'un même père.

(1) De la conduite.

Il ne fit pas ce roman tout d'une haleine, comme l'autre. Il affina (¹) plaisamment les libraires; il traitoit avec eux pour deux ou pour quatre volumes; après, quand ces volumes étoient faits, il leur disoit : « J'en veux faire trente, moi. » *Cassandre* n'en a que dix petits; ils faisoient leur compte que ce seroit de même. Il falloit venir à composition, et il leur faisoit donner toujours quelque chose, de peur qu'il ne laissât l'ouvrage imparfait; il a été plus de douze ans à l'achever, et ce n'est que de l'année passée que les deux derniers tomes sont imprimés (²). *Cyrus* ni *Clélie* (³) n'ont point empêché qu'ils ne se soient bien vendus.

Parlons un peu de sa vanité et de ses gasconnades avant que de parler de son mariage. Un jour, chez Scudéry, il faisoit sonner sa pochette : Scudéry crut que c'étoit de l'argent; lui, qui mouroit d'envie de montrer ce que c'étoit, voyant qu'on ne lui demandoit point, tira tout exprès son mouchoir, et fit tomber trois ou quatre vervelles (⁴) d'argent; celles des

---

(¹) *Affiner* quelqu'un, l'attraper, lui donner à ses dépens une leçon de *finesse*. Ce mot se prend encore dans ce sens en Bretagne et dans quelques autres provinces. (*Dictionnaire de Trévoux.*)

(²) Les tomes 11 et 12 de *Cléopâtre* portent la date de 1661. Nous en avons fait la vérification sur l'exemplaire de la Bibliothèque royale. Les autres volumes sont à toutes dates, 1662, 1656, 1657, ce qui montre que le libraire Guillaume de Luynes réimprimoit au besoin les volumes séparément. Il résulte de ce rapprochement que Tallemant écrivoit en 1662 cette partie de ses Mémoires.

(³) Deux romans de mademoiselle de Scudéry.

(⁴) La *vervelle* étoit un anneau ou une plaque que l'on attachoit à la patte de l'oiseau de proie; elle portoit l'empreinte des armes du seigneur auquel il appartenoit, ou tout autre signe de reconnoissance. (*Dict. de Trévoux.*)

oiseaux du Roi sont de cuivre. Scudéry en ramasse une et lit autour : *Je suis à Calprenède.* « Ce sont, dit le « Gascon, quatre douzaines de vervelles pour mes oi- « seaux. » Une autre fois, il contoit à mademoiselle de Scudéry qu'il avoit fait bâtir à La Calprenède, et il lui dépeignit un palais magnifique, puis il lui demanda : « Combien croyez-vous que cela m'a coûté ? « — Quatre mille livres ? — Rien de plus. Il est « vrai qu'il y avoit *quauques* décombres du vieux châ- « teau. »

Sarrazin contoit qu'un jour qu'ils alloient ensemble par la rue, Calprenède vit passer un homme : « Ah ! « qué jé suis malhurus, dit-il, j'avois juré dé tuer cé « couquin, la première fois qué jé lé rencontrerois, et « j'ai fait aujourd'hui mon bonjour. » Sarrazin lui dit : « Ne laissez pas, ce sera sur nouveaux frais. — Non, « dit-il, j'ai promis à mon confesseur dé lé laisser vi- « vré encoré quelque temps. »

Sarrazin disoit : « Que voulez-vous, il a tant donné « de cœur à ses héros, qu'il ne lui en est point resté. » Cependant il y a des gens du métier, comme vous verrez ensuite, qui en rendent meilleur témoignage que Sarrazin. Un jour, en 1647, au sermon de Servientis aux filles de Sainte-Elisabeth, un gentilhomme, revenant de la campagne, descendit de cheval, et vint pour entendre le sermon ; il crotta Calprenède en passant : ils se querellèrent ; il y eut quelques coups donnés de part et d'autre, et, après qu'on les eut séparés, ils se menaçoient encore de leurs places. Quelqu'un dit à Calprenède que c'étoit un gentilhomme. Tout sur l'heure le Gascon lui crie devant tout le monde : « Homme gris, je t'appelle. »

Calprenède alloit chez une madame Boiste (1), où une petite étourdie de veuve, appelée madame de Brac, le vit ; elle étoit folle de ses romans, et elle l'épousa, à condition qu'il achèveroit la *Cléopâtre* ; cela fut mis dans le contrat.

Voici l'histoire de cette femme : un gentilhomme d'auprès d'Orbec, en Normandie, riche de huit à dix mille livres de rente, nommé Tonancourt, n'avoit qu'une fille pour tout enfant ; il étoit veuf et la donna à élever à sa sœur appelée madame de Mailloc. Il eût pour le moins aussi bien fait de garder sa fille chez lui ; car cette dame, soit qu'elle fût amoureuse d'un homme de son voisinage, nommé La Lande, et qu'elle voulût faire sa fortune, ou qu'elle voulût complaire à sa nièce, qui n'étoit pourtant encore qu'une enfant, mais qui pouvoit être éprise, tant y a qu'elle fit marier ce La Lande avec cette fillette par un laquais déguisé en prêtre, et ils couchèrent ensemble. Ce mariage de *Jean Des Vignes* fut tenu assez secret ; au moins un vieux cavalier bien riche et bien v....., nommé Vieuxpont, ne laissa pas de l'épouser à quelque temps de là. Ce fut le père qui fit l'affaire. Elle se divertissoit toujours avec La Lande. Vieuxpont ne dura guère, mais il laissa un garçon ; La Lande propose aux parents, qui eussent bien voulu avoir cette succession, de dire que l'enfant n'étoit point à Vieuxpont, et que lui soutiendroit qu'il étoit le mari de mademoiselle de Tonancourt. On produit des lettres de madame de Vieuxpont ; cela n'y fait rien : La Lande perd son procès.

(1) *Voyez* l'article de madame de Chezelle et de madame Boiste, à la suite de celui-ci.

En ce temps-là un garçon de Paris peu accommodé, mais de fort bonne famille, nommé de Brac, étant capitaine dans un vieux corps, fit connoissance au quartier d'hiver avec cette femme, et conserva ses terres autant qu'il put. Elle se résout à l'épouser. La Lande lui dit ses prétentions, et le fait appeler. Il répond qu'il se battra quand il sera marié. Il se marie, et il fut un an et demi sans ouïr parler de La Lande. Mais un soir, comme il revenoit en chaise de l'hôtel de Guise en son logis qui n'étoit pas loin [1], un homme à cheval dit aux porteurs : « N'est-ce pas là M. de Brac ? » Brac, s'entendant nommer, mit la tête dehors ; l'autre le tua d'un coup de pistolet. On a cru que c'étoit La Lande.

Le frère de de Brac et Calprenède eurent procès pour le douaire de sa femme ; il gagna ce procès. Après cela de Brac le fit appeler. « Nous nous rencontrerons « assez, dit-il ; je ferai porter une épée. » Depuis, comme il étoit aux Petits-Capucins [2], cet homme lui fit faire encore un appel. « Bien, dit-il, je chercherai « un second. » Il sort et prend son épée à un laquais. A la porte de la rue il fut attaqué par quatre hommes. D'abord il marcha sur son canon [3] et tomba ; il eut

---

[1] Ce n'est pas à dire que ce M. de Brac demeurât dans la rue de Braque, ni qu'il lui ait donné son nom. Cette rue, qui est entre les rues Sainte-Avoie et du Chaume, est ainsi nommée d'Arnoul de Bracque, qui, en 1348, y fit construire un hôpital et une chapelle. (*Voyez* Jaillot, *Recherches sur la ville de Paris, quartier Sainte-Avoie*, tome 3, page 27.)

[1] Les Capucins du Marais, rue d'Orléans et du Perche. C'est aujourd'hui la paroisse Saint-François.

[2] On appeloit ainsi les rubans qui se nouoient sur les jarretières.

pourtant le loisir de se relever, et ne lâchoit point le pied devant eux. Deux braves (1), qui se trouvèrent là, le voulurent voir faire, et après le secoururent.

Quelque temps après qu'il fut marié, il alla voir le petit Scarron. En causant il s'inquiétoit fort d'un homme qu'il avoit laissé en bas. « Je vous prie, faites « monter cet homme, disoit-il. — Non, non, qu'il de- « meure. » Puis il se reprenoit et ne savoit ce qu'il disoit. « Je vous entends, dit Scarron, vous voulez « dire que vous avez un gentilhomme ; je me le tiens « pour dit. » Lui et sa femme alloient par les maisons remarquant les fautes du *Grand Cyrus* : depuis ils se sont brouillés lui et elle, et on dit même incommodés. Depuis quelque temps ils se sont séparés. Il dit qu'elle a plus fait de ravage sur ses terres qu'un régiment de Cravates.

Elle fait assez mal des vers et assez mal de la prose. On a imprimé quelque chose d'elle qui s'appelle *le Décret d'un cœur amoureux*, où l'on décrète un cœur (2).

La Calprenède a fait imprimer un roman de *Pharamond*, et, dans la préface, il prétend qu'on fait tort à ses livres de les appeler *romans* au lieu d'*histoires*. Là, il met son nom et ses qualités aussi bien que Scudéry : *par M. Gaultier de Coste, chevalier, seigneur de La Calprenède, Toulgon, Saint-Jean de Livet, et*

---

(1) Savignac, un gentilhomme de Limosin qui a six pieds de haut, et Villiers Courtin, ex-capitaine aux gardes. (T.)

(2) Cette pièce est intitulée : *Décret d'un cœur infidèle, suivi de l'état et inventaire des meubles du cœur volage, et l'ordre de la distribution qui en fut faite.* Elle se trouve dans le *Recueil des pièces en prose les plus agréables de ce temps*; Paris, Sercy, 1661, t. 4, p. 263-273. Cet ou-

Vatiménil. Il n'y a que La Calprenède qui soit de son estoc.

vrage étant assez rare, nous citerons ici quelques vers de cette pièce singulière :

>On adjugea ses devoirs à Sylvie,
>A la jeune Cloris les devoirs de sa vie,
>A Philis ses tourments,
>A la divine Iris ses mécontentements ;
>Amarillis reçut ses premières tendresses,
>La folâtre Cléon ses trompeuses promesses.
>On livra ses sanglots à la belle Cypris,
>A Calixte sa foi qu'on estimoit sans prix.
>Amarante eut ses pleurs,
>Léonice ses plaintes,
>Climène ses douleurs,
>Arpalice ses feintes ;
>A bon marché Camille eut ses tristes ennuis,
>Olympe, malgré soi, ses plus mauvaises nuits.
>Lysimène arrêta ses sensibles atteintes;
>Mélite racheta ses transports et ses craintes;
>Clorinte eut ses désirs;
>Bellice obtint enfin ses amoureux plaisirs;
>Madonte par trois fois réclama sa constance :
>Comme on n'en trouva point, elle eut l'indifférence;
>Ismène s'empara de son discours poli ;
>Artémis eut le choix du tiède ou de l'oubli, etc.

MADAME DE CHEZELLE ET SA MÈRE,

MADAME BOISTE,

ET SA TANTE MADEMOISELLE GERVAISE.

Madame de Chezelle s'appelle aujourd'hui madame de Bournonville; elle est fille d'une madame Boiste dont nous parlerons ensuite. Cette madame Boiste avoit une sœur qu'on appeloit mademoiselle Gervaise; c'étoit son aînée : nous commencerons par elle.

Mademoiselle Gervaise était fort jolie en sa jeunesse et n'enfouissoit point le talent, car elle se servoit admirablement bien de sa beauté. J'en sais une chose plaisante. Elle étoit allée à la campagne avec Tallemant, le père du maître des requêtes; elle étoit parente de cet homme : ils couchèrent en même lit pour ne pas tant salir de draps. Le lendemain d'assez bon matin, comme on vint dire que le mari étoit en bas, un laquais entra tout doucement dans la chambre et ôta les mules de la demoiselle ; de sorte que, ne sachant pas trop ce qu'elle faisoit dans une telle surprise, elle s'en alla avec les mules du galant. Le laquais, dès qu'elle fut partie, remit celles de la demoiselle sous le lit de son maître. Le mari monte et se met à causer avec lui ; en parlant il reconnoît les mules de sa femme;

cela le trouble, il répondoit au carré (1). Enfin Tallemant se voulut lever; mais on ne trouva jamais que les mules de la *galande* au lieu des siennes. Cela pensa faire du désordre; mais le mari étoit bonhomme, et il se laissa persuader que, toutes les mules ayant été crottées la veille, en passant dans une ornière, et qu'après qu'ils furent couchés, les laquais les ayant emportées en bas pour les nettoyer, elles s'étoient brouillées en les rapportant.

Sa sœur Boiste ne s'est pas mieux gouvernée qu'elle, mais elle a eu plus de conduite. Ce M. Le Lièvre, que madame de Créqui vouloit épouser à cause qu'il étoit fort riche, y a assez dépensé : elle fut veuve de fort bonne heure, et n'avoit qu'une fille. Son mari étoit conseiller à la Cour des Aides, et son père, conseiller au grand Conseil, nommé Vérigny. Cette fille étoit fort jolie, mais un peu diablesse. Dans un couvent où elle la mit en pension, elle faisoit semblant de voir des esprits, faisoit tenir toutes les religieuses en prières, leur faisoit peur, pissoit dans le benestier (2), et, pour comble de méchanceté, mit une fois le feu au cloître. Elles furent contraintes de la rendre à sa mère; mais sa mère n'en vint guère mieux à bout, car quand cette enragée vouloit avoir quelque chose, elle montoit sur le bord d'un puits et menaçoit de se jeter dedans. Quand elle fut grande, elle fit d'autres folies; car un beau jour la mère s'aperçut qu'elle étoit grosse (on a cru que c'étoit du fait d'un conseil-

---

(1) Cette expression paroît signifier que le mari n'étoit plus à la conversation, et que ses réponses ne cadroient plus avec ce qu'on disoit.

(2) On lit *benestier* très-distinctement au manuscrit.

ler, nommé Saint-Germain-Le-Roi). Madame Boiste ne fut pas mal habile; elle trouva à qui donner la vache et le veau. Il y avoit une bonne dame nommée madame de Chezelle, femme d'un vieux cocu de conseiller de la Cour des Aides, et si abandonnée que, pour se venger d'un homme, elle prit une fois du mal tout exprès pour le lui communiquer : elle avoit un fils, un jeune innocent, qu'elle maria avec cette mademoiselle Boiste. Ce garçon étoit si jeune que sa mère ne voulut pas qu'il consommât le mariage. Le bien avoit tenté cette femme. On demanda à madame Boiste à quoi elle avoit songé de donner sa fille à un enfant. « En l'état où elle étoit, ré-
« pondit-elle, je l'eusse donnée à un crocheteur. » La nouvelle mariée fit une malice terrible à ce pauvre idiot; elle fit venir un arracheur de dents, et à force d'argent l'obligea à arracher quatre ou cinq bonnes dents à cet innocent, avec une qu'il avoit de gâtée, en lui faisant accroire que les autres l'étoient aussi, et qu'elle ne le pouvoit plus souffrir, tant il sentoit mauvais.

Champlâtreux la cajola, et on dit que madame de Nucé surprit une servante qui alloit acheter des œufs pour le galant qui devoit coucher avec elle. Il ne put si bien faire qu'il ne fût aperçu en se retirant. J'ai dit *coucher*, car la belle-mère empêchoit, tant qu'elle pouvoit, que son fils ne joignît sa femme, depuis qu'elle avoit découvert la grossesse; de sorte que tout ce désordre obligea la Boiste, qui voyoit que le terme approchoit, à faire mener sa fille en lieu sûr. Ce fut Le Lièvre qui la conduisit. La belle-mère intenta une action au nom de son fils; mais le beau-père soutint sa belle-fille et la reçut chez lui, malgré sa femme, qui se retira ailleurs avec son fils; cela fit dire que le bon-

homme était amoureux de sa bru. Tandis qu'elle fut chez lui, elle eut liberté tout entière; elle fut quelque temps familièrement chez M. d'Angoulême, à Gros-Bois. Le bonhomme prenoit le plus grand plaisir du monde à la voir gambader; elle étoit plaisante, vive et pleine d'esprit.

En ce temps-là, on arrêta les chevaux de la Boiste pour la taxe des aisés. Elle écrit aussitôt à M. d'Angoulême, en ces mots : « Monseigneur, j'ai lu dans « l'Evangile que la Madelaine dit à notre Seigneur : « Seigneur, si tu eusses été ici, mon frère ne seroit « pas mort ; j'en dis de même, seigneur. Si vous eus-« siez été à Paris, on ne m'eût pas pris mes che-« vaux, etc. » Quelqu'un lui dit : « La mère veut être « de vos amies, aussi bien que la fille. — Ma foi, « ce dit-il, de la mère descendre à la fille, cela est fort « naturel; mais de la fille remonter à la mère, je vous « jure, je n'ai pas les jambes assez bonnes pour cela. »

M. de Nemours, l'aîné de celui que M. de Beaufort tua, fit bien des folies avec elle; on les a vus dans les bois de Boulogne, mener tous deux un carrosse, et, elle, faire le métier de postillon, en chantant :

  Hélas! beau prince de Nemours,
  Ne m'aimerez-vous pas toujours (1)?

Elle fit tant d'équipées de cette force, qu'on fit un vaudeville en son honneur :

  Je suis la petite Chezelle,
  Qui, profanant trop mes attraits,

(1) C'étoit sur l'air d'une chanson : *Hélas! mon cœur, mes amours*, etc.
               (T.)

> Parfois, aux pages et laquais
> Ne fus pas trop cruelle.
> Ma mère même, sur ma foi,
> Est une sainte au prix de moi.

Après qu'elle eut fait bien des infamies, il se trouva un homme de qualité, l'abbé de Persan, neveu du maréchal de L'Hôpital, qui, pour l'épouser, quitta l'abbaye de Montiramé, en Champagne, qui vaut dix-huit mille livres de rente et plus de vingt-cinq mille à manger. Il trouva un homme, nommé Renouard, sur la tête duquel on la mit, et cet homme lui en donne tant par an; c'est le plus beau de son bien que cela; il prit le nom de Bournonville. Voilà un digne neveu du maréchal de L'Hôpital, soit pour quitter de bons bénéfices, soit pour épouser des gourgandines! Bournonville en avoit eu un enfant avant qu'elle fût démariée, et elle consentit à la dissolution, sous prétexte d'impuissance, parce qu'elle étoit assurée que cet abbé l'épouseroit.

Chezelle fut battu quelque temps après : on le prit pour un autre, et il mourut, je pense, de fièvre, au bout de l'an. Regardez s'il y a rien de plus malheureux!

Cette femme n'a pas moins fait l'amour avec le second mari qu'avec le premier; mais ce n'a pas été si insolemment; elle a eu une petite fille fort éveillée; quelqu'un lui dit : « Elle vaudra bien sa mère.—N'im-
« porte, répondit-elle, pourvu qu'elle s'en tire aussi
« bien que moi. »

Un peu après le siége de Paris, elle emprunta toute la vaisselle d'argent de sa mère, et y fit mettre ses armes, puis dit que c'étoit sa vaisselle.

Villiers Courtin, capitaine aux gardes, est son fi-

dèle; mais elle a du respect pour lui, et dit aux autres : « Allez-vous-en, je ne sais point plaisanter tandis qu'il « sera céans. »

Un neveu du petit Gramont, de M. d'Orléans, fut mené chez madame de Bournonville. « Quoi, dit-« elle, le neveu du petit Gramont, ce grand m........! « — Quoi ! madame, lui répondit ce garçon, seroit-« il assez heureux pour vous avoir rendu quelque ser-« vice ? »

VANDY.

Feu Vandy étoit un homme qui rencontroit assez bien. Son oncle, le comte de Grandpré, avoit été son tuteur, et on accusoit ce tuteur d'avoir un peu pillé son pupille; il lui dit un jour « : Mon neveu, vous « faites trop de dépenses; assurément, vous vous rui-« nerez. — Mon oncle, répondit Vandy, comment me « ruinerois-je, si vous, qui avez plus d'esprit que moi, « n'avez pu venir à bout de me ruiner? » Un gentilhomme de ses voisins lui demandoit une attestation pour faire déclarer son frère fou : «Mais, monsieur, lui disoit-« il, donnez-la-moi bien ample. — Je vous la donnerai « si ample, répondit Vandy, qu'elle pourra servir pour « votre frère et pour vous. » C'étoit un homme trèsfroid, et il ne sembloit pas qu'il songeât à ce qu'il disoit. Un jour qu'il dînoit chez ce même comte de Grandpré, on servit devant lui un potage, où il n'y avoit que deux pauvres soupes qui couroient l'une après l'autre; Vandy

voulut en prendre une ; mais comme le plat étoit fort grand, il faillit son coup ; il y retourne et ne put l'attraper ; il se lève de table et appelle son valet-de-chambre : « Un tel, tire-moi mes bottes. — Que « voulez-vous faire, mon cousin? lui dit M. de Joyeuse; « je crois que vous êtes fou. — Souffrez qu'il me « débotte, dit froidement Vandy, je veux me jeter à la « nage dans ce plat pour attraper cette soupe. »

Il étoit brave, mais il n'alloit jamais à la guerre sans donzelles, et il disoit ordinairement : « Point de « p......, point de Vandy. » On dit qu'étant à une foire de village, il y rencontra une mignonne qu'il avoit entretenue autrefois ; il en vouloit user à la manière de Diogène, qui plantoit des hommes en plein marché ; la demoiselle le rebuta, et il l'apostropha..... Il avoit épousé une nièce du maréchal de Marillac. Le cardinal de Richelieu voulut qu'il fît son testament ; lui s'en défendoit, disant qu'il n'avoit pas de biens ; enfin l'Eminence l'emporta. « Ecrivez-donc, dit-il, je « donne mon âme à Dieu, mon corps à la terre, ma « femme et mon fils à M. le cardinal (il fut son page), « et ma fille au public. » Une fois qu'il venoit de la guerre avec un de ses amis, il lui dit : « Nous irons « descendre chez une dame bien faite, avec laquelle « vous verrez que je ne suis pas mal ; mais je n'en suis « point jaloux ; je vous laisserai ensemble avant que « vous en partiez : vous pousserez votre fortune. » C'étoit chez sa femme qu'il fut descendre ; il lui présenta cet ami. On dîna : après dîner, il entra avec elle dans un cabinet, et ensuite il s'alla promener dans le jardin. Cet homme, demeuré seul avec elle, se mit à lui en conter, et après il lui voulut baiser la main.

« Monsieur, pour qui me prenez-vous? — Hé, ma-
« dame, M. de Vandy m'a tout dit. » Enfin, elle fut
contrainte d'appeler Vandy par la fenêtre. Cet homme,
voyant qu'on l'avoit fait donner dans le panneau,
monta à cheval et s'enfuit.

Une autre fois qu'il couroit la poste, en passant
par Lyon, on l'obligea à aller parler à feu M. d'Alincourt, père de M. de Villeroy, qui exerçoit cette petite
tyrannie sur les courriers. Il y fut. M. le gouverneur,
sans autrement le saluer, lui dit : « Mon ami, que di-
« soit-on à Paris quand vous en êtes parti? — Mon-
« sieur, on disoit vêpres. — Je demande ce qu'il y
« avoit de nouveau? — Des pois verts, monsieur. »
Alors se doutant que ce n'étoit pas ce qu'il pensoit, il
lui ôte le chapeau, et lui dit : « Monsieur, comment
« vous appelez-vous? — Cela n'est pas réglé, reprit
« Vandy, tantôt *mon ami*, tantôt *monsieur*. » Et il s'en
va. On dit après à M. d'Alincourt qui c'étoit. Il envoya
après, mais en vain; Vandy le laissa là pour ce qu'il
étoit.

FEMMES VAILLANTES.

Il y a eu deux sœurs en Auvergne toutes deux vail-
lantes; l'une, mariée à un M. de Château-Guy de Mu-
rat, étoit galante et belle : elle alloit d'ordinaire à
cheval avec de grosses bottes, la jupe retroussée et un
chapeau avec un bord, des rayons de fer et des plumes
par-dessus, l'épée au côté et les pistolets à l'arçon de

la selle. Du vivant de son mari, M. d'Angoulême, alors comte d'Auvergne, en fut amoureux; et quand il fut arrêté par M. d'Heure, capitaine d'une compagnie de chevau-légers entretenue, à laquelle ce prince faisoit faire montre, elle jura de se venger de ce M. d'Heure. Quand elle fut veuve, elle eut un autre galant qu'on appeloit M. de Cadières; par jalousie elle l'appela en duel. Il y fut; et comme il pensoit badiner, elle le pressa de sorte, que ce fut tout ce qu'il put faire que de passer sur elle, et, tout d'un train, il la jeta à terre et fit la paix de la maison. Elle avoit querelle avec des gentilshommes de son voisinage nommés MM. de Gane; un jour elle les rencontra à la chasse. Un gentilhomme, qui est à elle et qui lui servoit d'écuyer, lui dit : « Madame, retirons-nous ; ils sont trois « contre un. — N'importe, dit-elle, il ne sera point « dit que je les aie trouvés sans les charger. » Elle les attaque, et eux furent si lâches que de la tuer. Elle fit toute la résistance imaginable.

Sa sœur, qui n'étoit pas belle comme elle, étoit en récompense tout autrement fanfaronne, et même elle étoit un peu folle. Elle épousa en premières noces un gentilhomme nommé La Douze : elle étoit fort jeune. Il la battoit quelquefois ; enfin il devint goutteux, et elle grande et forte ; elle le battit à son tour ; il mourut ; elle épousa Bonneval de Limosin. Elle en vouloit faire de même avec lui, et même elle l'appela en duel. Il lui en voulut faire passer son envie : les voilà tous deux dans une chambre dont il avoit bien fermé la porte. Ils se battent et il lui donne trois ou quatre bons coups d'épée pour la rendre sage. Ce second mari mourut encore. Elle étoit déjà vieille ; elle se met à se farder ;

car elle étoit un peu *concubinaire* : on dit que c'étoit une chose effroyable à voir. Un gentilhomme de Touraine, nommé La Citardie, qui a le vol pour pies chez le Roi, l'alla voir, c'étoit en hiver ; on lui apporta dans sa chambre une coignée pour couper de gros bois, et une serpe pour couper des fagots : voilà comme on y chauffoit les gens. Rien ne fermoit dans cette maison, et il faisoit plus sûr au milieu des bois; elle lui fit passer toute l'après-soupée à moucher une chandelle à coups d'arquebuse; et, parce qu'il avoit mieux tiré qu'elle, elle lui fit rompre son arquebuse comme il dormoit. Elle poursuivit trois lieues durant un de ses parents qui avoit eu l'audace de passer auprès de chez elle sans lui rendre ses devoirs, et après elle l'envoya appeler en duel (1).

(1) Il y a eu dans cette famille un marquis et une marquise de La Douze-Lastours qui sont morts sur l'échafaud. Corbinelli écrivoit de Toulouse à Bussy-Rabutin, le 25 septembre 1669 : « Nous avons dans les prisons « de cette ville un furieux exemple d'une belle passion. Le marquis de « La Douze fut accusé, il y a quelque temps, d'avoir empoisonné sa « femme pour épouser la fille du président Pichon de Bordeaux. Celle-« ci, dit-on, conspira avec le marquis la mort de la femme à qui elle a « succédé. Vous saurez que cette dame, voyant son mari arrêté, se dé-« guisa en homme pour venir lui donner des conseils, et pour concerter « avec lui les moyens de se défendre. Le malheur voulut pour elle « qu'elle fût découverte et arrêtée, et ce même malheur a fait trouver « des conjectures très-fortes qu'elle a trempé au meurtre de la première « femme. On les doit juger demain tous deux. C'est un des plus fameux « procès qu'on ait encore vus. » On lit dans les Lettres de Bussy, t. 3, p. 174, édition de 1706, une *Relation de la mort du marquis de La Douze*. Il sembleroit en résulter qu'il a été condamné pour avoir assassiné son beau-frère, tandis qu'il auroit soutenu l'avoir tué en duel. La dame La Douze fut aussi exécutée; on a imprimé dans les *Mémoires historiques sur la Bastille*, 1789, t. 1, p. 71, le testament de mort de cette dame. L'original en est sous nos yeux. C'est une pièce si touchante que nous croyons faire plaisir à nos lecteurs en la joignant ici :

A Montauban, comme un jeune soldat s'alloit exposer au péril qu'il y avoit à mettre le feu à la galerie, une vieille femme lui ôta le flambeau de la main, en lui disant : « Mon enfant, tu pourras rendre de bons « services à la patrie; pour moi, je lui suis inutile; « j'ai assez vécu. » Et s'en alla mettre le feu à la galerie.

Une vendeuse de pommes, nommée La Sallissotte, se présenta à la brèche, y eut un bras emporté, prend ce bras, le met dans son tablier et va chez le chirurgien. Comme on la pansoit, elle disoit : « Coupez « encore cela. » Elle vivoit encore en 1650. Je ne sais si elle est morte depuis. A Montauban, on la montroit aux étrangers.

Madame de Saint-Balmont est du Barrois : son mari étoit dans les troupes du duc de Lorraine, et est mort à son service. Se trouvant naturellement vaillante, elle se mit en tête de conserver ses terres ; cela l'obligeoit à monter souvent à cheval ; insensiblement elle

« Mon enfant, on vient de prononcer mon arrêt de mort, et je n'y
« trouve rien de fâcheux que la crainte que j'ai qu'en mourant tu ne
« meures aussi par contre-coup. La mort m'est agréable d'un côté, parce
« que j'y trouve l'occasion d'en faire un sacrifice à Dieu, et me laisse
« de la douleur de l'autre, d'autant que je suis obligée d'abandonner
« la moitié de moi-même. Je n'ai plus de parole qu'à te dire adieu de
« ma bouche, et suis bien malheureuse de ne pouvoir joindre la tienne.
« Baise ces derniers caractères, et ainsi tu baiseras la main qui t'écrit
« et le cœur qui te parle. Adieu pour jamais. De ma prison, le vendredi
« 27 septembre 1669.

« La Douze Lastours. »

Cette dernière effusion d'une mère mourante est si noble et si pure, que l'on aime à croire que celle qui a tracé ces lignes étoit innocente. L'insertion de cette note, dans les Mémoires de Tallemant, a principalement pour objet d'appeler les recherches des curieux sur le procès du marquis et de la marquise de La Douze.

s'y accoutuma, et peu à peu elle s'habilla en guerrière : elle a d'ordinaire un chapeau avec des plumes bleues ; le bleu est sa couleur ; elle porte ses cheveux comme les hommes, un justaucorps, une cravate, des manchettes d'homme, un haut-de-chausses, des souliers d'homme et fort bas ; car, quoiqu'elle soit petite, elle ne veut point passer pour plus grande qu'elle n'est, et elle est si brusque, qu'elle ne pourroit pas sans danger se chausser comme les femmes ; elle porte une jupe par-dessus son haut-de-chausses ; elle a toujours l'épée au côté ; mais, quand elle monte à cheval, elle quitte sa jupe et prend des bottes. Quand elle entre dans quelque ville, tout le monde court après elle ; elle à la voix et la mine d'un homme, à la barbe près ; mais elle paroît jeune, quoiqu'elle ne le soit pas; elle a les actions et les révérences d'un homme. On ne sauroit être plus vaillant qu'elle, elle a tué ou pris de sa main plus de quatre cents hommes. Quand Erlach passa en Champagne, elle alla seule attaquer trois cavaliers allemands qui dételoient les chevaux de sa charrue, et les arrêta jusqu'à ce que ses gens fussent arrivés. A un château, elle monta à l'escalade, et, étant abandonnée des siens, elle ne laissa pas d'entrer dedans le pistolet à la main, et, se jetant de furie dans une chambre où il y avoit dix-sept hommes, elle seule les désarma ; apparemment ils crurent qu'elle étoit suivie. Elle est toujours admirablement bien montée ; elle dresse elle-même ses chevaux, et il n'y en a point de mieux dressés que les siens. A propos de cela, une fois elle appela en duel un gentilhomme qui étoit en réputation de brave : il se trouva à l'assignation, mais il n'avoit qu'un bidet. « Madame, il faut mettre pied

« à terre ; vous avez un cheval d'Espagne. » Elle descend : lui, prend si bien son temps, qu'il saute sur le cheval de l'amazone, s'en va et lui laisse son bidet. Il en fit des contes, et le monde qui savoit bien quel homme c'étoit, trouva ce tour fort plaisant.

Ses mœurs ne s'accordent pas trop bien avec son habit ni avec son humeur guerrière ; car elle aime autant à prier Dieu qu'à se battre ; elle est aussi dévote que vaillante. Il y a un livre imprimé de sa façon, qui contient les exercices spirituels qu'on pratique dans sa maison. Elle fait des vers et facilement ; mais ils ne sont pas les meilleurs du monde : elle les estime pourtant assez pour les donner au public : il y en a d'imprimés à Reims ; elle a même composé deux tragédies ; mais elles n'ont pas encore été jouées, et je ne crois pas qu'on les joue : elle parle de les mettre en lumière. Elle a l'esprit vif, parle beaucoup et est fort civile ; elle est gaie jusqu'à contrefaire l'allemand francisé. Elle est un peu gesticulante ; mais elle est si souvent homme, qu'il ne faut pas s'en étonner.

D'OLIZY.

D'Olizy, qui se fait appeler le marquis d'Olizy, est fille du feu président Larcher (1). Ce n'est pas par ses grandes armes qu'il est devenu marquis : son plus bel exploit, c'est d'avoir enlevé une garce qu'il appelle sa

(1) Président des comptes. (T.)

femme et qu'il veut que tout le monde reconnoisse pour telle. Cette marquise de nouvelle édition est fille d'un boulanger ou meûnier de Metz; elle a eu deux maris : le premier étoit chirurgien, le second valet-de-chambre de Barradas. La présidente Larcher, qui vit que ce garçon étoit amoureux de cette créature, la fit mettre dans un couvent; mais son fils lui fit tant de protestations que jamais il ne verroit cette femme, qu'elle la fit sortir. Aussitôt il l'emmena en Champagne, où il prit le nom de *marquis d'Olizy*, c'est une terre qui lui appartient, et qui est auprès de Reims. Il y a un an et demi (1650) que le conseil de ville lui donna la commission de faire rompre tous les ponts et tous les gués de la rivière de Vesle, afin d'empêcher les courses de la garnison de Rocroi. On en fit cette chanson où l'on suppose qu'il se fait présenter au lieutenant de ville (1) par Godinot son fermier : on accuse le vicomte Du Bac de l'avoir faite.

CHANSON.

(Godinot parle.)

Afin de vous tirer de peine,
Noble sénat de Bétisy (2),
Voici ce brave capitaine,
Jean Larcher, marquis d'Olizy;
C'est un homme, je vous réponds,
    Pour rompre ponts,
Pour rompre ponts, gués et passage,
Adroit, vaillant, prudent et sage.

(1) C'est comme le maire. (T.)
(2) Pour se moquer du conseil de ville, il appelle Reims, du nom d'un petit village qui est tout contre. (T.)

(*Le lieutenant de ville répond.*)

S'il soulage notre détresse,
Il sera bien récompensé;
Qu'il donne ordre au Moulin l'Abbesse,
Cuissat, Macot et Compensé,
Jouchery, Breuil et Courtaudon,
  Auprès d'Ormond,
Au Roland, Courville et Villette,
Au pont d'entre Fisme et Frimmette (1).

(*Le marquis parle.*)

Désormais la ville du sacre
Ne craindra plus les ennemis;
J'en ferai un trop grand massacre,
Si en campagne il s'étoit mis;
Montal (2), quoique homme de grand cœur,
  Mourroit de peur;
Et Caillet (3) trembleroit dans l'ame
S'il voyoit l'acier de ma lame.

(*Le lieutenant de ville parle.*)

Louons de Dieu la providence
Qui pourvoit à notre besoin,
Suscitant pour notre défense
Un marquis digne d'un tel soin.
Par saint Nicaise et saint Remy (4),
  Mon cher ami,
Nous prions Dieu que votre garce,
Vous fasse belle et ample race.

---

(1) Tous ces lieux ont des ponts sur la rivière de Vesle. (T.)
(2) Gouverneur de Rocroy. (T.)
(3) Receveur des contributions pour M. le prince. (T.)
(4) Patrons de Reims. (T.)

Marquise, meunière,
On dit que votre époux
Vous trouve un peu fière
Et se lasse de vous.
Si cette ardeur étrange
Prenoit jamais fin,
Comme enfin
Tout amant change,
Vous pourriez bien retourner au moulin.

Melle ET MADAME DE MAROLLES.

Un gentilhomme de devers Chartres, nommé Marolles, qui se disoit de la maison de Lenoncourt, de Lorraine, mais que ceux de Lenoncourt désavouoient, disant que c'étoit une branche de bâtards, épousa une sœur de M. Du Fargis, de la maison d'Angennes. On lui donna cette fille, parce qu'elle n'avoit guère de bien; il en eut un garçon et une fille. Le garçon, comme nous verrons ensuite, est mort gouverneur de Thionville; la fille (1) fut fille d'honneur de la Reine-mère; c'est une personne adroite et ambitieuse, mais médiocrement jolie (2). Sa mère ayant tiré de M. le marquis de Rambouillet vingt-huit mille écus pour un compte de tutelle

(1) Madeleine-Claire de Lenoncourt, demoiselle de Marolles, mariée en 1649, à Louis-François de Brancas, depuis duc de Villars, mourut en 1661.

(2) Elle logea un temps chez madame d'Aumont, la veuve; elle est d'Angennes. Cette fille étoit si fière qu'elle appeloit une femme de soixante-dix ans *ma cousine*. Enfin la bonne femme aima mieux l'appeler *mademoiselle*, afin qu'elle l'appelât *madame*. (T.)

dont le marquis son père étoit chargé, elle fit si bien que toute cette somme fut pour elle seule. M. Du Fargis, depuis la mort de son fils, qui fut tué à Arras, fit je ne sais quelle affaire à la cour. Elle en tira tout le profit : cela alla à quarante mille livres. Pour satisfaire son ambition, il lui falloit un tabouret : elle cabale pour épouser le vieux Bouillon La Marc, veuf pour la seconde fois. Pour y parvenir, elle lui fit accroire que M. d'Orléans, à qui M. Du Fargis, son oncle, avoit été, lui témoigneroit qu'il le souhaitoit, et qu'en récompense, il prendroit ses intérêts contre la maison de La Tour, pour lui faire ravoir Sedan. Un jour qu'elle avoit épié qu'il n'y étoit pas, elle envoya un valet-de-pied de sa connoissance, qui demanda M. de Bouillon, et dit que M. d'Orléans le venoit voir pour lui parler de ce mariage qu'il savoit. « Il n'y est
« pas, dit-on. — Je m'en vais donc, reprit-il, avertir
« qu'il n'avance pas. » Le bonhomme prit cela pour argent comptant; mais La Boulaye (1), son gendre, le désabusa et lui fit épouser une femme (2) hors d'avoir des enfants. Notre pucelle en pensa enrager, et fut si folle que de solliciter pour empêcher que cette femme n'eût le tabouret, disant que M. de Bouillon n'étoit pas reçu au parlement. Elle ne se rebute point, et, voulant à toute force avoir un tabouret, elle épouse le fils

---

(1) On lit *La Boulaye* dans le manuscrit. C'est une erreur de Tallemant. Il entend sans doute parler d'Amaury Goyon, marquis de *La Houssaye*, qui, en 1629, avoit épousé une fille du duc de Bouillon. Il n'a été fait aucune mention de la troisième femme du duc de Bouillon La Marck dans l'*Histoire généalogique de France*, du père Anselme.

(2) Madame de La Mazelure, sœur ou belle-sœur de M. de Beuvron.

(T.)

aîné du duc de Villars (le père n'étoit pas mort encore); c'est un ridicule de corps et d'esprit, car il est bossu et quasi imbécile, et gueux par-dessus cela.

Voici comme elle s'y prit. Elle se servit d'un prêtre de Saint-Paul, qui le connoissoit; et, comme il étoit en grande nécessité, il se laissa charmer à quatre-vingt mille livres qu'elle pouvoit avoir pour tout bien. Elle ne l'eut pas plus tôt épousé qu'elle fait un procès à madame d'Aiguillon, au nom du bonhomme de Villars : elle en tire quarante mille écus. Depuis la mort du père, elle a fait recevoir son mari duc et pair au parlement d'Aix, comme le bonhomme l'avoit été par le crédit de sa femme, et elle a si bien cabalé à la cour qu'elle a trouvé moyen de faire joindre la pairie au brevet, car il n'y avoit que *duc* simplement : le cardinal de Richelieu ne put se résoudre à faire un si jeune homme duc et pair. La voilà assise au Louvre comme les autres. Elle a trouvé moyen, depuis la mort de son frère, d'être co-tutrice de ses neveux. Pour cela elle a eu raison, car c'est une étrange créature que la veuve.

Elle disoit de mademoiselle de Rambouillet, qui l'appeloit *ma cousine* : « Je ne sais pourquoi made- « moiselle de Rambouillet prend plaisir à m'offenser. » La feue duchesse de Villars (1) ne fut jamais assise au Louvre que deux ou trois fois. Elle y alloit rarement.

Madame de Marolles est d'une bonne maison de

---

(1) Julienne-Hippolyte d'Estrées, sœur de Gabrielle d'Estrées. Les lettres qui conféroient le titre de duc à Georges de Brancas, son mari, sont de 1627, enregistrées au Parlement de Provence en 1628, et confirmées en 1651, à une époque où ces sortes de faveurs s'accordoient avec plus de facilité.

Luxembourg. Son mari, qui a été gouverneur de Thionville, depuis qu'elle fut prise jusqu'à sa mort, ayant assez de bien, ne regarda qu'à l'alliance et à la personne. « Je ne veux, disoit-il, qu'une bonne femme « et qui m'aime bien. » Celle-ci le hait et fut fort coquette. Sa première galanterie fut avec le chevalier de La Sausse, gentilhomme normand, fort bien fait, fort brave, mais fort brutal. Le second, et qui a fait tout autrement du bruit, fut une espèce de filou de Paris, fils d'un tireur d'armes, mais bien fait de sa personne : il s'appelle Saint-Ange. Charmoye l'avoit employé pour enlever mademoiselle de Sainte-Croix des Filles-Dieu ; elle se réfugia avec lui à Thionville (1). D'abord, Saint-Ange n'avoit aucune inclination pour elle, même on dit qu'il la haïssoit ; mais étant demeuré seul à Thionville, car Charmoye fut reçu à Luxembourg au bout de quelque temps, tandis que son affaire s'accommodoit ; faute donc de meilleur emploi, Saint-Ange s'avisa de profiter de la bonne volonté que madame la gouvernante avoit pour lui ; mais M. de Marolles, s'étant douté de quelque chose, le chassa de sa place. En effet, le galant n'y revint qu'après la mort du gouverneur, qui fut tué en reconnoissant le château de Mussy. M. Fabert, gouverneur de Sedan, prit soin des affaires et de la conduite de madame de Marolles, comme ami de son mari, et fit dire à Saint-Ange que, s'il ne se retiroit, il le feroit jeter dans les fossés.

(1) Un jour elle entra quasi toute nue dans la chambre d'une dame qui l'étoit venue voir, et lui dit : « Je viens de faire le plus agréable « songe du monde ; j'ai songé que M. de Marolles étoit mort, et que « j'étois accouchée d'un garçon. Ce sont les deux choses du monde que « je souhaite le plus. » (T.)

Saint-Ange n'alla pas loin : il attendit la dame, où elle fut le trouver. Là ils se gouvernèrent si bien que toute la ville en fut scandalisée ; ensuite ils se rendirent à Paris : elle se logea au faubourg Saint-Germain, d'où elle fut chassée par les officiers du bailliage (1), comme une femme de mauvaise vie. Saint-Ange prend le train de la battre ; elle en fut un jour si maltraitée qu'elle en rend sa plainte par-devant le lieutenant criminel et demande permission de faire informer contre lui ; mais l'amant lui ayant demandé pardon, elle s'en désista, et déclara que tout ce qu'elle avoit dit étoit faux.

Il y eut bientôt quelque nouvelle rumeur ; car les jeunes gens de Paris étant reçus chez la dame, Saint-Ange fut jaloux : il fit insulte un jour à quelques-uns, et jeta même le chapeau de l'un d'eux par la fenêtre, jurant qu'après avoir dépensé vingt mille écus auprès de madame de Marolles, il ne souffriroit pas que de nouveaux venus lui coupassent l'herbe sous le pied. Cette femme fut outrée de cette insolence : elle rompt avec lui et lui défend de mettre jamais le pied chez elle. Un jour, comme elle sortoit, il se jette dans son carrosse. « Je ne vous quitte point que vous ne m'ayez « pardonné. » Pour s'en délivrer, il fallut lui dire qu'elle lui pardonnoit ; mais il n'étoit pas à quatre pas qu'elle lui cria : « Coquin, je te ferai donner cent « coups de bâton. » Il court après et se rejette dans le carrosse. Il fallut pardonner encore une fois. Comme elle en étoit fort embarrassée, car il a gagné tous ses

---

(1) Nous avons déjà dit que tout le faubourg étoit sous la juridiction du bailli de l'abbaye de Saint-Germain-des-Prés.

gens, quelqu'un lui dit : « Mettez-vous dans un cou-
« vent.—Oh! répondit-elle, je m'y ennuierois. » Enfin,
elle s'en plaignit aux maréchaux de France qui défen-
dirent à Saint-Ange d'aller chez elle. Elle se ruine
tout doucement.

Elle eut ensuite un jeune fou, nommé Tierseville,
pour galant. L'été passé, un soir que les vingt-quatre
violons étoient chez Dorat, conseiller, c'est dans l'Ile
(*Saint-Louis*) où elle logeoit, alors elle y alla avec une
madame de Guedreville ([1]), grande étourdie, femme
d'un maître des requêtes, qui étoit sa voisine : Tierseville demeure avec elles dans le carrosse ; Gareau,
Beauneau, Montmeige et autre jeunesse qui avoient fait
la débauche avec lui, montent ; c'étoit à Gareau à prendre une femme pour danser, quand on donna l'ordre
aux violons d'aller jouer à la pointe de l'Ile. Les voilà
en colère de cela : ils descendent, prennent les étuis

([1]) Cette Guedreville est femme d'un maître des requêtes nommé
Tierseau : elle est laide, mais elle fait ce qu'elle peut pour plaire. Ç'a
été une des premières qui s'est avisée d'aller à la chasse à cheval, mais
d'une sotte manière, point galamment du tout. Elle se mêle de faire
du burlesque, et sa grande ambition est d'avoir des galants. On conte
que, faisant semblant d'aller à la campagne trouver son mari, elle renvoya, dès Palaiseau, le carrosse d'une de ses amies, disant : « Celui de
« M. de Guedreville me viendra prendre. » Après elle s'habilla en
homme avec sa demoiselle, et prit la poste pour aller voir un galant
qui étoit malade je ne sais où. Au bout de quelques jours elle revient à
Palaiseau, et mande à son mari qu'il lui envoie un carrosse, et le va
trouver. Mais cet exercice violent et peu accoutumé lui causa une bonne
maladie. Je ne voudrois pas assurer que cela fût bien vrai ; mais voici
pourquoi cette histoire-là s'est contée. On a vu cette femme malade
dans ce temps là, et on savoit qu'elle avoit dit que, pour être plus tôt
à Paris, à la mort de sa mère, qui mourut un peu après, elle avoit
pris la poste pour arriver plus promptement ; d'ailleurs elle est assez
étourdie pour tout croire d'elle. (T.)

qu'ils trouvent sous la porte, tirent des coups de mousqueterie dans les fenêtres, pensèrent blesser Fercour qui en eut dans son chapeau, battirent un capitaine d'infanterie qui leur pensa dire quelque chose; et Tierseville, sorti du carrosse pour avoir sa part de la folie, crioit à madame de Marolles : « Madame, on « devoit vous envoyer demander l'ordre; c'étoit à vous « à faire aller les violons où vous voudriez. Mais com-« mandez, madame, on fera main basse. » Elle, au lieu de s'en aller et d'emmener ces ivrognes, alla à la pointe de l'Ile : ils trouvent quelques violons qui revenoient : ils commandent à leurs gens d'en jeter un dans l'eau. Cet homme eut le sens, comme on le vouloit jeter, de donner un coup de pied au quai, et mit l'épée à la main : Beauneau va à lui et se coupe les doigts en la lui ôtant, mais il blesse dangereusement le pauvre ménétrier qui en a pensé mourir. Après avoir fait ce bel exploit, la raison leur revint : ils se vont tous mettre à genoux devant Dorat qui leur pardonna. Ils n'osèrent pas trop se montrer, tandis que le violon, qui étoit domestique du comte du Lude, fut en danger; après, la chose s'accommoda, mais on les hua partout.

A Tierseville succéda un nommé Cadillac : elle les eut tous deux en même été. Un jour qu'il y étoit avec un de ses amis, le chevalier de Roquelaure y amena Saint-Ange; cela surprit tout le monde. Ce coquin, à un quart-d'heure de là, se mit à la traiter de coureuse. Cadillac et son ami furent assez sages. Le lendemain, Petit-Marais [1] alloit appeler le chevalier de Roque-

---

[1] Petit-Marais, fils de de Bar, ci-devant l'abbé de Bar. (T.)

laure, quand il le trouva en chemin pour aller demander pardon à Cadillac. Le maréchal de L'Hôpital les accommoda ; mais, pour Saint-Ange, il dit qu'il le vouloit faire châtier. Enfin cette femme se décria d'une telle façon, qu'un garçon de la cour, nommé Turé, allant derrière elle aux Tuileries l'automne dernier, disoit tout haut : « Mais ne suis-je pas bien « misérable ! Je n'ai demandé la *courtoisie* à madame « de Marolles qu'à la quatrième visite, et elle m'a re- « fusé. » Depuis elle a épousé Saint-Ange, quoiqu'il eût la v..... d'une telle sorte, qu'elle lui mangeoit le nez. Au bout de l'an il prit la peine de se faire rouer. Ce fut madame de Villars qui le fit prendre. On dit que sa femme disoit : « Va, console-toi ; si on te roue, « je te promets que, pour les faire enrager, j'épouse- « rai encore un filou. » Il y avoit de quoi en faire rouer une douzaine. Il avoua qu'il s'étoit servi de charmes pour la réduire à l'épouser (1). Ils faisoient le plus enragé de ménage qu'on ait jamais fait ; ils se caressoient dix fois et se battoient autant de fois en un jour. Retiré à l'hôtel de Chaulnes à cause que son frère est écuyer de ce duc (c'est un honnête garçon), il en usoit le plus familièrement qu'on sauroit s'imaginer ; il traitoit tous ses amis, il ivrognoit, il grondoit les gens, etc. ; il vouloit, non-seulement que M. de Chaulnes le nourrît, mais payât le chirurgien qui le pansoit de la v..... ; le nez lui tomboit ; il y avoit un emplâtre. Enfin il fallut sortir, car il avoit été assez insolent

---

(1) Tallemant ne dit pas quelle fut la cause de la condamnation de Saint-Ange. Seroit-ce pour magie ? Il auroit eu les honneurs du bûcher. Il y a apparence qu'il fut condamné comme voleur de grands chemins.

pour dire que madame de Chaulnes ne devoit point passer devant sa femme, qui étoit cent fois de meilleure maison qu'elle; il est vrai qu'elle est nièce de l'électeur de Trèves, de la maison de Crombert, une des meilleures d'Allemagne. Il y alla bien des gens par curiosité pour le voir faire, car à tout bout de champ il lui prenoit des fantaisies de voir, et cela en conversation, comme il feroit sur la croix Saint-André, et il rangeoit des siéges dans la manière qu'il falloit pour cela, puis se couchoit dessus. Il ne fit pourtant pas la plus belle fin qu'on pouvoit faire. Son frère l'avoit fait recevoir à l'hôtel de Vitry. Par jalousie, il fut si sot que d'aller voir aux Minimes si on cajoloit sa femme, et il fut surpris au sortir. Il lui avoit dit auparavant : « Avec vos coquetteries, vous me ferez pren-« dre. » Une fois, comme il étoit à l'hôtel de Chaulnes, cette femme s'amusoit à chanter avec le frère de Saint-Ange ; cela le fâcha : il lui donna un soufflet et courut après son frère avec ses pistolets pour le tuer. Cela n'empêcha pas que ce garçon, quand il le vit en danger d'être condamné, n'allât à la cour pour avoir sa grâce : il vendit pour cela tout ce qu'il avoit.

De l'hôtel de Chaulnes Saint-Ange fut à l'hôtel de Vitry, comme j'ai dit, par le crédit du président de Chevry (1), à la prière d'un commis du feu président qui est parent de ce fripon. Dès la première fois qu'il vit le président, il lui dit : « Monsieur, si vous avez « quelque ennemi, je vous promets de l'aller poignar-« der dans son lit » (M. de Vitry est brouillé avec M. de

---

(1) Duret de Chevry, président à la chambre des comptes. (Voyez son article, t. 1, p. 261.)

Bournonville pour le gouvernement de Paris). « Je
« l'assassinerai où il voudra. » Le président fut si surpris de cela qu'il ne sut que lui répondre. Madame
Pilou dit que madame de Marolles a fait ouvrir Saint-
Ange pour savoir de quoi il est mort : la vérité est
qu'elle a voulu savoir s'il avoit le dedans gâté de la
v..... : elle croyoit que cela ne lui auroit gâté que la
tête. Il avoit le nez demi mangé. Elle fit embaumer
son cœur, à qui elle fit comme une espèce de chapelle
ardente, et un prêtre y disoit nuit et jour quelques
prières, et elle couchoit en même lieu. J'ai appris
que madame de Villars ne l'a entrepris qu'à cause
qu'elle vouloit avoir de lui quelque chose, à quoi il ne
consentoit pas, et que depuis elle l'a eu de la cour.

BASIN DE LIMEVILLE.

Basin, sieur de Limeville, étoit d'une bonne famille
de Blois ; il se mêloit de quelques affaires de change,
mais peu des affaires du Roi : peut-être a-t-il eu part
en quelques fermes. Il avoit des lettres et ne manquoit
point d'esprit ; il se connoissoit fort bien aux médailles et en avoit assez bon nombre ; mais après qu'il en
avoit acheté quelqu'une, on ne la voyoit plus, si ce
n'étoit durant quelques jours qu'il la portoit dans son
gousset ; car une fois qu'elle entroit dans son cabinet,
elle n'en sortoit jamais, et on n'avoit garde de l'y aller
chercher : de sa vie corps de chrétien n'est entré dans

ce cabinet. Je dirai tout ce qu'on y trouva après sa mort.

Ce n'étoit pas la seule bizarrerie de cet homme ; sa grande avarice et l'aversion qu'il avoit pour les chiens lui avoient brouillé le crâne : il disoit qu'ayant vu un de ses amis mourir enragé pour avoir été mordu par un chien qui l'étoit, il avoit conçu une telle horreur pour ces animaux, qu'il ne les voyoit jamais sans trembler. Pour cela il ouvroit toujours les portes par le haut autant qu'il pouvoit, parce que les chiens ne pouvoient atteindre jusque là : il ne se mettoit jamais que sur des escabeaux, à cause que les chiens ne s'y couchoient pas ; et, dans les hôtelleries, il se faisoit un lit d'un drap avec des tire-fonds qu'il attachoit au plancher. Il alla à un tel excès, car, comme il avoit naturellement de la pente à la folie, il se faisoit gentil garçon de plus en plus, qu'il ne vouloit pas qu'on le touchât, en parlant à lui ; et, pour son manteau, il le mettoit toujours lui-même tout droit sur un escabeau, l'appuyant contre la muraille, de peur qu'un chien ne se couchât dessus. Un jour que, par grand miracle, il demeura à dîner chez mon père, car il dînoit toujours chez lui, par malice je fis signe à six laquais tout à la fois de lui prendre son manteau. Jamais pauvre homme ne fut si empêché ; quand il en repoussoit un, un autre venoit ; enfin, après en avoir bien ri, je les écartai tous et il mit tout à son aise son manteau sur un volet.

Des laquais lui firent bien pis à Charenton : comme il tenoit la boîte des pauvres à la porte, car il a été huguenot toute sa vie, ils prirent un gros chien qu'ils lui firent passer par-derrière entre les jambes : il en

pensa tomber en foiblesse. Il étoit surpris de toutes choses ; il vivoit dans une éternelle défiance, aussi ne se levoit-il que le plus tard qu'il pouvoit. Il disoit que c'étoit une folie que d'aller en chaise, parce que la chaise pouvoit être renversée, et une verrière se rompre et vous venir crever un œil.

Grimacier s'il y en eut jamais au monde, il ne faisoit point de cas des choses si on ne faisoit bien des façons. Il me demanda un jour à emprunter je ne sais quoi qui n'étoit point rare du tout : c'étoit un imprimé ; je fis bien des cérémonies, et je lui fis promettre qu'il me le rendroit le soir, qu'il ne le montreroit à personne, et qu'il me le renverroit au même état qu'il l'auroit reçu : il prit cela si fort au pied de la lettre, que, pour faire un paquet qui fût tout pareil au mien (je le lui avois envoyé cacheté), il y fut une grande heure, et il y employa trois feuilles de papier : c'étoit beaucoup pour lui qui étoit mesquin à un tel point, que, jusqu'à l'heure de la place au Change (1), il se tenoit au logis avec un pantalon de toile sur un vieux pantalon de ratine, des pantoufles du Palais, un vieux pourpoint noir avec des gants ou plutôt des brassards qui lui venoient jusqu'au coude pour garantir ses mains de toucher ce que les chiens auroient touché. Son habit ordinaire étoit de drap, sans rubans ni aiguillettes, avec des bottes à petites genouillières et à pont-levis sur ce pantalon de toile, et un chapeau qui sembloit demander qu'on l'envoyât à la teinture ; les cheveux assez courts, mais ébouriffés ; sa tête res-

(1) Ce que nous appelons aujourd'hui la *Bourse*.

sembloit justement à ces bonnets pelus de Hollande (1).

Je lui ai vu faire un voyage à cheval de Paris à Blois en l'état que je vous le représente, avec un manteau doublé de panne, et la saison étoit assez avancée. Un jour qu'il avoit reçu en ville un sac de mille livres, il le met sur l'arçon de sa selle, le panneau étoit de cuivre; il perça le sac : voilà les quarts d'écus qui tombent; il met le sac dans son chapeau. Mais il perdit plus de cent francs pour avoir voulu épargner cinq sous à un crocheteur, car il n'osa se fier à son laquais. Le proverbe espagnol dit : *La codicia rompe el saco* : l'avarice rompt le sac.

Je ne sais pourquoi il ne fouilloit jamais que de la main droite dans sa pochette gauche, et de la gauche dans la droite.

Sa femme avoit une peine enragée à avoir une robe ou une jupe. Une fois qu'elle avoit grand besoin d'une *verdure* (2) de deux cents écus pour ses couches, dès qu'elle lui en pensa ouvrir la bouche : « Hélas ! dit-il, « nous sommes bien en état de faire des meubles : je « ne vous l'ai pas voulu dire, de peur de vous affliger; « mais on est sur le point de nous persécuter, et je « vois bien qu'il faudra aller demeurer en Angleterre. » Voilà cette femme à pleurer. Le lendemain elle va, les yeux tout rouges, trouver ses sœurs qui se moquèrent fort d'elle.

Cette femme mourut la première, et lui, quelque

---

(1) Ce costume d'agent de change du xviie siècle mérite bien d'être remarqué. Il est vrai que Basin étoit atteint de folie.

(2) Tapisserie-*verdure*; on l'appeloit ainsi parce que le vert y dominoit.

temps après, mourut subitement à Charenton au dernier synode national (1). On disoit que la mort avoit bien fait de le surprendre, car autrement elle n'eût jamais eu fait avec lui. Il avoit fait faire une serrure à son cabinet avec un tel artifice, que celui qui l'avoit faite étant mort, personne ne put l'ouvrir, quoique l'on en eût la clef; enfin on s'avisa qu'il y avoit une autre entrée condamnée; on y fut, et d'un coup de pied on mit la porte dedans. Là on trouva des araignées de toutes les grosseurs, six montres; et sa femme lui en ayant demandé une durant sa maladie pour se régler à faire ses remèdes, il lui dit qu'il n'en avoit point; assez bon nombre de serviettes et de ciseaux; il en voloit à sa femme, et puis grondoit de ce qu'il s'en perdoit tant; un coffre-fort, où il y avoit des rouleaux de bois de toutes les grosseurs des différentes espèces, enveloppés de papier, et pas un sou dedans; l'argent étoit sous ces serviettes à terre, et sous des chiffons de papier. On trouva cent louis d'or couverts d'un monceau de torche-culs; il en avoit provision de tout taillés pour toute sa vie, quand il eût vécu quatre-vingts ans. Il n'avoit jamais voulu faire de registre de peur qu'en s'en saisissant on ne sût son bien, et qu'on ne le mît aux *aisés*. Il fallut chercher ses papiers comme son argent. Ses médailles étoient dans un méchant sac.

(1) En 1645. (T.)

MASSAUBE ET MARIAMÉ.

Ce Massaube, dont nous voulons parler, est fils d'un gentilhomme d'auprès de Montpellier, qui porta les armes en Lorraine, y épousa la fille du gouverneur de Nancy, et s'y établit. Il fut nourri page de l'archiduc Léopold, oncle de celui d'aujourd'hui, et, depuis, il eut une compagnie dans le régiment de Vaubécourt-Lorrain. Ce régiment étant venu au service du Roi, Massaube vint en France, où il eut quelque charge chez le Roi; mais, voulant faire passer des passe-volants (1) à une revue, le commissaire s'y opposa, et dit qu'il le diroit au Roi. Massaube lui donna des coups de fourchette (2), en lui disant qu'il portât cela au Roi; en même temps il pique, et se sauve en Allemagne; il n'avoit pas loin à aller, car la cour et l'armée étoient en Lorraine. Le Roi le fit exécuter en effigie. Massaube se rend à Cologne auprès du duc de Lorraine, qui le reçut à bras ouverts, et le fit lieutenant-colonel de son régiment d'infanterie. Cet emploi lui valoit près de cinquante mille livres tous les

---

(1) C'étoit de faux soldats, à l'aide desquels des capitaines fripons complétoient leurs compagnies les jours de revue. Une ordonnance de 1668 condamnoit les passe-volants à être marqués à la joue d'une fleur de lys.

(2) La fourchette, en terme de guerre, étoit un bâton terminé par un fer fourchu, sur lequel on appuyoit le mousquet pour mieux ajuster.

ans. Alors il s'amusa à faire l'amour. Le duc de Lorraine étoit souvent chez la comtesse d'Isembourg, parente de l'Empereur, et dont le mari étoit général des finances d'Espagne, et gouverneur de Luxembourg. Massaube, accompagnant son maître, fit d'abord quelques galanteries avec les demoiselles de la comtesse; il étoit libéral, il dansoit, il jouoit du luth, il savoit un peu de peinture et de musique, il avoit l'air françois, et n'avoit pour rivaux que des Allemands. La comtesse, qui en oyoit dire tant de merveilles à ses filles, eut envie de le voir; il lui plut, et il lui donna enfin tout ce qu'on peut accorder à un galant : elle étoit admirablement belle, et n'avoit que vingt-deux ans; son mari, qui en avoit plus de cinquante et que ses emplois n'occupoient que trop, n'étoit pas ce qu'il lui falloit. Notre cavalier la posséda assez long-temps avec la plus grande douceur du monde ; mais comme cette amourette commençoit à s'ébruiter et qu'il y avoit apparence que le comte en seroit enfin averti, elle pressa Massaube de l'enlever et de l'emmener en France. Cela n'étoit pas aisé : il falloit premièrement être assuré d'y être reçu, et puis traverser soixante ou quatre-vingts lieues de pays ennemi. Massaube promit à sa dame de faire tout ce qu'elle voudroit; pour cet effet il écrit au duc de Saint-Simon [1], favori du Roi, avec lequel il avoit été assez bien autrefois, et lui mande qu'il avoit tant d'affection pour le service du Roi, qu'il est prêt de tout quitter pour retourner en

---

[1] Le père de l'auteur des *Mémoires*. Il en a laissé lui-même dont le manuscrit inédit fait partie des archives du ministère des affaires étrangères.

France, et qu'il aimeroit mieux porter un mousquet au régiment des gardes, que de commander une armée en Allemagne. Le Roi promit au duc de lui pardonner, pourvu qu'il demandât pardon au commissaire qu'il avoit battu. Cela fut fait, et Massaube revint à la cour; mais le Roi lui tourna le dos dès qu'il le vit. Massaube fit entendre au duc et au cardinal de Richelieu qu'il y avoit en Allemagne une princesse, parente de l'Empereur, qui désiroit prendre le parti du Roi, et le rendre maître d'un fort sur le Rhin. Ce fort, auquel il donnoit un nom, n'étoit qu'une chimère. On lui donna pour exécuter cette entreprise des lettres pour tous les gouverneurs des places frontières, portant commandement de lui fournir les gens et les munitions dont il pourroit avoir besoin. Avec ses lettres, il alla communiquer son dessein à un cadet qu'il avoit à Nancy, qui étoit un jeune homme de beaucoup de cœur; ce frère y joignit un de ses amis, et, tous trois ensemble, ayant délibéré entre eux, firent faire un carrosse pour quatre personnes seulement, et disposèrent des chevaux de relais en trente endroits, depuis Cologne jusqu'à Nancy. La comtesse fournissoit de l'argent pour tout cela, et les gouverneurs, suivant les ordres du Roi, mirent des escortes sur le chemin. Il fut si heureux qu'il ne manqua pas d'un jour à ce qu'il s'étoit proposé; l'enlèvement se fit un jour de foire en plein midi, sans que personne y prît garde; car la belle, avec deux de ses demoiselles, entra dans ce carrosse, et Massaube après. A la porte ils faillirent à être embarrassés, et il fallut qu'il criât qu'on fît place au carrosse de Son Altesse de Lorraine. Ils étoient déjà bien loin avant qu'on s'en aperçût; ils poussoient leurs che-

vaux parce qu'ils étoient assurés d'en trouver de frais : cela fit qu'on ne put les atteindre que vers les frontières de Lorraine ; on les chargea ; mais leur escorte étoit nombreuse : il est vrai que le cadet de Massaube y fut pris et bien blessé, pour s'être trop hasardé. Il fut emporté à Cologne, où on lui fit couper le cou, et sa tête fut exposée sur la porte de la ville. La mère de ces deux frères en eut un tel déplaisir, qu'elle ne voulut jamais voir Massaube. Notre aventurier arrive à la cour, fait voir la comtesse au Roi et au cardinal, et assure que ce fort étoit demeuré au pouvoir d'un parent de la dame qui le garderoit pour le Roi; mais l'imposture fut découverte, car le comte d'Isembourg envoya un de ses cousins demander sa femme, et se plaindre de l'injure qu'on lui avoit faite. Nos amants en ayant eu avis, quittent la cour et prennent le chemin d'Auvergne. Ils crurent qu'il étoit à propos de changer de nom, et il se fait appeler Mespleck, du nom d'un de ses camarades : ils allèrent jusque dans l'Albigeois, où ils crurent qu'ils seroient en sûreté. La comtesse étoit assez bien pourvue d'or et de pierreries : ils achetèrent une métairie onze mille livres, où ils firent un logement assez raisonnable. Dans cette solitude, qui peut être à une lieue d'Alby, ils passèrent trois ou quatre ans sans que personne pût savoir qui ils étoient. Massaube s'amusoit à ajuster sa maison qu'il peignoit toute de sa propre main ; leur dépense étoit assez magnifique, mais elle diminua insensiblement.

L'envoyé du comte d'Isembourg n'avoit pas eu grande satisfaction à la cour : le Roi avoit bien témoigné de la colère et donné ordre qu'on cherchât le ra-

visseur ; mais le cardinal l'apaisa en lui faisant comprendre qu'on ne sauroit trop faire de mal à ses ennemis. Massaube, en contant cette histoire, disoit : « J'ai « connu à cela que le cardinal étoit un méchant homme « d'avoir laissé un si grand crime impuni. » Massaube, ennuyé de sa solitude, alloit quelquefois à Toulouse. Un jour son valet-de-chambre, mal satisfait de lui, alla dire au premier président que son maître étoit un espion de l'Empereur : cela fut cru facilement, parce qu'on avoit déjà eu plusieurs fois envie de savoir qui étoient ces gens là, sans l'avoir pu découvrir. On l'arrêta donc, et on en donna avis à la cour. Le cardinal ayant appris que Massaube et Mespleck n'étoient qu'une même chose, et que la comtesse étoit avec lui, répondit que ce n'étoit point un espion, mais un homme qui avoit enlevé une princesse d'Allemagne, qu'il souhaitoit que tous les gentilshommes françois en fissent autant. Le premier président et les principaux du parlement voyant cela, furent eux-mêmes tirer notre homme de prison, avec bien des compliments et bien des excuses. La comtesse alla à Toulouse, où elle dépensa une bonne partie de ce qui lui restoit ; Massaube, ayant recherché la vie de ce valet, l'y fit pendre. L'argent vint à leur manquer, et la princesse étoit quelquefois réduite à laver les écuelles. L'évêque d'Alby, qui les visitoit quelquefois, prit son temps pour la persuader de se mettre en religion, ce qu'elle fit quelque temps après. Massaube querella et la dame et le prélat ; mais il se consola facilement, et se fit capitaine d'une compagnie de chevau-légers. C'est un homme qui ne manquoit pas d'esprit ; il étoit enjoué et aimoit assez la débauche. On l'appeloit d'ordinaire *le Prince*

ou *Mespleck*. Pour elle, on dit qu'elle est fort bonne religieuse.

L'Infante vivoit encore quand un seigneur des Pays-Bas, nommé M. de Mariamé, homme de grande réputation, et qui avoit trois frères tous trois braves, devint amoureux d'une belle femme qui n'avoit que dix-huit ans, et qui avoit pour mari un des principaux conseillers de l'Infante, âgé de soixante-huit ans, ou environ. Mariamé en fut aimé, et assez ouvertement. Un jour que la belle étoit fort triste, il lui demanda ce qu'elle avoit. « C'est, lui dit-elle, que je ne saurois « plus souffrir mon vieillard et que je mourrai bien- « tôt si je demeure encore avec lui : il faut que vous « m'emmeniez en quelque pays. » Ils tombent d'accord d'aller en Hollande, où la reine de Bohême étoit arrivée depuis peu. « Mais, ajouta-t-elle, je veux par- « tir en plein midi. — Bien, madame. » Au jour assigné, justement à l'heure de midi, voilà cinquante des plus grands seigneurs du pays, tous à cheval, et trois carrosses à six chevaux à la porte de la belle : on porte publiquement des cassettes dans les carrosses ; on attache des malles derrière : enfin le mari lui demande où elle va. « Je m'en vais en Hollande me pro- « mener, j'ai envie de voir La Haye. » Elle part. A La Haye, elle est bien reçue de tout le monde. Au bout d'un an elle devient jalouse de la reine de Bohême, et elle prie son amant de la remener à son mari. « Ma- « dame, il vous faut obéir, lui dit-il, et je vous veux « remettre entre ses mains plus hautement que je ne « vous en ai tirée. » Il avertit ses amis ; ils viennent au-devant de lui au nombre de trois cents chevaux. Arrivé, il dit au mari : « Madame a eu dessein de

« faire un voyage. Elle m'a fait l'honneur de me choi-
« sir pour l'accompagner : je vous puis répondre de
« sa conduite. Mais, parce que la médisance n'épargne
« personne et que vous pourriez avoir quelque soup-
« çon, je vous déclare que, si vous la maltraitez, je
« vous tuerai........ (1). »

DRÉLINCOURT (2).

. . . . (3),
qui faisoient bien du bruit, ce que les femmes admirent.
Pour achever la foiblesse de cet homme sur le chapitre
de ses enfants (4), j'ajouterai qu'il dédia exprès un livre
à son fils, le ministre, afin d'y mettre une grande épître, où il étale tous les dons de sa postérité ; il n'y a
rien de si ridicule : en un endroit il dit : « Me voici,
« Seigneur, avec les enfants que tu m'as donnés pour
« être une merveille en Israël (5) ; » mais il s'étend
seulement sur les louanges de son fils aîné qui est ministre. Au bas de cette belle lettre on n'a pas manqué
de mettre : « *Seigneur, glorifie ton fils, et ton fils*
« *te glorifiera.* » J'ai oublié de dire qu'en parlant

(1) Il y a ici une lacune dans le manuscrit. Il y manque une feuille
formant quatre pages.

(2) Charles Drélincourt, célèbre ministre de la religion réformée, né
à Sedan en 1595, mourut en 1669.

(3) Le commencement de cet article manque dans le manuscrit.

(4) Il en avoit eu seize de son mariage avec une demoiselle Bolduc.

(5) Isaïe.

de lui-même, il dit : « J'ai des amis ou j'en dois
« avoir. »

Il fit une fois un gros livre in-4° intitulé : *Consolation contre les terreurs de la mort.* O Dieu, mon père ! ce gros livre me fait plus de peur que la mort même. Ce livre est dédié à l'Electeur palatin ; en un endroit il lui dit qu'il a convié Dieu à ses noces électorales.

Il y a quelques années qu'un bateau, plein de fidèles, périt auprès des moulins de Charenton. Le petit bonhomme, qui se trouva le premier à prêcher, prit exprès le texte de la tour de Siloé, et dit, entre autres belles choses, que ce malheur étoit plus grand que l'incendie du temple qui fut brûlé à la mort de M. Du Maine, car, en cette aventure, plusieurs temples du Seigneur avoient été détruits. Il mit ces pauvres noyés en paradis, tout chaussés et tout vêtus, et puis il s'avisa de prôner contre ceux qui n'attendoient pas la bénédiction ; or, ces pauvres gens étoient tous sortis avant la bénédiction. Le petit homme, pour plaire aux parents des défunts, fit imprimer ce sermon avec une lettre au marquis de Pardaillan, dont les deux fils, parce que le carrosse s'étoit rompu, s'étoient mis dans ce bateau, et y avoient été noyés. Il commence ainsi cette lettre : « Depuis la perte de messieurs vos fils, « de bienheureuse mémoire, etc. »

Au jeûne de 1658, il n'y a que quinze jours, il prêcha le dernier des trois, et, pour la bonne bouche, il nous donna la *brevée* avec les cochons de l'enfant prodigue ; naturellement il a la langue empêtrée, ce jour-là il étoit empêtré par-dessus, aussi il sembloit qu'il avoit la bouche pleine de cette brevée. Depuis, en

prêchant sur ce passage où la Madeleine prit Notre Seigneur pour un jardinier : « Quelle erreur, dit-il, « d'aller prendre pour un jardinier celui qui est l'*arbre* « *de vie!* »

Or, ce M. Drélincourt avoit chez lui, autrefois, un proposant (1) qui étoit lecteur à Charenton : c'étoit un Sédanois, nommé Fouquenberge. Un page de madame de La Moussaye, un jour, alla dire à sa maîtresse : « Madame, c'est l'apprenti de M. Drélincourt, qui « demande à parler à vous. » Cet homme est présentement ministre à Dieppe. J'ai ouï dire qu'à un festin, où il y avoit cinq femmes ou filles, il s'avisa de boire à la santé des *cinq nymphes*; il n'y a rien de plus ridicule à entendre prononcer.

MADAME DE BROC.

Une belle personne, qui se disoit fille d'un conseiller de Sens, en Bourgogne, après avoir été entretenue long-temps par un riche orfèvre de Paris, nommé Aiman, qui y faisoit bien de la dépense, alla demeurer auprès du logis de l'évêque d'Auxerre, en cette ville. Ce prélat en devint amoureux. Il avoit un neveu, fils de son frère, homme de qualité, nommé de Broc; c'est une maison d'Anjou ou du pays du Maine. Cette femme fut adroite et lui dit : « Faites-moi épouser votre ne-

---

(1) On appelle ainsi chez les protestants les candidats qui se disposent à être reçus ministres.

« veu, et je vous accorderai ce que vous demandez. »
L'oncle y engage ce garçon qui n'étoit qu'un niais; le
mariage se fait; après, elle se moque de l'évêque. Ce
galant homme d'évêque est ce même M. d'Auxerre de
chez le cardinal de Richelieu, qu'on accusoit d'être
amoureux de Chamarande (1), porte-parasol du feu
cardinal. Notre prélat, enragé de voir qu'il avoit été
pris pour dupe, fait intenter action de rapt par le père
du garçon. Elle, pour se défendre, montre toutes les
lettres de l'évêque. Durant le procès, son mari vivoit
fort bien avec elle, et elle se blessa deux fois.

Montreuil-Fourilles, qui commande dans Angers
depuis qu'on en tira M. de Rohan, étant devenu
amoureux d'elle, la retira, avec son mari, dans le château. Le père du mari et la mère même, qui étoit
plus fâcheuse que le père, y allèrent pour prier Fou-
rilles de ne protéger plus cette femme; ils en dirent
le diable. Elle sort tout d'un coup d'une chambre, se
jette aux pieds du bonhomme les larmes aux yeux, et
l'attendrit. Montreuil avoit ménagé tout cela. Cette
femme voyant le père touché, et qu'il alloit bientôt
faire un voyage avec son fils, crut qu'elle auroit le
temps de feindre qu'elle étoit grosse, et que le vieillard,
se voyant un petit-fils, s'apaiseroit entièrement; mais
elle ne prit pas bien ses mesures, car elle supposa un
enfant de huit mois, au lieu qu'il n'en falloit qu'un de
quatre; peut-être n'en put-elle pas trouver d'autre.
Quand le mari arriva, il dit qu'il trouvoit cet enfant

---

(1) Aujourd'hui premier valet-de-chambre du Roi, et galant de ma-
dame de Beauvais. On dit qu'il est gentilhomme; on en fait cas. (T.)—
Chamarande est mêlé dans toutes les intrigues de la jeunesse de
Louis XIV.

bien grand pour son âge, et la pria de lui avouer sincèrement l'affaire et de lui conter tout le reste de sa vie. Elle lui dit qu'il en crût ce qu'il voudroit, et s'en alla se mettre en religion. Elle dit qu'il lui a mangé cent mille livres durant les quatre ou cinq années qu'il étoit mal avec son père.

M. DU BELLAY,

ROI D'YVETOT.

M. Du Bellay (1), roi d'Yvetot (2), est un homme assez extraordinaire en toute chose; premièrement il est bossu devant et derrière, cela lui est arrivé par accident. Lui et son frère aîné, qui mourut enfant, étoient nourris à la terre de Mont, près de Loudun; le plancher de leur chambre s'enfonça; l'aîné en demeura boiteux, et celui-ci bossu. Il se démit apparemment l'épine du dos, et on n'y prit pas garde. Son père

---

(1) Charles, marquis Du Bellay, qualifié *prince* d'Yvetot dans Morery.

(2) On a prétendu que la terre d'Ivetot (ou *Yvetot*) avoit été érigée en royaume par Clotaire 1er, ou plutôt que ce prince avoit affranchi le seigneur de cette terre de tout devoir et hommage de vassal envers la couronne de France. Cette origine est fabuleuse; mais il est certain que plusieurs de nos rois, jusqu'à Henri IV, ont reconnu que les seigneurs et les habitants du bourg d'Yvetot étoient libres de tous devoirs et redevances envers eux. (Voyez le *Traité de la Noblesse* de La Roque, Rouen, 1710, page 111, et une Dissertation de l'abbé de Vertot, insérée en 1714 dans les *Mémoires* de l'Académie des inscriptions et Belles-Lettres.)

le maria, sans regarder au bien, à une fille de la maison de Rieux, de Bretagne, une des meilleures de ce pays-là. Elle peut avoir eu neuf ou dix mille livres de rente en tout, et lui avoit, à la mort de son père, sans ses meubles, plus de soixante-dix mille livres de rente en fonds de terre. A cette heure, cela en vaudroit plus de quatre-vingt-dix. Cet homme s'étoit amusé à faire le roi d'Yvetot chez lui, en Anjou, et ne venoit à la cour que pour y perdre son argent. Ce n'est pas qu'il manque d'esprit ; mais il aimoit tenir son *quant à moi* à la province. Il ne donnoit la main (1) chez lui à personne. M. de Reims, en passant à une lieue de chez lui, envoya un gentilhomme pour lui faire compliment ; il dit à ce gentilhomme : « Pourquoi votre « maître n'y est-il pas venu lui-même ? » Depuis, il se corrigea un peu ; mais il évitoit de faire civilité.

La Trezellière, maréchal-de-camp (2), l'étant allé voir, il le laissa quatre heures sur une pelouse devant sa porte, et y fit même apporter la collation, de peur d'être obligé de lui donner la main. Par la même raison, il se mit au lit une autre fois, étant obligé de donner à dîner à feu Rasilly, le borgne, qui étoit aussi maréchal-de-camp. Aujourd'hui il est revenu de cette vision, et il m'a donné la main à moi, et me fit toutes les civilités que je pouvois souhaiter. Sa femme (3), à cette heure que son mari est guéri de cette chimère, commence à en être malade, et traite si mal les gens qu'on

---

(1) La droite. (T.)

(2) Il y a quelques années de cela, les maréchaux de camp n'étoient pas si peu de chose qu'ils sont présentement. (T.)

(3) Hélène de Rieux, mariée en 1622.

ne la va plus guère voir. Vous diriez que sa maison de Rieux est la maison de Bourbon (1).

Cet homme-là s'est bien plus incommodé à donner qu'à jouer. On dit, dans le pays, qu'il a donné jusqu'à huit cent mille livres. Il a été un peu de ces gens qui craignent d'aller *al parediso de' coglioni*. Le premier garçon dont il fut amoureux étoit un marmiton : il lui donna plus de quatre-vingt mille livres. Après, son maître d'hôtel succéda au marmiton, et le voloit *in ogni modo*. Cet homme partageoit ses fermes avec lui. Le troisième fut un de ses gentilshommes, nommé Des Fontaines. Quand un fermier lui apportoit de l'argent, il en donnoit deux poignées à Des Fontaines et n'en prenoit qu'une pour lui : le mignon en avoit les deux tiers. Sa dernière amitié a été un Bohème nommé Montmirail. Ce galant homme en a tiré plus de quarante mille livres, quoique le bon seigneur n'eût plus guère de quoi frire : on le voyoit avec ses cheveux gris et ses deux bosses danser avec des Egyptiennes (2) ; sa femme étoit contrainte de capituler avec lui, tantôt que ses Bohèmes ne seroient que tant de jours dans la maison, tantôt qu'ils n'en approcheroient de deux lieues. Un secrétaire de feu M. de Reims (*Bonin*), qui étoit assez plaisant en débauche, dînoit en ce temps-là avec

---

(1) La maison de Rieux est une des plus anciennes de la Bretagne, et l'on assure qu'elle n'a point de bâtardise. La duchesse de Bourgogne, bisaïeule de Charles x, descendoit en ligne directe de César de Vendôme, bâtard de Henri iv. C'est ce qui faisoit dire à Louis xv que, par les Babou, aïeux maternels de Gabrielle d'Estrées, il descendoit d'un notaire de Bourges. Il est certain qu'il y a des chapitres d'Allemagne dans lesquels, à cause de cette tache, les Bourbons n'auroient peut-être pas été admis.

(2) Des Bohémiennes.

M. Du Bellay, qui lui dit : « Donne-toi à moi, je te « ferai ta fortune.—Ma foi, dit l'autre, je n'ai pas les « cheveux assez noirs ni les dents assez blanches. » Des Fontaines dînant il y a cinq ou six ans avec M. et madame Du Bellay, car il est grand seigneur en ce pays-là et y a acheté de belles terres, M. Du Bellay lui servit de je ne sais quoi avant que d'en servir à sa femme. Elle se lève et s'en va : les voilà pis que jamais, car il y a eu souvent noise en ménage ; cela alla mieux depuis. Elle tâche à régler leurs affaires. Si cet homme vouloit croire conseil, le bien de sa femme et le sien leur rendroient encore quarante mille livres tous les ans. Enfin, elle s'est séparée d'avec lui ; elle étoit devenue fort fière et faisoit un peu très-fort la reine d'Yvetot. Une madame de La Troche (1) Du Bellay, femme d'un parent de son mari, l'étant allée voir, elle fit signe à une parente qu'elle avoit avec elle, nommée mademoiselle de Rieux, de faire en sorte que la sœur de madame de La Troche ne lavât point avec elles. « Mademoi- « selle, dit mademoiselle de Rieux, laissez-les laver, « nous laverons après. — Non, dit l'autre, j'ai envie « de laver la première et de ne les pas attendre ; car « je meurs de faim. »

Madame Du Bellay, enfin, fut contrainte de se retirer à une autre terre (1). Au bout de quelques années, M. Du Bellay mourut quasi subitement. Elle en usa bien avec ce Bohème, cause de tout le désordre : elle lui pardonna et le prit en sa protection, dont il a grand besoin ; car il est chargé de bien des affaires criminelles.

---

(1) Cette dame étoit vraisemblablement parente de madame de La Troche, amie de madame de Sévigné, qui, en plaisantant, l'appeloit *Trochanire*.

LE MARQUIS DE ROUILLAC.

Le marquis de Rouillac est de la maison de Got, bonne maison de Gascogne; son père avoit épousé une sœur de feu M. d'Épernon, avant que M. d'Epernon fût en faveur. Mais il prétend bien une plus illustre origine, car il veut être de Foix et d'Albret, tout ensemble. Un jour qu'il rompoit la tête au prince de Gueménée, de sa généalogie, et qu'il lui disoit bien sérieusement : « Canelle de Foix épousa...... — Oui, « dit M. de Gueménée, en l'interrompant, *Canelle* « *de Foix épousa Girofle d'Albret* [1]. »

En sa jeunesse, un jour qu'il alla au dîner de madame de Guise, femme du Balafré [2], voyant qu'elle mangeoit des tortues : « Quoi! lui dit-il, madame, vous « mangez des amphibies ? — Oui, lui dit-elle en riant, « et aussi quelquefois *des crépuscules.* »

Ce visionnaire fit donner des coups de bâton à l'abbé Ruccellaï, le plus mal à propos du monde; on eut bien de la peine à accommoder l'affaire. On dit qu'il s'est meublé d'une plaisante façon; il a pris à un marchand une tapisserie, à un tapissier un lit; et, à force de les chicaner pour le paiement, il a quasi eu la marchandise pour rien. Il n'a jamais été fait comme les autres;

---

[1] Il donna une fois à un astrologue un mémoire de ce qu'il vouloit qu'il mît dans son horoscope. Il y avoit, entre autres choses, qu'il étoit enclin aux beaux procédés. (T.)

[2] Catherine de Clèves, comtesse d'Eu, veuve de Henri de Lorraine, duc de Guise, dit *le Balafré*, tué à Blois, en décembre 1588. Elle mourut en 1633, âgée de quatre-vingt-cinq ans.

il a toujours été habillé extravagamment : il se rase comme un moine. Un été qu'il faisoit fort froid, madame de Rohan, la mère, fit ce quatrain en sa présence :

> En dépit de la canicule,
> Que l'on m'allume ce fagot.
> Ce temps est aussi ridicule
> Que le bouffon marquis de Got.

Quand le marquis de Casquez, de la maison même de Portugal, fut ici envoyé ambassadeur par le feu roi de Portugal, il se logea à la Place-Royale. Notre marquis le visita, et l'ambassadeur lui rendit sa visite. Madame de Rambouillet en écrivit une lettre à madame de Montausier, que je copierai ensuite, après avoir dit que cet ambassadeur étoit un des plus grands extravagants qui soient jamais venus de ce pays où les gens *parecen locos y lo son* (1).

C'étoit un vrai *Portughez derrendo*; il portoit à son chapeau un bas de soie de sa maîtresse, disoit et faisoit cent folies ; au Cours il avoit, dans son carrosse, des cassettes pleines de gants, et il en envoyoit aux dames qui avoient le bonheur de lui plaire. Il lui est arrivé plus d'une fois d'y fermer les rideaux et de changer d'habit durant cette petite éclipse, pour paroître après comme un soleil au sortir d'un nuage.

Voici la lettre ou la relation de madame de Rambouillet :

« Le marquis de Rouillac, qui est soigneux d'ac-

---

(1) Charles-Quint disoit : « Les François paroissent fous et ne le
« sont pas ; les Espagnols paroissent sages et sont fous ; les Portugais
« paroissent fous et le sont. »(T.)

quérir de la réputation chez les étrangers (1), jugea qu'étant voisin du marquis de Casquez, ambassadeur de Portugal, il ne devoit pas perdre l'occasion de lui aller faire une visite. Peu de jours après, c'étoit un dimanche, l'ambassadeur lui manda qu'il désiroit lui rendre sa visite à quatre heures après midi. Le marquis ne manqua pas de se planter sur le pas de sa porte dès deux heures pour convier les dames qui passeroient de venir assister madame la marquise, sa femme, en cette cérémonie; mais, pour ne pas découvrir tout d'abord son dessein, il les abordoit en leur disant qu'elles ne devoient pas perdre l'occasion qui se présentoit de voir avec beaucoup de facilité ce qui ne s'étoit pas vu depuis le règne du roi Charles, à savoir un ambassadeur de Portugal, et il disoit cela en les tenant par la main, afin que, si elles ne vouloient entrer chez lui de bonne volonté, il les y obligeât en quelque façon par force : trois ou quatre personnes, entre lesquelles étoit mademoiselle de Scudéry, y furent attrapées. Madame la comtesse de Châteauroux (2), qu'on avoit envoyé prier de s'y trouver, ne manqua pas de s'y rendre avec une jupe de tabis isabelle, couverte de passements d'or et d'argent; une robe de satin en broderie, la gorge fort ouverte, les cheveux à serpenteaux qui descendoient jusqu'à la ceinture, un *appretador* (3) émaillé sur la tête, et à

(1) Il a toujours eu cette fantaisie. Je crois qu'il a voyagé. (T.)

(2) C'a toujours été une extravagante, une abandonnée, et une peu belle créature, car elle est louche. Sa méchante conduite a ruiné la maison de son mari : elle avoit soixante ans quand ceci arriva. (T.)

(3) Ornement de tête. C'étoit une chaîne de diamans, ou un fil de perles, dont on serroit les cheveux. (*Dict. de Trévoux.*)

côté une médaille d'agate antique, avec une enseigne de diamants au-dessus. Madame de La Jaille (1) y vint aussi avec sa fille Mourette, toutes deux portant fort austèrement le deuil de la Reine-mère (2). Cependant quatre heures étoient sonnées, et l'ambassadeur ne venoit point; cela donna quelque appréhension à la compagnie qu'il n'eût oublié qu'on l'attendoit; mais on sut bientôt que ce retardement n'étoit point sans cause, et que Son Excellence avoit tenu conseil pour délibérer si, dans cette visite, il se feroit accompagner à cheval par ceux de sa suite, et qu'après avoir mûrement délibéré on avoit conclu que, les deux maisons n'étant séparées que d'une muraille, la suite tiendroit trop d'espace pour la longueur du chemin. L'ambassadeur vint donc dans son carrosse, accompagné d'un seul gentilhomme et de ses pages et estafiers. M. le marquis le reçut à la descente du carrosse, assisté de M. le marquis Alaric (3), son fils aîné, et de M. l'abbé de Got, son second, et lui dit que la coutume de France étoit de présenter ses enfants aux personnes de grande condition, quand ils faisoient l'honneur à quelqu'un de les venir visiter; que madame la marquise attendoit Son Excellence dans sa chambre. L'ambassadeur se voulut excuser de la voir, disant que, pour cette fois, il n'étoit venu que pour lui; mais le marquis s'opiniâtra à le mener à l'appartement de la marquise, et lui dit que les formes vouloient qu'en

---

(1) Autre extravagante; mais qui cédoit de beaucoup à l'autre en extravagance, aussi bien qu'en qualité. La maîtresse de la maison étoit pour le moins aussi ridicule que le reste et aussi fardée. (T.)

(2) Marie de Médicis mourut à Cologne le 3 juillet 1642.

(3) A cause du nom de *Got*, il affecte ces noms de rois Gots. (T.)

présence de sa femme et dans sa propre chambre, il
fût mis en possession du pouvoir absolu qu'il avoit sur
toute la maison. La dame marquise tint ferme sur le
tapis de pied jusqu'à ce qu'elle le vît au milieu de la
chambre; alors elle avança deux pas au-delà du tapis
où, après qu'il l'eut saluée, elle le prit par la main, et
le mena dans la ruelle, où trois chaises à bras étoient
préparées; elle se mit dans celle qui étoit en la place
la plus honorable, fit donner la seconde à l'ambassadeur, et la troisième à la comtesse (1). La conversation
ne fut pas longue, et M. le marquis entretint toujours
M. l'ambassadeur en espagnol d'un ton fort hardi et
toujours de guerre (2). Pendant tous ces discours, on
remarqua que l'ambassadeur eut toujours les yeux sur
la comtesse; apparemment il n'en avoit jamais vu une
de même; aussi ordonna-t-il tout haut à son truchement de demander qui elle étoit; à quoi le truchement
obéit aussi tout haut. La comtesse s'en sentit si obligée
qu'elle se leva et fit une très-profonde révérence à
l'ambassadeur. Cela fait, Son Excellence se retira et
ne fut accompagnée par la marquise que jusqu'au
même endroit où elle l'avoit reçu. Le marquis, après
avoir conduit l'ambassadeur, remonta en haut et donna
mille louanges à madame sa femme de s'être conduite
en cette cérémonie avec toute la dignité requise aux
dames de sa condition, lui disant ces mêmes mots :
« Vous m'avez tellement satisfait, que si j'eusse été

---

(1) La comtesse de Châteauroux.

(2) C'est un chaud lancier. Son plus grand exploit, c'est d'avoir été
du Carrousel. (T.)—L'auteur parle ici des fêtes qui eurent lieu en 1612,
à la Place-Royale, à l'occasion du mariage de Louis XIII avec Anne
d'Autriche.

« dans votre cœur et dans votre âme, je n'eusse fait
« que les mêmes choses que vous avez faites. »

Or, pour apprendre au roi de Portugal à ne plus nous envoyer des fous, on lui envoya le marquis de Rouillac; il porta le cordon bleu sans être chevalier de l'ordre tout le temps de son ambassade (1). Il emporta toute la vaisselle d'argent avec laquelle le Roi le faisoit servir, ou du moins un grand brasier qu'il avoit fait louer, parce que le Roi lui répondit qu'il étoit à son service; il escroqua les meubles de la maison où il logeoit; je ne voudrois pas pourtant assurer cela. Depuis il n'est pas devenu sage en vieillissant. Il lui prit, il y a quelque temps, une vision de manger tout seul et de ne vouloir pas qu'aucun de ses valets le serve à table, disant qu'il n'a que faire que ses gens lui voient remuer la mâchoire, et qu'il veut péter s'il en a envie. Son pot et son verre sont sur sa table comme sa viande; il a une clochette, et il sonne quand il a besoin de quelque chose. Il ne veut point de laquais. « Mon cocher, dit-il, me baisse fort bien la portière, « et mes chevaux sont trop sages pour s'en aller. » Il va souvent seul à pied et craint, à ce qu'il dit, d'être chevalier de l'ordre, parce qu'il n'oseroit plus aller ainsi. J'oubliois que son page l'appelle *Monseigneur*. Il s'avisa à soixante-douze ans, ou environ, de devenir amoureux d'une madame de Nesle, dont on a fort

_(1) Cela me fait souvenir du grand-père de M. de Noailles d'aujourd'hui. N'ayant pas été fait chevalier de l'ordre, je ne sais pour quelle raison, quoiqu'il le pût prétendre, de dépit il se retira en sa maison, et là, après s'être fait faire tous les ornements nécessaires pour cela, il se fit donner l'ordre du Saint-Esprit par son curé; il le portoit tandis qu'il étoit à la campagne, et il le quittoit quand il venoit à la cour. (T.)

médit avec M. d'Elbeuf, ci-devant le prince d'Harcourt. Sa femme en eut une jalousie étrange : elle s'en alla de dépit à Chartres; elle a une terre là auprès. Lui s'en alla de son côté en Gascogne; et madame de Neslé étant morte quelque temps après, il alla trouver sa femme, car il a fait mille fourbes à ses créanciers, et tout est sous le nom de cette illustre moitié. Là, il va au marché lui-même, et cependant se fait traiter d'Excellence. Il vouloit mettre sur sa porte : *Hôtel de Got.* Un de ses amis lui dit : « Tous les gens « du Nord croiront que c'est l'Hôtel *Dieu*, l'hôpital, « et demanderont à loger chez vous (1). »

~~~~~~

LIANCE (2).

Liance est *la preciosa* de France. Après la belle Egyptienne de Cervantes, je ne pense pas qu'on en ait vu de plus aimable. Elle étoit de Fontenay-le-Comte, en bas Poitou; c'est une grande personne, qui n'est ni trop grasse ni trop maigre, qui a le visage beau et l'esprit vif, et danse admirablement. Si elle ne se barbouilloit point, elle seroit claire brune. Au reste, quoiqu'elle mène une vie libertine, personne ne lui a jamais touché le bout du doigt. Elle fut à Saint-Maur avec sa troupe, où M. le Prince étoit avec tous ses lutins de petits maîtres; ils n'y firent rien. Benserade la

---

(1) *Gött*, en allemand, signifie *Dieu*.
(2) Danseuse célèbre.

rencontra une fois chez madame la Princesse la mère; il pensa la traiter en Bohémienne, et lui toucha à un genou. Elle lui donna un grand coup de poing dans l'estomac, et tira en même temps une demi-épée qu'elle avoit toujours à la ceinture. « Si vous n'étiez « céans, lui dit-elle, je vous poignarderois. — Je suis « donc bien aise, lui dit-il, que nous y soyons. » Madame la Princesse la jeune fit ce qu'elle put pour la retenir, et lui faisoit d'assez bonnes offres. Il n'y eut pas moyen. Elle dit pour ses raisons : « Sans ma danse, mon père, « ma mère et mes frères mourroient de faim. Pour « moi, je quitterois volontiers cette vie-là. » La Reine s'avisa de la faire mettre en une religion. Elle pensa faire enrager tout le monde, car elle se mettoit à danser dès qu'on parloit d'oraison. La Roque, capitaine des gardes de M. le Prince, devint furieusement amoureux d'elle; il la fit peindre par les Beaubrun. Gombauld fit ce quatrain pendant qu'on travailloit à son portrait :

> Une beauté non commune
> Veut un peintre non commun.
> Il n'appartient qu'à Beaubrun
> De peindre la belle brune.

Ils lui donnèrent à dîner. Ils disent qu'ils n'ont jamais vu personne manger si proprement, ni faire toutes choses de meilleure grâce, ni plus à propos. La veille qu'elle partit, La Roque lui donna à souper; elle étoit en bergère et lui en berger. Enfin on la maria à un des cadets de la troupe. Ce faquin s'amusa avec quelques autres à voler par les grands chemins, et fut amené prisonnier à l'Abbaye au faubourg Saint-

Germain. Elle sollicita de toute sa force et de telle façon, que le Roi envoya quérir le bailli qui lui fit voir les charges. Le Roi dit à Liance et à ses compagnes : « Vos maris ont bien la mine d'être roués. » Ils le furent, et la pauvre Liance, depuis ce temps-là, a toujours porté le deuil et n'a point dansé.

LA MILLETIÈRE.

La Milletière se nomme Brachet et est d'une bonne famille d'Orléans ; il est assez proche parent de MM. d'Espoisses (1). C'est un homme d'esprit et qui sait, mais assez confusément ; bon homme, mais vain, et qui a quelque chose de démonté dans la tête. En sa jeunesse il devint amoureux de la fille d'un procureur huguenot comme lui. Ce procureur se nommoit Gergeau ; la fille étoit fort jolie : ses parents ne vouloient point qu'il l'épousât. Elle n'étoit ni riche ni de bon lieu ; lui avoit du bien honnêtement. De déplaisir, il en fut dangereusement malade ; il tomboit en foiblesse à tout bout de champ, et il n'en revenoit que quand on lui promettoit qu'il l'épouseroit. Enfin, il la lui fallut donner.

La Milletière se mêle un peu des affaires de la religion : il étoit de l'assemblée de La Rochelle. Là, sa femme fit fort parler d'elle avec le baron de La Musse, beau-frère de la maréchale de Thémines ; elle n'en ai-

---

(1) L'auteur indique vraisemblablement ici MM. de Guitaud, de Bourgogne.

moit pas moins son mari pour cela ; car, quand il fut pris et qu'il étoit en danger d'avoir le cou coupé à Toulouse, elle y alla en poste avec une femme de chambre, toutes deux en habit de femme : elle y arriva que son mari étoit condamné ; elle portoit quelque ordre de la cour pour faire surseoir l'exécution. Je pense que MM. d'Espoisses avoient fait quelque chose pour leur parent. On dit que le parlement n'eût pas laissé de passer outre si un des principaux n'eût trouvé la demoiselle fort à son gré. Mais, quoi que c'en soit, il est certain que mademoiselle de La Milletière sauva la vie à son mari. C'est une chose constante qu'il n'y a pas une meilleure femme au monde, et qu'elle est si charitable, que son mari a été contraint de lui ôter le soin de son ménage, parce qu'elle donnoit tout aux pauvres.

Autrefois La Milletière, dans la ferveur du huguenotisme, fit une réponse par stances au cardinal Du Perron sur le traité de l'eucharistie ; mais elle n'a jamais été imprimée. Ne voilà-t-il pas une belle matière pour faire des vers ! Depuis il changea bien de langage, car il se mit dans la tête qu'on pouvoit accommoder les deux religions ; il a fait plusieurs livres sur ce prétendu accommodement. Le cardinal de Richelieu, qui avoit ce dessein, lui donnoit apparemment quelque chose, car M. de Bassompierre disoit qu'il n'avoit jamais vu d'homme payé pour ne rien croire que La Milletière. Je crois qu'il est encore persuadé de tout ce qu'il a écrit : il lui en coûte vingt mille livres à faire imprimer ses livres. « C'étoit, lui disoit Ménage, de « quoi convertir quarante huguenots à cinq cents li- « vres pièce, et vous n'en avez pas converti un seul. »

Enfin, au dernier synode national (en 1645), on le fit venir pour répondre de sa croyance; il y avoit long-temps qu'il étoit suspendu des sacrements, quoiqu'il ne laissât pas de se tenir dans le temple tandis qu'on faisoit la cène. Il ne satisfit pas l'assemblée. Celui qui présidoit lui dit *évangéliquement* : « Fais bientôt ce « que refais. » La Milletière fut ravi d'avoir ce prétexte pour nous quitter ; il se fit catholique. Sa fille aînée, femme de Catelan le grand maltôtier, disoit qu'elle s'étonnoit qu'on ne crût pas son père aussi bien que M. Calvin. Insensiblement toute la famille a fait le saut, et même son gendre qui, ayant acheté une charge de secrétaire du conseil avant que de s'être fait catholique, la mit sur la tête de son beau-père, qui, quoique titulaire simplement, ne laissoit pas pourtant d'y trouver son compte. On dit qu'avant cela il pressoit sans cesse son gendre de changer de religion : depuis, il mouroit de peur qu'il n'en changeât.

Ce Catelan est un grand bizarre. Il étoit jaloux de sa femme qui n'étoit ni jeune ni jolie. Quand il la voyoit propre : « Où vas-tu ? Te voilà bien ajustée : est-ce pour « voir tes f......? » Aussitôt cette pauvre femme rentroit dans sa coquille : elle ne sort guère et lit beaucoup. Un jour il lui coupa toute la dentelle d'une jupe. Elle la fit remettre sur une autre, et ne troussoit jamais sa robe devant lui, de peur qu'il ne reconnût cette dentelle. Il appelle des mouches des *papillottes noires*, et c'étoit un crime capital que d'en mettre. Il mit ses filles en religion, et disoit à sa femme : « Au lieu de « les mener à la messe, tu les mènerois peut-être au « b..... » Il lui donnoit tout le moins d'argent qu'il pouvoit ; cependant il avoit une mignonne au Marais.

Depuis, je crois que cela va mieux, car il fait le dévot, et cette femme a ses filles avec elle. On dit que quand il écrit à son caissier de payer, il fait l'y grec du mot *payez* d'une certaine manière quand c'est tout de bon, sinon le commis lui vient dire devant tout le monde : « Monsieur, vous ne savez peut-être pas que « j'ai fait tels et tels paiements, etc. » Et lui, en pliant les épaules, s'excuse et dit : « Vous voyez la bonne « volonté. »

M. CHAMROND.

C'étoit un président des enquêtes qui, étant demeuré veuf assez âgé et sans enfants, fort avare, se remaria à une fort jolie personne ; mais elle ne lui dura rien. En troisièmes noces il se remaria avec la fille d'un marquis de Dampierre, qui étoit fort gueux : cette personne est honnêtement follette ; hors qu'elle a les cheveux roux, elle peut passer pour jolie. Il falloit souper tous les jours à sept heures et se coucher à huit ; mais elle se relevoit à une heure de la nuit et ne revenoit se coucher qu'à cinq heures du matin. Je crois qu'elle se servoit de quelque drogue pour l'assoupir. Le bonhomme se levoit pour aller au Palais, et ordonnoit bien qu'on ne réveillât point sa femme. Il étoit sous-doyen du parlement, car, pour monter à la grand'chambre, il avoit quitté sa commission (1). Quel-

---

(1) Sa *commission* de président des enquêtes. Il n'y avoit que les présidences à mortier qui fussent des charges.

quefois il lui prenoit des chagrins du grand abord qu'il y avoit chez lui ; madame l'apaisoit en lui disant que sa sœur, qui logeoit avec elle, ne trouveroit jamais mari s'il ne venoit bien du monde les voir. Enfin il tomba malade l'été de 1658. Au dix-septième jour de sa maladie, il appelle sa femme. « Madame, lui dit-il, « ce M. Brayer fait durer mon mal autant qu'il peut ; « cela me ruine ; congédiez-le. La nature me guérira « bien sans lui. » Et le soir il dit à une fille : « Char- « lotte, à quoi bon deux chandelles ? Eteignez-en « une. » Le lendemain il fut à l'extrémité. Sa femme, qui n'avoit pas découché, le voyant dans une convulsion, fait aussi l'évanouie de son côté ; elle ne manquoit jamais à jouer la comédie. Il revint qu'elle faisoit encore la pâmée. « Revenez, ma chère, lui dit-il, reve- « nez. J'ai fait tirer mon horoscope, je dois avoir qua- « tre femmes ; vous n'êtes encore que la troisième. » Cependant il passa le pas. Elle le sut si bien cajoler, qu'outre tous les avantages qu'il lui avoit faits, elle lui fit donner vingt-quatre mille livres à sa sœur, une laideronne qu'il haïssoit comme la peste. Pour montrer ce que c'est que cette femme, il ne faut que dire que le maréchal d'Estrées, ayant été obligé d'aller coucher chez elle en Beauce, à cause que son carrosse s'étoit rompu, la nuit, elle et sa sœur, lui allèrent donner le fouet, quoiqu'il eût quatre-vingts ans. Il ne fit qu'en rire.

VIEILLES REMARIÉES
ET MALTRAITÉES.

Un gentilhomme de qualité de Normandie, nommé Boudeville, épousa une de mesdemoiselles de Clermont d'Amboise, fille de ce M. de Clermont qui commandoit l'artillerie à la bataille de Coutras. Il ne vécut guère, et laissa un fils qui fut un grand duelliste et un grand étourdi. En une débauche, il sauta par une fenêtre et se rompit une jambe. Il fut enfin tué en duel [1]. Ce duel fut aussi sanglant qu'aucun autre de notre temps. Son second, nommé Croixmar, fils d'un président de Rouen, y fit tout ce qu'on pouvoit faire; pour récompense, madame de Boudeville, qui étoit encore jolie en ce temps-là, mais depuis elle devint effroyable, l'épousa. Quoique huguenote, elle étoit tout accoutumée à épouser des catholiques, car Boudeville l'étoit aussi. Elle n'a pas mal usé de sa beauté durant son veuvage; pour paroître encore plus blanche, elle se tenoit au lit avec des draps de lin écru.

Croixmar étoit fort avare et ne lui mangea point son bien : il vivoit assez bien avec elle. Mais, quoiqu'elle fût devenue horriblement dégoûtante, elle voulut avoir encore un jeune mari; ce fut un Gascon fort bien fait, nommé Graveline, catholique comme les autres. Ce

---

[1] Henri de Clermont d'Amboise, baron de Bussy, fut tué en duel à la Place-Royale de Paris, le 12 mai 1627, par François de Rosmadec, comte Des Chapelles.

garçon avoit été page de l'Écurie ; mais, faute de bien, il avoit déjà tâté de la chair de vieille, car il concubinoit avec cette madame de La Jaille, dont nous avons parlé dans l'historiette du marquis de Rouillac (1). Entre deux il avoit été en Portugal chercher fortune ; là, une dame devint si folle de lui, qu'elle en faisoit mille extravagances. Je n'en ai pu savoir le particulier ni d'une dame de Bordeaux qui, pour le venir voir ici, quitta tout, et fit tant des siennes, que son mari fut contraint de se séparer d'avec elle.

Le galant homme de Gascon n'en usa pas si à la bonne foi que le Normand : il est vrai qu'elle étoit encore supportable, quand elle épousa Croixmar. Il se mit en possession de toutes choses, et ne couchoit point avec madame. Elle en étoit réduite à aller à Charenton dans un carrosse de louage ; car il en usoit si mal, qu'elle ne vouloit pas prendre ses chevaux. Enfin elle sortit de la maison qui étoit à elle, et plaida contre lui. Elle gagna son procès ; mais, étant tombée malade, il la veilla quatorze nuits de suite, et fit si bien son personnage, que bien des gens y furent trompés (2). Mais il fut le plus trompé de tous, car elle ne mourut point et ne revint point avec lui ; cela dura encore près de trois ans. Enfin elle tombe encore malade ; la voilà à l'extrémité : elle avoit déjà fait du pis qu'elle avoit pu contre lui, quand, par sa présence, il fit tout changer. Elle avoit un douaire de douze mille livres dont elle étoit fort bien payée, ou, pour mieux dire, dont Graveline étoit fort bien payé, et en retiroit la meilleure

---

(1) *Voyez* ci-dessus, p. 143 de ce volume.
(2) En 1652. (T.)

partie. Il fit le *pleureux*. On disoit : « Il pleure le « douaire. » Il se vante ingratement de n'avoir jamais couché avec elle. On dit que le soir de ses noces il lui dit : « Madame, vous avez un peu de gale, vous me la « donneriez ; guérissez-vous auparavant ; » et que depuis il a toujours trouvé quelque échappatoire. Mais on tombe d'accord qu'il y couchoit avant que de l'épouser. Dans la rue des Fossés-Montmartre, où il logeoit, il y avoit certains gueux fieffés qui s'étoient impatronisés des aumônes de toute la rue, et faisoient un bruit de diable ; Graveline, ennuyé de cela, leur fit jeter une fois un seau d'eau sur la tête. Ils lui dirent, deux heures durant, que ce n'étoit qu'un gueux revêtu, et qu'il seroit comme eux s'il n'avoit attrapé cette guenuche de la Croixmar.

Un parent de M. le duc de Saint-Simon, qu'on nommoit *le Borgne* Du Pont, avoit épousé une vieille. Il enrageoit d'être obligé de coucher avec elle : il étoit par voie et par chemin le plus qu'il pouvoit ; il demeuroit toujours au gîte à deux lieues près de chez lui : le lendemain il n'arrivoit que le soir bien tard et ne manquoit jamais de passer à travers quelque bourbier pour faire accroire qu'il étoit bien fatigué, et cela afin qu'elle crût qu'il avoit fait une grande traite pour la venir voir. Il trouvoit donc moyen de coucher séparément cette nuit-là, car en arrivant il se mettoit au lit. Le lendemain il faisoit survenir une affaire et ainsi il se sauvoit du mieux qu'il pouvoit. Il avoit un valet-de-chambre fait au badinage ; mais il ne put si bien faire que la vieille ne l'enterrât, et encore un autre après lui.

Un gentilhomme de Poitou fort accommodé, nommé

Chorrays, vit un jour au prêche dans son village un jeune étranger qui pleuroit parfois et paroissoit fort déconforté. Le prêche fini, il accoste charitablement cet homme, et sut de lui qu'il étoit Polonois, et que l'argent lui ayant manqué, il ne savoit que devenir. Charroys lui offre sa maison, où il fut quelques années. L'étranger observa peu le droit d'hospitalité, car il fit galantérie avec la femme du gentilhomme au sortir de là. Peut-être fut-ce le mari qui l'obligea à s'éloigner; il fut écuyer de madame de La Trémouille. Le mari meurt. La veuve vient à Paris quelques années après, et le propre jour des barricades (1648), le Polonois, nommé Furstein, l'épousa. Il étoit retourné chez elle incontinent après la mort du mari; mais il ne voulut point l'épouser qu'elle ne lui eût donné vingt mille livres; le soir des noces, parce qu'il n'en avoit touché que quatorze, il s'en alla se coucher dans une autre chambre, et il fallut lui compter encore six mille livres pour lui faire baiser la mariée. Depuis il fit venir une gourgandine de Paris, et couchoit au grand lit avec elle, tandis que sa femme couchoit dans la garde-robe.

En voici encore une; mais il faut, avant que de parler de son second mariage, dire ce que j'ai appris de sa petite vie. Mademoiselle Véron a été une fort jolie personne : elle épousa un porte-manteau du Roi. Etant fille, elle étoit des camarades de Marie Gergeau [1]. La Milletière trouva un jour son frère. « Où vas-tu ? « — Je m'en vais chercher un mâle pour ma sœur. —

---

[1] Mademoiselle Gergeau épousa La Milletière. *Voyez* plus haut, p. 148 de ce volume.

« En voici un tout trouvé, répondit-il. — C'est un
« moineau.... — Ah ! parlez donc. » Cette fille aimoit
les moineaux, et le mâle étoit mort.

Elle tomba une fois dans une carrière ; un cocher
les y versa : elle étoit grosse. On la trouva là-dedans
qui redressoit son collet : elle n'en eut pas plus de mal
que cela. Quand les quarts d'écus ne valoient que
trente-deux sous, elle disoit une fois naïvement : « Je
« perds deux quarts d'écus moins trente sous. »

On a fort médit de Malleville (1) l'académicien avec
elle. Voyez comme la réputation sert auprès des
femmes ! Celle-ci ne savoit pas lire, cependant elle
étoit ravie de se voir cajolée par un bel esprit. Leur
amitié a duré plus de vingt-cinq ans, et Malleville
l'aimoit encore quand il est mort.

Le mari fut plus de seize ans sans en avoir le moindre soupçon : il y étoit si accoutumé, qu'il l'appeloit
l'homme de chez nous (2) ; cela fit un jour une assez
plaisante rencontre ; nous étions voisins ; Saint-Amant
étoit couché avec mon frère aîné ; ils étoient amis de
débauche. Le bonhomme Véron lui vint parler, et lui
demanda : « Qui est là avec vous ? — C'est Saint-
« Amant ; il dort encore. — Saint-Amant qui fait des
« vers ? — Oui. — Dites-lui en ami qu'il n'en fera ja-
« mais bien, si cet homme de chez nous ne lui mon-
« tre. » Saint-Amant ne dormoit point, et, sans s'informer qui étoit *l'homme de chez nous,* car il se tient

---

(1) Claude de Malleville, de l'Académie françoise. Il a été secrétaire
de Bassompierre. On ne se souvient guère que de son sonnet de *la Belle
Matineuse,* qui ne mérite pas sa renommée.

(2) Ce qu'on appelle aujourd'hui *l'ami de la maison, le meilleur ami
du mari.*

au-dessus de tout le monde, il disoit tout bas à mon frère : « Qui est cet impertinent-là? Renvoyez-le, ou « je le jetterai par les fenêtres. »

Enfin le second fils de Véron, un des plus sots animaux que je vis jamais, mal satisfait de sa mère, commença à en faire quelque bruit; déjà long-temps auparavant, tant il étoit innocent, il s'étoit plaint de ce que sa mère accouchoit en l'absence de son père. Le bruit qu'il fit vint aux oreilles du mari, qui, finement, le tira à part, et lui fit dire tout ce qu'il savoit. Ce n'est pas tout : Véron fait venir sa femme et lui confronte ce garçon; elle lui saute aux yeux, et le père eut bien de la peine à lui faire lâcher prise. Tout cela aboutit à une défense expresse de ne voir plus Malleville, et le bourgeois, comme officier du Roi, mit une épée à son côté, et jura de le tuer s'il le trouvoit en sa maison. Il ne laissa pas d'y venir secrètement; même le bonhomme le rencontra une fois entre chien et loup, et fit semblant de ne le pas reconnoître.

Cette femme persécuta toujours depuis son accusateur, et fit tant enfin qu'on le condamna à aller porter les armes en Hollande. On l'équipa pour cela assez plaisamment. Le père, curieux de vieilles ferrailles, lui donna une épée que Henri le Grand, son bon maître, avoit portée, et le propre chapeau qu'il avoit quand il épousa la feue Reine-mère [1] !

Ce garçon fit quelques jours le soldat sur le pavé. Je ne sais s'il y arriva quelque désastre; mais tout d'un coup, au lieu d'aller à Calais, il s'enfuit à Nantes, où son frère aîné avoit une commission aux cinq grosses

---

[1] Marie de Médicis.

fermes. Ce frère revint à Paris au bout de quelque temps, sa commission lui ayant été ôtée. Or, le cadet avoit porté les armes, et Malleville, n'osant plus revenir voir sa dame, elle alloit chez lui. Le mari mourut un an après. C'étoit un homme si raisonnable qu'un de ses neveux, lui criant comme il étoit à l'agonie : « Mon oncle, songez à Dieu, » il lui répondit en bégayant : « A qui veux-tu donc que je songe ? au « diable ? »

Son grand deuil fini, la pauvre femme donna une grande preuve de sa constance à Malleville ; car cet homme étant tombé malade à Fontainebleau, où la cour étoit, elle feignit d'y avoir affaire, et, quoique très-incommodée pour le logement, elle y demeura jusqu'à ce qu'il fût guéri. Malleville ne survécut guère au cocu. Elle en fut affligée ; mais, comme c'est une personne qui ne prend guère les choses à cœur, elle s'en consola bientôt. Elle aime la frérie (1), et on l'enivre comme on veut ; c'est une vraie tête de linotte. Elle fit les Rois, il y a quelques années, chez mon père ; mon frère de Lussac et quelques autres, après l'avoir mise en belle humeur, tant par le vin que par leurs discours..... (2).

(1) *Frérie*, ou plutôt *frairie*, partie de bonne chère et de débauche. La Fontaine dit dans sa fable du *Loup et de la Cigogne* :

> Les loups mangent gloutonnement,
> Un loup donc étant de *frairie*,
> Se pressa, dit-on, tellement,
> Qu'il en pensa perdre la vie, etc.

(2) La licence du tableau que nous supprimons montre que Deslyons, théologal de Senlis, avoit de justes motifs de chercher à réprimer les dés-

Cette folle s'habilloit à soixante ans comme une fillette ; elle n'avoit pourtant rien de jeune que l'humeur et les cheveux ; car, pour vérifier le proverbe, elle ne blanchit point encore. Elle avoit deux servantes qui, pour la piller plus à leur aise, se disoient l'une à l'autre, quand leur maîtresse s'habilloit : « Je ne lui don-
« nerois que vingt ans. » Elle devint amoureuse d'un des *coglioni di mila franchi* du cardinal Mazarin (¹) ; c'étoit un garçon de trente ans qui avoit l'échine assez large : il logeoit chez elle comme parent de son gendre ; il couchoit avec elle tout doucement, et s'en fit donner vingt mille livres par une bonne donation. Voilà bruit au logis. On dit qu'elle vouloit l'épouser ; ma mère y fut et lui dit : « Ma cousine (elles étoient
« cousines germaines), vous moquez-vous de vouloir
« vous remarier à l'âge que vous avez ? — Ma cou-
« sine, lui répondit-elle, voulez-vous que je laisse mou-
« rir un homme en la fleur de son âge ? C'est fait de
« lui si je ne l'épouse ; il mourra d'amour. — Vous
« rêvez, lui répliqua ma mère ; vous croyez être la
« belle Hélène. — Je serai ce qu'il vous plaira ; mais
« mon portrait et moi, c'est la même chose ; regardez-
« le bien. » C'étoit un portrait où elle s'étoit fait flatter tant qu'elle avoit voulu. On fit venir son extrait

---

désordres auxquels le *Phébé* donnoit lieu. (*Voy.* les *Discours ecclésiastiques sur le paganisme des rois de la Fève et du Roi-boit*; Paris, 1664, et les *Traités singuliers et nouveaux contre le paganisme du Roi-boit*; Paris, 1670.)

(¹) Tallemant auroit dû dire *di mille franchi*. Il désigne par cette expression de mépris les gentilshommes que le cardinal Mazarin avoit à sa solde, qui lui servoient de gardes, et auxquels il payoit mille francs de gages.

baptistère de Londres, car son père et sa mère, fuyant la persécution, y avoient demeuré quelque temps; on le lui montra : elle avoit soixante et un ans. « Voire, « dit-elle, peut-on ajouter foi à des gens qui ont fait « mourir leur roi sur un échafaud ? » Elle l'épousa. Elle ennuyoit tellement ceux qui alloient en même carrosse qu'elle à Charenton, en leur parlant sans cesse de son mari, que la plupart quittèrent à cause d'elle et prirent un autre carrosse. Un matin que cet homme étoit au lit, elle dit à une de ses amies : « C'est « le plus bel homme du monde; mais c'est tout autre « chose quand il est droit. » Il fut bientôt las de sa vieille; le soir il se couchoit le premier. « Mon fils, « lui disoit-elle, ne t'endors pas ; je m'en vais. Je serai « bientôt déshabillée. » Mais c'étoit pour lui une potion somnifère que ce discours-là. Il ne l'avoit épousée qu'à cause de la disgrâce du cardinal. Il se donna bientôt après à M. de Vendôme. Il cherche de l'emploi et ne veut point retourner chez sa femme. En effet; il n'y couche pas seulement, et la bonne dame n'est pas à se repentir de tout ce qu'elle a fait. Toute la joie qu'elle a eue depuis long-temps, ç'a été de pouvoir dire : « Je porte le deuil de mon beau-père. » Elle s'imaginoit en être rajeunie de beaucoup.

LE MARÉCHAL DE SAINT-GERAN (1),

ET SA FILLE.

Le maréchal de Saint-Geran étoit de la maison de La Guiche. Il fut fait maréchal de France pour l'empêcher de criailler quand on fit M. de Luynes connétable ; car il étoit de ces gens qui prétendent beaucoup, quoiqu'ils méritent fort peu : c'étoit un gros homme. On conte de lui qu'une dame, qu'il avoit aimée fort long-temps, lui dit qu'il étoit trop pourceau pour être aimé, et que, sus là, il étoit devenu maigre à force de boire du vinaigre et de s'échauffer le sang ; qu'après, il eut de cette dame ce qu'il voulut ; mais que, pour se venger d'une si grande rigueur, et se récompenser de la graisse qu'il avoit perdue, il l'avoit conté à tout le monde. Madame de Rambouillet dit qu'elle croit que c'est un conte et qu'elle ne l'a jamais vu que gros et gras. Il fut marié deux fois (2) : il eut une fille de son premier mariage, qui étoit admirablement belle ; il la maria, dès douze ans, à un gentilhomme de qualité du Bourbonnois, nommé M. de Chazeron (3). Je pense

---

(1) Jean-Francois de La Guiche, seigneur de Saint-Geran, maréchal de France en 1619, mourut le 2 décembre 1632.

(2) Le maréchal de Saint-Geran épousa, en premières noces, Anne de Tournon, dame de La Palice ; il la perdit en 1614.

(3) Marie-Gabrielle de La Guiche épousa, en 1614, Gilbert baron de Chazeron, gouverneur du Bourbonnois.

qu'on l'envoya se promener en Italie, à cause que sa femme étoit trop jeune; aussi, là, il gagna une si belle v......; qu'il en tomba par morceaux : il donna ce mal à sa femme qui n'en put jamais bien guérir (1). Comme elle étoit veuve, son père lui donnoit le fouet comme on le donne à un enfant, et la traitoit fort tyranniquement. Nous parlerons d'elle ensuite. En secondes noces, il épousa la veuve d'un M. de Sainte-Marie (2), qui avoit été assez bien avec Henri IV. Cette femme avoit une fille que le maréchal fit épouser au comte de Saint-Geran, son fils (3); après il mourut, et en mourant il disoit à cause du maréchal de Marillac et de M. de Montmorency : « On ne me reconnoîtra pas en l'autre « monde, car il y a long-temps qu'il n'y est allé de « maréchal de France avec sa tête sur ses épaules. »

La comtesse de Saint-Geran fut assez long-temps sans devenir grosse; enfin il peut y avoir dix-sept ans qu'on disoit qu'elle l'étoit (4); plusieurs s'en moquoient : elle alla pourtant jusque bien près de son terme. Jamais femme n'a tant appréhendé d'avoir du mal en accouchant. Feu madame de Bouillé (5), sœur de père et

---

(1) Remariée avec Timoléon d'Épinay, marquis de Saint-Luc et maréchal de France, au mois de juin 1627, elle mourut le 27 janvier 1632, *après une maladie de sept années*, dit le Père Anselme.

(2) Elle s'appeloit Suzanne Aux Espaules, dame de Sainte-Marie-du-Mont; elle étoit veuve de Jean, seigneur de Longaunay.

(3) Le comte de Saint-Geran, fils du maréchal, épousa Suzanne de Longaunay, en 1619.

(4) C'étoit en 1640. (T.)

(5) C'est la mère de la comtesse Du Lude ; elle est morte jeune. Son mari étoit un homme de qualité d'Anjou. (T.) — Jacqueline de La Guiche épousa, en 1632, le marquis de Bouillé, comte de Créance; elle est morte au mois de janvier 1651.

de mère du comte de Saint-Geran, et par conséquent son héritière, lui proposa de se servir d'une sage-femme qui, à la vérité, avoit la réputation de sorcière, mais qui la feroit accoucher sans douleur (1). Cette pauvre femme la voit : le mari étoit absent. La sage-femme lui frottoit les reins de je ne sais quelle drogue, et la faisoit aller en carrosse à travers les sillons du Bourbonnois, qui sont fort relevés, pour détacher l'enfant. Elle étoit alors à La Palice, qui est à eux. La femme d'un gentilhomme de M. de Saint-Geran, nommé Saint-André, y fut un jour; elle étoit aussi grosse pour la première fois; cela lui fit descendre son enfant si bas, qu'elle se pensa blesser, et elle n'y voulut plus retourner. Enfin, un matin la comtesse envoie dire à cette demoiselle qu'elle la vînt trouver au jardin. « Ah! ma mie, lui dit-elle, que je me porte bien « aujourd'hui! Je ne suis plus incommodée.—Mais ne « sentez-vous rien? lui dit cette demoiselle; car vous « perdez bien du sang? » Elle regarde; effectivement elle eut une perte de sang qui dura deux ou trois jours. Depuis elle eut toujours dans l'esprit qu'elle étoit accouchée. Sept ou huit ans après, un maître d'hôtel de la maison, à l'article de la mort, se plaignit fort de madame de Bouillé, et dit qu'elle l'avoit engagé à une étrange chose. M. de Saint-Maixent, autre héritier de Saint-Geran, accusé autrefois d'avoir tué sa femme pour épouser madame de Bouillé (2), quand son mari,

---

(1) La comtesse nie cela, et dit seulement qu'on envoya quérir cette femme, comme la plus habile; qu'elle fut fort malade; mais qu'en accouchant il lui prit une faiblesse. (T.)

(2) La comtesse de Saint-Geran dit que Saint-Maixent et madame de

qui étoit vieux, seroit mort, donna charge à son confesseur et à quelques autres, en mourant, de demander pardon pour lui à madame de Saint-Geran. Notez qu'il étoit aussi à La Palice durant sa grossesse. Tout cela joint ensemble, on conseille au comte de Saint-Geran de savoir la vérité de la sage-femme par personnes interposées. Elle dit que la comtesse étoit accouchée d'un enfant mort et qu'elle l'avoit enterré au pied du colombier. Saint-Geran la met en prison ; la comtesse sur cela se va mettre dans l'esprit qu'un petit garçon qu'elle a élevé, et qu'elle fit page, étoit son fils, qu'à cause de cela on avoit fait en sorte que mademoiselle Du Puys, fille d'un tireur d'armes, une espèce de femme où il y a bien à redire, avoit souffert que cet enfant, qu'elle dit être à elle, fût élevé par la comtesse parce que effectivement c'étoit le fils de cette dame. L'enfant étoit joli (1), et Saint-Geran l'a fort gâté, car il s'en divertissoit, et lui apprenoit cent ordures. La feue maréchale, qui a eu des filles, tandis qu'on a cru cet enfant mort, disoit que c'étoit l'aîné de la maison ; mais quand elle a vu que la comtesse prétendoit que ce fût cet enfant, elle disoit qu'il le falloit faire cordelier, à cause du scrupule. Voyez quelle dévote ! Durant le procès d'entre M. et madame de Saint-Geran contre la Du Puys, qui soutient que c'est son fils, et que ce n'est que sa conscience qui l'empêche de le dés-

---

Bouillé, étant tous deux mariés, s'étoient donné l'un à l'autre des promesses de mariage. (T.)

(1) La petite-vérole l'a fort gâté. Depuis, sa mère en a eu bien soin ; le père est mort endetté, et on a donné son gouvernement de Bourbonnois : cet homme avoit quelquefois quarante pages ; c'étoit peu de chose.

avouer, car il seroit grand seigneur, et contre madame de Ventadour, fille de la feue maréchale, et le comte et la comtesse Du Lude, la sage-femme est morte en prison, et n'a rien avoué pour la comtesse (1). Depuis, il y a eu arrêt qui a débouté le comte et la comtesse Du Lude et reçu la comtesse de Saint-Geran à preuves (2). Madame de Ventadour et sa sœur de Saint-Geran, elles sont sœurs de mère, sont brouillées pour cet enfant qu'on veut faire reconnoître.

Vaure dit : « Les voilà bien empêchées de savoir si « une femme a accouché oui ou non; il ne faut que « regarder au ventre : chaque enfant y fait une grosse « ride. Eh bien, mademoiselle Diodée n'a-t-elle pas « épousé là un habile homme ! »

NAIVETÉS, BONS MOTS, ETC.

Un cocher fut à confesse ; on lui ordonna de jeûner huit jours. « Je ne saurois faire cela, dit-il au confesseur. « — Eh ! pourquoi ? — Je ne veux point me ruiner. Je « suis un pauvre homme qui ai femme et enfants. J'ai « vu jeûner monsieur et madame tout ce carême : il

---

(1) Elle dit que si, et qu'on avoit promis vingt mille écus à la Du Puys, laquelle s'est sauvée, de peur d'être pendue. (T.)

(2) Il y a eu deux arrêts du Parlement, l'un du 18 août 1657, et l'autre du 5 juin 1666. La comtesse de Saint-Geran gagna son procès, et Bernard de La Guiche, comte de Saint-Geran, son fils, par arrêt, succéda aux noms et armes de sa maison

« faut du cotignac, des poires de bon chrétien, du riz,
« des épinards, des raisins, des figues, etc. »

Claquenelle, apothicaire célèbre, ayant présenté ses parties à Maissat, grand partisan, greffier du conseil, la femme duquel étoit morte d'une longue maladie, cet homme, qui n'étoit pas autrement affligé, lui dit en souriant : « *Organa pharmaciæ, sunt organa fallaciæ.* » Le pharmacopole lui répondit de même : « *Organa publicatorum, sunt organa diabolorum.* »

Un homme écrivant à son fils, mit ainsi au bas : « Votre très-humble et très-obéissant père. »

Dans le temps qu'on plaida au grand conseil la cause de cette abbesse hermaphrodite qui avoit engrossé je ne sais combien de religieuses, et qu'elle fut condamnée à passer le reste de ses jours entre quatre murailles, une bonne religieuse des Hospitalières de Paris disoit à une de ses amies, qui étoit plus fine qu'elle : « Ma sœur, nous sommes pourtant bien obli-
« gées à Dieu ; combien de fois n'avons-nous pas cou-
« ché ensemble à notre maison des champs, et cepen-
« dant il n'en est point mésarrivé ! »

Un conseiller au Parlement, nommé Racine, qui n'étoit pas un grand personnage, avoit donné charge à un maquignon de lui chercher un cheval pour mettre en la place de celui qu'il avoit perdu. Un jour qu'il donnoit à dîner à bien des gens, un petit laquais vint tout échauffé lui crier devant tout le monde : « Monsieur, ce marchand de chevaux est là-bas qui dit
« comme cela qu'il a trouvé un pareil. »

SUITE DES BONS MOTS

ET NAÏVETÉS (1).

Une bourgeoise, qui avoit les yeux fort rudes et un peu louches, se vantant qu'un duc et pair lui avoit fait les yeux doux : « Avouez, mademoiselle, lui répondit-on, qu'il y a fort mal réussi. »

Un Gascon ayant pris querelle avec un passant, lui dit en colère : « Je te donnerai, maraud, un si grand « coup de poing, que je t'enfoncerai la moitié du corps « dans le mur, et ne te laisserai que le bras droit de li- « bre pour me saluer. »

Un prédicateur ennuyoit tout le monde en prêchant sur les béatitudes. Une dame lui dit : « Vous en avez « oublié une ; heureux qui n'étoit point à votre ser- « mon ! »

Un homme, qui n'étoit que fils d'épicier, et faisoit le gros seigneur, ayant fait peindre chez lui, sous un

---

(1) Cette Suite du chapitre *des bons mots* ne fait pas partie du manuscrit des *Mémoires*. Elle est tirée d'un autre manuscrit autographe de Tallemant qui appartient à M. Monmerqué. On a choisi les traits les plus remarquables, et les autres ont été négligés. Les saillies de madame Cornuel sont placées à la suite sous une rubrique particulière.

tableau de dévotion, *respice finem*, on effaça l'*r* et l'*m*, et il ne resta plus qu'*espice fine*.

Un homme disoit qu'on ne pouvoit lui reprocher d'être fils d'un cornard, parce que son père n'avoit jamais été marié.

Un maître-d'hôtel servoit mal sur la table. Son maître, l'en réprimandant, lui dit qu'il ne savoit pas vivre. « Eh ! où diable l'aurois-je appris, lui répondit-« il, puisque je n'ai jamais bougé d'avec vous ? »

Au sacre du coadjuteur de Rouen, une dame disoit qu'il lui sembloit être en paradis, tant elle trouvoit beau ce cercle d'évêques. « En paradis ? lui dit-on, il « n'y en a pas tant que cela. »

L'abbé de La Victoire [1] voyant entrer les dames quêteuses, crioit à ses gens du haut de l'escalier : « Qu'on ne laisse entrer personne à cause de cette « petite-vérole. » Elles courent encore.

Pour dire : Je n'ai pas tant de mérite que vous, une dame françoise disoit à une Italienne : « *Non sono tanto meretrice come vostra signoria.* »

M. Delbène disant à Des Barreaux [2] qu'un bon morceau qu'il lui présentoit lui feroit mal à l'estomac : « Bon, bon, repartit Des Barreaux, êtes-vous de ces « fats qui s'amusent à digérer ? »

[1] Claude Duval de Coupanville, abbé de La Victoire. (*Voyez* son Historiette, t. 2, p. 330.)
[2] *Voyez* l'Historiette de Des Barreaux, t. 3, p. 134.

Des Barreaux entendant un grand tonnerre un vendredi pendant qu'il mangeoit une omelette au lard, se leva de table et jeta l'omelette par la fenêtre, disant : « Voilà bien du bruit là haut pour une omelette. »

M. le maréchal de.... a une aune de menton; M. de La G.... n'en a point. A une chasse du Roi, ayant seuls aperçu le cerf, ils coururent de ce côté-là. Le Roi dit : « Où vont-ils si vite? — Sire, répondit « M. de Grammont, le maréchal de..... emporte le « menton de La G..., et La G... court après pour le « ravoir. »

Les Portugais ayant perdu une bataille, on trouva quatorze mille guitares sur la place.

Monsieur (1) avoit la barbe rousse. Etant à sa maison de campagne, il demanda à un eunuque pourquoi il n'avoit point de barbe? « Je vais, lui répondit-« il, vous en dire la raison. C'est que le bon Dieu « faisant la distribution des barbes, je suis venu lors-« qu'il n'en restoit plus que des rousses à donner, et « j'ai mieux aimé m'en passer. »

Un paysan se mourant, son fils fut chercher le curé, à demi-lieue, et fut trois heures à sa porte, crainte de l'éveiller. Le curé lui dit après : « Je n'y ai donc plus « que faire; il sera mort à présent. — Oh! nenni, « monsieur, dit le paysan, Pierrot, mon voisin, m'a « promis qu'il l'amuseroit. »

---

(1) Gaston de France, duc d'Orléans.

Madame Loiseau, bourgeoise, étoit à Versailles. Le Roi, voyant qu'elle s'approchoit fort près du cercle, dit à une duchesse de la questionner ; celle-ci lui dit : « Madame, quel oiseau est le plus sujet à être « cocu ? » Elle lui répondit : « C'est un duc, ma-« dame (1). »

M. L.... disoit : « J'ai reçu tous les sacrements, « excepté le mariage que je n'ai jamais reçu en origi-« nal ; mais j'en ai tiré plusieurs copies. »

M. Le Féron étant attaqué des voleurs, dès les cinq heures du soir, leur dit : « Messieurs, vous ouvrez de « bonne heure aujourd'hui. »

M. de Furetière disoit que le premier inventeur des dédicaces a été un mendiant.

Un meûnier faisant fort bien son devoir dans le congrès, sa femme lui disoit : « Jacob, pourquoi ne « faisois-tu pas de même quand j'étions cheuz nous ? « Je n'eussions pas eu la peine de venir ici. »

Montmaur (2) étant à table en compagnie où l'on faisoit grand bruit de rire et chanter, dit tout haut d'un air chagrin : « Ah ! messieurs, un peu de silence, « on ne sait ce qu'on mange. »

---

(1) D'autres ont attribué cette repartie à madame Cornuel.
(2) Pierre de Montmaur, professeur de grec au Collége de France, et fameux parasite. Il a été l'objet des satires et des plaisanteries de beaucoup de savants. (Voyez l'*Histoire de P. de Montmaur*; La Haye, 1715, 2 vol. in-8°.)

On dit proverbialement : Il enrage comme un poète qui entend mal réciter ses vers.

La charge la plus difficile à exercer à la cour est celle de fille d'honneur.

Un ivrogne ayant roulé tout un escalier, étant en bas, dit froidement : « Aussi bien voulois-je descen-« dre ! — Dieu vous a bien aidé, lui dit-on, de ne « vous être pas blessé. — Parbleu, répondit-il, voilà « un beau secours ! il ne m'a pas aidé d'un seul éche-« lon. »

Un capitaine ayant volé une pièce de drap à un moine de pays ennemi qu'il rencontra; le moine lui dit en s'en allant : « Je vous remets au jour du juge-« ment où vous me le rendrez. » Le capitaine dit : « Puisque tu me donnes un si long terme, je prendrai « encore ton manteau. »

Un évêque croyant qu'un clerc, qui se présentoit à l'examen, étoit un niais, lui demanda pour se divertir : « *Mater, cujus generis ?* » Il lui répondit : « *Distinguo, si mea, est femini generis, si verò tua, est* « *communis.* »

Un seigneur demanda à un paysan où il alloit, qui lui répondit arrogamment : « Je n'en sais rien. — « Oh ! lui dit-il, je vais te l'apprendre. » Aussitôt il le fit prendre et lier par ses gens pour le mener en prison. Quand le drôle vit que c'étoit pour de bon, il demanda grâce. « Eh bien, dit-il en pleurant, ne vous

« avois-je pas dit que je n'en savois rien? » Le seigneur se mit à rire de cette juste et plaisante repartie, et il le fit délivrer.

Un père représentant toutes sortes de raisons à sa fille pour la dissuader du mariage, lui cita saint Paul, qui dit que c'est faire bien de se marier, mais qu'il est encore mieux de ne le pas faire. « Eh bien, mon
« père, répondit-elle, faisons bien; fera mieux qui
« pourra. »

Certain bourgeois, qui avoit coutume de venir voir souvent un moine goutteux, fut un mois sans y venir, et y revint en sautant et dansant tout joyeux, disant :
« Mon père, c'est que je me suis marié depuis que
« je ne vous ai vu. — Je ne m'en étonne pas, lui
« dit-il, vous ressemblez à ces jeunes chevreaux
« qui ne font que sauter quand les cornes leur vien-
« nent. »

Un empereur montroit un beau couvent qu'un de ses ancêtres avoit fait bâtir pour accomplir un vœu qu'il avoit fait au fort d'une bataille. Le colonel françois à qui il parloit lui répondit : « Son vœu et son
« bâtiment me font croire qu'il avoit une belle peur
« dans la bataille. »

Un poète, qu'on railloit sur sa poésie, disoit d'un air content de lui : « Je ne crois pas mes vers fort
« bons, mais franchement je les crois fort passables. —
« Vous avez fort raison, lui répondit une personne de
« la compagnie, ils sont passables en toutes façons, car
« vous vous seriez bien passé de les faire, nous nous

« serions bien passés de les entendre, et la mémoire en
« passera bien vite. »

Un président fort avare et grand joueur, disoit, après avoir fait une grande perte, que du moins il avoit perdu sans dire un seul mot. « Il est vrai, mon-
« sieur, lui répondit-on, c'est que les grandes douleurs
« sont muettes. »

L'on dit un jour à un prélat qui ne résidoit que rarement dans son évêché : « C'est bien fait, monseigneur,
« cela marque la confiance que vous avez en Dieu ;
« votre diocèse peut-il être mieux que sous la conduite
« de la Providence? »

Le duc d'Ossonne promit mille pistoles aux Jésuites, s'ils lui faisoient voir qu'on pût donner l'absolution par avance d'un péché non encore commis. Après avoir bien cherché, ils lui apportèrent un de leurs auteurs, et lui donnèrent l'absolution qu'il demandoit. Il leur donna une lettre de change à recevoir à quatre lieues. Ils trouvèrent en chemin douze drôles qui les battirent et leur prirent la lettre de change. Ils vinrent se plaindre au duc, qui leur dit que c'étoit là le péché qu'il avoit envie de commettre, et qu'ils l'en avoient absous.*

Une paysanne demandoit à sa nièce mariée depuis trois mois, s'ils s'aimoient toujours bien : « Eh ! dit-
« elle, là, là. — Mais, comment ! es-tu fâchée d'être
« mariée? — Nennin, ma tante, répondit-elle, mais

« ardé, n'en s'entr'aime mieux quand on ne s'ha pas
« qu'on s'entr'aime quand on s'ha. »

Une sage-femme s'approchant d'une fenêtre pour nettoyer l'enfant qu'elle venoit de recevoir, s'écria : « Ah! qu'il ressemble à son père! — Comment, dit « l'accouchée de dedans son lit, est-ce qu'il a une cou- « ronne sur la tête ? »

Un commis borgne ayant exigé d'un cabaretier des droits qu'il ne lui devoit pas, le cabaretier, pour s'en venger, fit représenter le portrait du commis à son enseigne, sous la forme d'un voleur avec cette inscription : *Au Borgne qui prend*. Le commis, s'en trouvant offensé, vint trouver le cabaretier, et lui rendit l'argent des droits en question, à la charge qu'il feroit réformer son enseigne. Le cabaretier, pour y satisfaire, fit seulement ôter de son enseigne le *p*; si bien qu'il resta, *Au Borgne qui rend*, au lieu *du Borgne qui prend*.

Un chevalier menteur disoit avoir vu une église de mille pas de long : son valet voulant l'interrompre par un démenti, il dit aussitôt, pour raccommoder la chose, et deux de large. Comme il vit qu'on rioit : « C'est ce « coquin qui en est cause, sans lui je l'allois faire « carrée. »

Arlequin disoit que le Colosse de Rhodes s'étoit marié avec la Tour de Babylone, et qu'ils avoient engendré de leur mariage les Pyramides d'Égypte.

Un gentilhomme parlant d'une chambre où on

l'avoit mis coucher, dont les murs étoient rompus et crevassés, disoit : « Voici la plus mauvaise chambre « du monde, on voit le jour toute la nuit. »

Un confesseur demandoit à un soldat qui se confessoit s'il avoit jeûné. « Que trop, mon père, répondit« il ; j'ai quelquefois été huit jours sans manger de « pain. — Mais si vous en eussiez eu, dit le confesseur, « vous en eussiez mangé? — Très-assurément, répon« dit le soldat. — Mais, ajouta le confesseur, Dieu ne « prend pas plaisir à ces jeûnes forcés. — Ma foi, ré« pliqua le soldat, ni moi non plus, mon père. »

Santeuil disoit à Du Périer : « Tu es réduit au lait de « Muses. » Celui-ci répondit : « Les Muses sont vierges; « si elles ont du lait, c'est vous qui les avez prosti« tuées. »

Maldachin étant amant favori de donna Olimpia, et partageant ses plus douces faveurs avec le pape, elle lui dit un jour dans ses transports les plus violents : *Coraggio, mi Maldachin, ti farò cardinale;* mais il lui répondit : *Quando sarebe per esser papa, non posso più.*

Une femme reprochoit à son mari studieux qu'il avoit de l'indifférence pour elle, qu'elle voudroit être livre, parce qu'il étoit toujours en leur compagnie. « Et moi aussi, lui dit-il, pourvu que ce fût un alma« nach : j'en changerois tous les ans. »

Un homme, dans la crainte d'être battu par un de

ses ennemis, se tint plus d'un an sur ses gardes avec beaucoup d'inquiétude; mais à la fin, recevant des coups de bâton de lui lorsqu'il y pensoit le moins, il dit : « Grâce à Dieu, me voilà dehors de cette « querelle. »

En arrivant d'un voyage, M. de Vivonne disoit à sa sœur, madame de Thianges, tous deux fort gros : « Embrassons-nous, si nous pouvons. »

Madame de Thianges étant malade, et se plaignant au comte de Roucy du bruit des cloches, il lui dit : « Madame, que ne faites-vous mettre du fumier devant « votre porte? »

L'abbé d'Aumont trouvant sa loge prise à la comédie par le maréchal d'Albret, dit : « Voilà un plaisant « maréchal, il n'a jamais pris que ma loge. »

M. de Gondi, abbé de Sainte-Magloire (1), qui fut depuis archevêque de Paris, étant fortement sollicité de permuter cette abbaye contre un autre bénéfice qui paroissoit plus considérable, répondit : « *Gloriam* « *meam alteri non dabo.* »

Un partisan se trouvant dans une compagnie où chacun déclama de son mieux contre les gens d'affaires, voulut prendre leur parti en disant qu'ils étoient le soutien de l'État. « Parbleu, répondit un « de ceux qui l'écoutoient, c'est donc dans le sens que « la corde est le soutien du pendu, qui ne le quitte « point qu'elle ne l'ait étranglé. »

(1) Le coadjuteur.

Clermont Tonnerre, évêque de Noyon, disoit dans une maladie qu'il avoit : « Hélas ! Seigneur, ayez pitié « de ma grandeur. »

Le même évêque disoit des docteurs de Sorbonne : « C'est bien affaire à des gueux comme cela de parler « du mystère de la Trinité. »

Après le paon et le cardinal, le plus glorieux de tous les animaux est *le président à mortier*.

Madame Cornuel, qui avoit les dents fort laides, demandoit à M. Santeuil combien ils étoient de moines à Saint-Victor : « Autant, lui dit-il, que vous avez de « cloux de girofle dans la bouche. »

M. Bautru comparoit les Capucins à de vieux jetons dont on a rogné les lettres ; on ne voit qu'une tête avec la barbe, le reste est effacé.

Rabelais étant fort malade, son curé, qui ne passoit pas pour un habile homme, le vint voir pour lui administrer les sacrements, et lui montrant la sainte hostie, lui dit : « Voilà votre Sauveur et votre maître « qui veut bien s'abaisser jusqu'à venir vous trouver, « le reconnoissez-vous bien ? — Hélas ! oui, répondit « Rabelais, je le reconnois à sa monture. »

Le duc d'Antin faisant voir à un ambassadeur étranger les beautés de Marly, entre autres les deux premières allées du jardin dont les arbres, courbés en arc, forment comme autant de portiques, et une longue

suite de berceaux, il lui demanda ce qu'il en pensoit. « Cela me paroît admirable, répondit l'ambassadeur; « en France tout plie aux volontés du Roi, jusqu'aux « arbres. »

Un intendant de province, homme fort dur aux gens de la campagne, se voyant importuné par un paysan opiniâtre qui s'empressoit toujours de vouloir lui parler, lui donna un coup de pied pour le faire sortir. Le paysan fit la pirouette sans quitter sa place, et se retournant vers l'intendant : « Pargué, monsei-« gneur, lui dit-il, si c'est ainsi que vous répondez les « requêtes qu'on vous présente, vous n'avez pas be-« soin de secrétaire. » Chacun se mit à rire du bon mot, et l'intendant ne put plus lui refuser ce qu'il souhaitoit.

REPARTIES DE MADAME CORNUEL [1].

Madame Cornuel avoit un jour un procès, au rapport de M. de Sainte-Foi [2], maître des requêtes. Elle

[1] *Voyez* l'Historiette de cette femme spirituelle, t. 4, p. 72. Ces *Reparties* sont, comme nous l'avons dit déjà, extraites d'un manuscrit de Tallemant, autre que celui de ses *Historiettes*, manuscrit également écrit de sa main, mais dans les dernières pages duquel l'écriture est si altérée qu'on doit les croire de sa vieillesse la plus avancée, si même ce ne sont des additions d'un des siens lui ayant survécu.

[2] Elle disoit aussi de ce M. de Sainte-Foi, que son nom étoit comme celui des *Blancs-Manteaux* qui sont habillés de *noir*. (*Lettre de madame de Sévigné,* du 8 septembre 1680.)

avoit de la peine à lui faire entendre ses raisons. Elle alla pour le solliciter, et le portier lui dit qu'il étoit allé entendre la messe. « Hélas! mon ami, lui dit-elle, « il n'entend que cela. »

Mademoiselle de Piennes, qui a été chanoinesse, commençant à se passer, et néanmoins ayant grand soin de son teint, mettoit toujours un masque, ce qui fit dire à madame Cornuel que la beauté de cette demoiselle étoit comme un lit qui s'use sous la housse.

En 1691, le Roi étant allé faire le siége de Mons, plusieurs ducs, sans emploi, le suivirent. Madame Cornuel disoit que c'étoit l'arrière-ban des ducs.

Madame Cornuel avoit plus de quatre-vingts ans, quand madame de Villesavin, sa voisine, âgée de quatre-vingt-douze ans, mourut. « Hélas! dit-elle en « apprenant cette mort, me voilà découverte. »

Elle disoit que les Jansénistes étoient d'honnêtes gens, mais qu'ils étoient trop affectueux, et que quand M. d'Andilly la rencontroit, il l'embrassoit toujours si fort, qu'elle ne savoit comment s'en débarrasser.

Quelque temps après que mademoiselle de Navailles, dont la mère a poussé jusqu'à l'excès l'application aux affaires, eut épousé le duc d'Elbeuf, ce prince fut attaqué d'apoplexie qui lui rendit la moitié du corps perclus. A peine en étoit-il guéri, qu'il alla, accompagné de sa femme, tenir les États de la province

d'Artois, dont il étoit gouverneur. Madame Cornuel, ayant appris ce voyage, ne put s'empêcher de témoigner la surprise où elle étoit de ce qu'on le menoit si loin en pareil état (1). « Vous verrez, poursuivit-elle, « que c'est un *ménage* de la maison de Navailles, et « qu'on le veut faire enterrer aux dépens des États. »

Feu M. le duc de Noailles fut un jour obligé de donner au public sa généalogie, et entre autres articles, il y en avoit un qui le faisoit descendre d'un homme appelé *Gimel*. Madame Cornuel dit qu'elle ne doutoit point de la vérité de cette généalogie, et qu'à la physionomie qu'il avoit, il falloit qu'il fût descendu des lamentations de Jérémie.

On lui dit une fois que Desmenu-Courtin étoit fort malade, et qu'il ne vouloit point se confesser : « Vraiment, dit-elle, c'est bien à lui de mourir sans « confession ! »

M. le duc de Montausier étant fort malade, son valet-de-chambre vient dire à madame Cornuel, qui venoit pour le voir, que son maître ne voyoit plus les femmes en l'état où il étoit : « Va, va, dit-elle, mon « ami, il n'y a plus de sexe à mon âge de quatre-« vingts ans (2). »

Un jour qu'elle avoit un procès contre un partisan, elle fut obligée d'aller chez M. Pussort, conseiller d'État, et d'attendre dans son antichambre, parce que

---

(1) *Ménage* doit s'entendre ici dans le sens d'*économie*.
(2) Dans le siècle suivant on a prêté ce mot à madame Geoffrin.

des financiers étoient avec lui dans son cabinet. Quelques laquais étoient dans le même lieu, jouant assez incivilement auprès d'elle. Le secrétaire de M. Pussort, passant par là, voulut les faire arrêter; mais madame Cornuel l'empêcha, lui disant : « Laissez-les « faire, monsieur; je ne les crains point, tant qu'ils « sont ainsi vêtus; mais bien quand ils sont en man- « teaux noirs, comme ceux de là-dedans, qui sont très- « redoutables pour moi (1). »

Les fermiers-généraux des aides lui saisirent une fois un panier de gibier qui lui venoit de la campagne. Sur l'avis qu'elle en eut, elle l'envoya redemander au bureau, et les intéressés, apprenant qu'il n'y avoit pas lieu à la confiscation, le restituèrent, en disant qu'il falloit éviter ses bons mots. On lui rendit compte de cette réponse. « Ces gens-là me connoissent, dit- « elle; vous verrez que quelqu'un d'eux a été la- « quais dans quelque bonne maison de ma connois- « sance. »

Elle disoit des partisans qui avoient fait fortune de son temps, que ceux qui nous avoient décrotté autrefois nous crottoient à présent.

Il est public que dans la promotion des chevaliers de l'ordre du Saint-Esprit, qui se fit le premier jour de l'année 1689, il y en avoit plusieurs dont la nais-

---

(1) Ce mot a été cité par madame de Sévigné dans la lettre à sa fille, du 7 octobre 1676. Elle place seulement la scène chez Berryer, qu'on assuroit avoir été sergent au Mans.

sance étoit beaucoup au-dessous de cet honneur. M. le comte de Choiseul reçut l'ordre à cette promotion, et comme sa qualité et son mérite le rendoient très-digne de cette distinction, madame Cornuel disputant avec lui quelque temps après : « Taisez-vous, lui dit-elle, « je vous nommerois vos camarades (1). »

En l'année 1680, pendant que la chambre des poisons étoit établie, madame Cornuel disoit à M. de Bezons, conseiller d'État, qui étoit de cette commission, qu'il étoit honteux pour eux qu'ils ne fissent pendre que des gueux, et qu'ils devoient, pour leur honneur, faire louer des habits à la friperie pour habiller ces malheureux, quand on les exécutoit, afin du moins d'imposer au public.

Comme on lui dit qu'on brûloit les procès des empoisonneurs avec les empoisonneurs mêmes : « Vrai-« ment, dit-elle, c'est bien fait ; mais il faudroit encore « brûler les témoins et les juges. »

Les rubans étant devenus fort à la mode, on lui dit que madame de La Reynie (2) en avoit une échelle. « Hélas! dit-elle, j'ai bien peur qu'il n'y ait une po-« tence dessous. »

En l'année 1689, elle disoit qu'elle ne savoit pas pourquoi on vouloit que le Roi n'aimât pas Paris, vu

---

(1) Le père Brotier rapporte ce mot dans ses *Paroles mémorables*, p. 85.

(2) Elle étoit femme du lieutenant-général de police.

la quantité de bourgeois qu'il avoit faits chevaliers de l'ordre.

Un jour d'été, étant dans l'antichambre de M. Colbert, elle disoit qu'elle croyoit être en enfer, parce qu'il y feroit fort chaud, et que tout le monde y seroit mal content.

Elle disoit un jour que le marquis d'Alluye l'étoit venu voir, qu'il avoit l'air d'un mort, tant il étoit changé, et qu'elle avoit été sur le point de lui demander s'il avoit congé du fossoyeur, pour aller ainsi par la ville.

Elle disoit de la comtesse de Fiesque, qu'elle s'entretenoit dans l'extravagance, comme les cerises dans l'eau-de-vie.

La même comtesse de Fiesque disoit un jour, devant elle, qu'elle ne savoit pourquoi l'on trouvoit Combourg fou, et qu'assurément il parloit comme un autre. « La comtesse a mangé de l'ail, » reprit-elle.

Un homme de fort peu d'esprit, et qui sentoit très-mauvais, vint voir madame Cornuel. S'en trouvant importunée, elle dit, quand il fut sorti : « Il faut que
« cet homme soit mort, car il ne dit mot et sent fort
« mauvais. »

En l'année 1689, le maréchal de Duras, commandant l'armée du Roi en Allemagne, faisoit peu de dépense et fort mauvaise chère. « Faut-il s'en étonner?
« dit-elle, il a une maîtresse et un intendant. »

Un de ses laquais fit une sottise, et en même temps tomba à quatre pieds : « Je te défends de te relever, « dit-elle, tu es fait pour aller comme cela. »

Elle disoit du père Gonnelieu, jésuite, et prédicateur fort sévère, qu'il surfaisoit en chaire et donnoit à bon marché dans le confessionnal.

On parloit un jour devant elle de l'avarice de M. de Louvois et de l'archevêque de Reims. « Vraiment, « dit-elle, M. le chancelier est bien heureux, car ses « enfants se portent au *bien* de bonne heure. »

En 1690, le Roi ayant créé deux charges de président à mortier du parlement de Paris, en donna une à M. l'avocat-général Talon. Il y en avoit trois ou quatre fort jeunes des six qui devoient précéder M. Talon, suivant l'ordre de leur réception, quoiqu'il fût le plus âgé de tous ; ce qui fit dire à madame Cornuel, qu'il seroit comme le prêtre des enfants rouges, qui en mène dans les rues une troupe devant lui.

L'an 1690, Gilbert, conseiller au grand conseil, dont le père a été marchand de toile, à l'enseigne des *Rats*, voulut se faire président des comptes à Paris. Madame Cornuel l'apprenant, dit que les papiers de la chambre des comptes étoient perdus si l'on mettoit les rats dedans.

Elle disoit de Jacques second, roi d'Angleterre, que le Saint-Esprit lui avoit mangé l'entendement, à cause de sa dévotion et de son imbécillité.

Elle disoit de M. Jeannin de Castille, qu'il étoit né mort.

Elle disoit de MM. de Courtenai et La Vauguyon, chevaliers de l'ordre, que la différence qu'il y avoit entre eux, étoit que l'un ne pouvoit avoir ce qu'il espéroit, et que l'autre avoit eu ce qu'il n'espéroit pas.

L'an 1691, le Roi ayant mis M. le duc de Beauvilliers, et rappelé M. de Pomponne dans le ministère, madame Cornuel disoit que c'étoit la vertu et la prudence dans le conseil, mais qu'on n'y voyoit point la force.

Baron, fameux comédien, et très-favorisé des dames, ayant quitté la comédie, madame Cornuel demanda si ce n'étoit pas pour aller aux Madelonnettes [1].

Elle disoit, en 1691, qu'il couroit des retraites comme des fièvres-quartes, à cause de celle du comte de Santena [2], de celle de M. Fieubet [3] et de celle de Baron.

Elle comparoit le maréchal de Duras aux almanachs, parce qu'il disoit tant de choses, qu'il falloit bien qu'il rencontrât quelquefois la vérité.

---

[1] C'étoit le couvent des filles repenties.

[2] Le comte de Santena se retira à la Trappe, à cette époque-là. (*Voyez* la lettre de madame de Coulanges à son mari, du 23 juillet 1691, et la *Relation de la vie et de la mort du comte de Santena, nommé frère Palémon*; Bruxelles, F. Foppens, 1696.)

[3] M. de Fieubet, conseiller d'État, se retira en 1691 aux Camal-

Elle disoit sur la religion qu'elle n'étoit pas mourante, mais qu'elle étoit défaillante (1).

Le roi Jacques second n'ayant pu passer en Angleterre à cause des vents excessifs qu'il faisoit, madame Cornuel dit que Dieu avoit cela sur la conscience.

Quelqu'un paroissant inquiet du lieu où l'on mettroit les étendards pris à la bataille de Steinkerque (2), par le grand nombre qui étoit déjà à Notre-Dame : « Bon, dit-elle, voilà bien de quoi s'embarrasser ! Ils « serviront de falbalas aux autres. »

Au commencement de 1693, quantité de femmes de la cour ayant fait, dans le faubourg Saint-Germain, des débauches qui faisoient grand bruit, et qui scandalisoient le public, madame Cornuel dit que c'étoit une mission que M. l'archevêque de Paris avoit envoyée dans le quartier pour retirer les jeunes gens d'une plus vilaine débauche.

Elle disoit que la comtesse de Fiesque étoit un moulin à paroles.

Madame de Lionne ayant été fort coquette, et étant sur le retour, elle soutenoit le débris de ses charmes

---

dules de Gros-Bois, où il mourut en 1694. (*Voyez* la lettre de madame de Coulanges à madame de Sévigné, du 3 octobre 1694.)

(1) Ce mot fait souvenir de celui de madame de Sévigné à l'occasion des disputes sur la grâce. « Épaississez-moi un peu la religion qui s'é- « vapore toute à force d'être subtilisée. » (*Mémoires de Saint-Simon*, t. 1, p. 466, édition de 1829.)

(2) Gagnée par le maréchal de Luxembourg, le 3 août 1692.

par beaucoup de pierreries; madame Cornuel disoit que c'étoit du lard dans une souricière (1).

En 1693, où les armées furent long-temps sans rien faire de considérable, et coûtoient des sommes immenses, madame Cornuel disoit que nous n'avions guère de nouvelles pour notre argent.

Il étoit grand bruit la même année, que toutes les femmes, et surtout les duchesses, alloient manger chez M. le chancelier et chez M. de Pontchartrain; elle dit qu'il falloit que ces messieurs fissent de la soupe pour les duchesses, comme l'on en fait pour les pauvres dans les paroisses.

Madame Cornuel entendant dire : Nous avons une grande guerre à soutenir, et nous n'avons point d'alliés, dit : « Pardonnez-moi, il nous reste encore le « roi de Siam; voilà des envoyés qui partent pour « lui (2). »

En 1693, madame Cornuel entendant dire que les blés ne rapportoient rien cette année, dit : « Les blés « de cette année sont comme les victoires de M. de « Luxembourg; elles ne rendent point. »

Les voleurs attaquèrent un soir madame Cornuel.

(1) Ce mot est rapporté par Corbinelli dans le *Post-scriptum* de la lettre de madame de Sévigné à sa fille, du 17 avril 1676.

(2) C'étoit en 1685, lorsque le chevalier de Chaumont fut envoyé à Siam avec l'abbé de Choisy. (Voyez le *Journal du Voyage de Siam*, par Choisy; Paris, 1687, in-12.)

L'un d'eux entrant dans son carrosse, commença par lui mettre la main sur la gorge; mais elle lui repoussa le bras sans s'effrayer, lui disant : « Vous n'avez que « faire là, mon ami, je n'ai ni perles ni tétons. »

Après la mort de M. Pavillon, évêque d'Alet, dont l'éminente piété, l'exacte résidence et la fermeté sont connues de tout le monde, le Roi donna ce bénéfice à l'abbé de Valbelle. Madame Cornuel, en lui faisant compliment, lui dit : « Jésus! monsieur, on vous a « donné là un évêché bien austère. »

MADAME AUBERT

ET LE MARQUIS DE PALAVICHINE (1).

Madame Aubert est femme d'un des intéressés aux gabelles, qui est un homme d'âge, mais fort riche. M. d'Orléans, autrefois, la voulut cajoler. On dit qu'elle lui répondit : « Voire, c'est pour votre nez! » Une fois, comme quelques personnes louoient sa beauté, elle dit : « Oh! ma mère a été bien plus belle « que moi! » Cette femme a été jolie et coquette, mais sotte; elle a fait galanterie avec Pardaillan (2), qui,

---

(1) Tallemant a francisé le nom de *Pallavicini*, qui est celui d'une grande maison d'Italie.

(2) Jean-Antoine de Pardaillan de Gondrin. Il avoit épousé sa cousine, Anne-Marie de Saint-Lary, demeurée seule héritière de sa maison, aux noms et armes de laquelle Pardaillan fut substitué.

aujourd'hui, se fait appeler Termes ; c'est le cadet de Bellegarde-Montespan. Cet homme a été un peu accusé de la fausse monnoie en Gascogne (1). Cette madame Aubert a conservé tant d'amitié pour lui, qu'elle a accordé avec son fils une nièce qu'elle tient comme sa fille, car elle n'a point d'enfants : elle lui fait un fort grand avantage et, en parlant de ce garçon, elle l'appelle *notre fils*. Elle en a été bien mal payée. Termes, depuis cela, a tellement empaumé le bonhomme Aubert, que ce dernier ne jure que par lui. Termes est le patron de tout; le bonhomme lui loue une maison, la meuble, lui donne de l'argent. On dit qu'il en tire plus de vingt mille écus tous les ans. Par une ingratitude effroyable, il a fait ôter à cette femme toute l'administration de la maison. Elle n'a pas un sou. Quelque Gascon que ce soit, qui se renomme de M. de Termes, y est reçu comme un enfant de la maison, y fait manger ses gens et ses chevaux comme il lui plaît. Termes ne donne rien de ce qu'il tire de là à son fils; il en entretient une madame de Broc. Le fils ne traite point bien sa femme. C'est un fripon qui, par deux fois, lui a engagé ses perles. Voilà comme la tante et la nièce se trouvent bien de s'être mises entre les mains des Gascons.

Or, il arriva une assez plaisante histoire au commencement de la régence à cette madame Aubert avec un fou de marquis Palavichine. Cet homme, fort affectionné à la France, avoit traité le maréchal d'Estrées

---

(1) Ce Termes est un franc Gascon ; premièrement il a fait la fausse monnoie à une maison appelée La Motte-Bastille, proche de Choisy-Bellegarde. (T.)

à Gênes, à son retour d'Italie, et lui avoit fait tous les régals imaginables ; sur cela il vient en France avec sa femme, et il prétendoit qu'à cause de son zèle pour cet état, on lui donneroit le gouvernement d'Ast, en Piémont. Comme il étoit ici, Quillet lui fit accroire en une débauche que les dames en France étoient de la meilleure composition du monde, qu'il n'y avoit qu'à les trouver seules. « *Per Dio*, dit le marquis, *mi fate un gran servizio, perché voglio ben a quella madama Aubert.* » Ils étoient voisins. La première fois qu'il rencontra madame Aubert toute seule, il ferma bien soigneusement la porte au verrou, et en son baragouin il lui dit qu'il y avoit long-temps qu'il étoit amoureux d'elle, et qu'ayant trouvé l'occasion il ne la vouloit pas laisser échapper. D'abord elle se mit à rire; mais, voyant qu'il s'échauffoit dans son harnois, elle lui dit bien sérieusement que, s'il ne se retiroit elle lui feroit jeter tant de seaux d'eau sur le corps, qu'il ne seroit plus si échauffé. Le petit homme fut tout glorieux de se retirer. Elle conta l'aventure à tout le monde, et le pauvre marquis fut quelque temps sans se montrer. Le maréchal d'Estrées lui dit : « Mais, M. le marquis, croyez-vous qu'on « donne un gouvernement à vous qui n'avez jamais été « à la guerre ? vous devriez au moins faire une cam- « pagne. — *Si, si*, répondoit-il, *voglio andar alla « guerra co' miei amici, col Turpèz e col Temi- « nèz* (1). » Il n'y alla pourtant point, et sa femme le

---

(1) Tourpes est cadet d'Estrées, et Thémines est fils de la maréchale de ce nom. (T.) — Le marquis de Tourpes étoit Jean, comte d'Estrées, qui devint maréchal et vice-amiral de France.

voyant obstiné à demeurer ici, s'en retourna à Gênes. Au blocus de Paris il fut battu deux fois, comme il se vouloit sauver en habit déguisé, et il contoit cela comme s'il eût rendu un grand service à la France. A Saint-Germain, faute d'argent, il couchoit dans un carrosse, et le matin il ne faisoit que secouer les oreilles et aller chercher à manger où il pouvoit. Enfin, en 1652, il s'en retourna en son pays : il y pouvoit vivre fort à son aise ; mais peut-être la sotte dépense qu'il a faite ici l'auroit-elle incommodé. Sa femme est une personne raisonnable (1).

LE COMTE DE MONTSOREAU.

Ce comte de Montsoreau, dont nous voulons parler, étoit le fils de celui dont Henri III se moqua de ce qu'il souffroit que Bussy d'Amboise le fît cocu. Le Roi haïssoit Bussy à cause de la reine Marguerite. Le comte, irrité de cela, s'en va en Anjou, fait par force écrire une lettre par sa femme à Bussy qui vient, puis il les

(1) On a vu (t. 4, p. 186) dans l'Historiette de Souscarrière, dit *chevalier de Bellegarde*, et *marquis de Montbrun*, que cet intrigant fut reconnu pour être le fils naturel du duc de Bellegarde, et de Michelle ou Léonarde Aubin, ou Aubert. On ne sait pas le nom de la pâtissière, véritable mère du personnage ; mais il sembleroit que, pour ne pas la compromettre vis-à-vis de son mari, on auroit non-seulement donné un père à Souscarrière, mais encore une mère, et que cette mère auroit été madame Aubert, celle-là même avec laquelle le duc avoit des relations depuis long-temps. Ce sont des rouerics dignes de la *Régence*.

tue tous deux (1). J'ai ouï conter que ce Bussy étant un jour allé voir les bêtes des Tuileries avec des dames, il y en eut une assez imprudente pour l'obliger à lui aller quérir son gant qu'elle avoit laissé tomber dans la loge d'un lion. Il y fut l'épée à la main, reprit le gant sans que le lion branlât, et, en le rendant à la dame, il lui en donna un petit coup sur la joue, et lui dit : « Tenez, et une autre fois, n'engagez point des « gens de cœur mal à propos. »

Le fils de ce massacreur de gens étoit un homme fort violent, un grand faux-monnoyeur et un grand tyran. Il avoit vingt satellites qui rançonnoient tout le voisinage; avec cela il étoit espiègle. Un jour, comme il étoit à la chasse, deux pauvres marchands de toile passèrent auprès du relais. Ils leur voulurent faire accroire qu'ils l'avoient rompu, et leur vouloient donner le relais (2). Comme ces marchands crioient merci, deux vieilles fausses-saunières (3) parurent : le comte leur fait ôter leur sel, et condamne les deux marchands à leur faire *la chosette*; mais les pauvres gens n'avoient pas autrement envie de rire. Enfin il les laissa aller.

Il se rencontra une fois chez un hôtelier à qui un sergent vint apporter un exploit. « Comment, lui dit-

---

(1) Ce fait se passa le 10 août 1579. (*Journal de Henri* III, tome 45, p. 191 de la première série de la *Collection des Mémoires relatifs à l'histoire de France.*) L'Étoile ne dit pas que la femme de Montsoreau ait aussi été tuée par son mari.

(2) Il s'agit ici d'un relais de chiens de chasse. *Donner le relais*, c'est *lâcher les chiens;* ce n'étoit rien moins que de faire courir la meute sur ces pauvres marchands.

(3) Des femmes qui fraudoient les gabelles, qui faisoient la contrebande du sel.

« il, apporter un exploit à un homme chez qui je
« loge! » Il le prend, dit qu'il le falloit condamner à
être pendu, fait des juges de ses coupe-jarrets. On le
condamne. « Il faut, dit-il, le confesser, et pour le
« communier, lui faire avaler son exploit. » On fait un
capuchon avec le collet d'un manteau. « Oui-dà, dit
« le sergent, qui faisoit le bon compagnon, quoiqu'il
« passât assez mal son temps, j'avalerai fort bien mon
« exploit, pourvu qu'on me donne un verre de vin
« par-dessus. —Va, lui dit le comte, tu communieras
« cette fois sous les deux espèces. » Effectivement ils
lui firent avaler son exploit en petits morceaux, et puis
le laissèrent aller.

A une levée de loups, un des chasseurs, par mégarde, en avoit blessé un autre; un chirurgien le
pansa et le guérit. Le comte le paya plaisamment;
parce que cet homme avoit fait donner un exploit au
blessé, il le prit un jour qu'il le rencontra, le gourma
tout son soûl, et lui cracha je ne sais combien de fois
dans la bouche. Enfin une g.... qu'il entretenoit ven-
gea tant de gens que ce violent avoit outragés; car,
enragée de ce qu'il maltraitoit un de ses gens dont elle
étoit amoureuse, elle découvrit grand nombre d'ins-
truments à faire la fausse monnoie qui étoient cachés
dans un bois. Le comte, poursuivi pour cela et pour
bien d'autres choses, se sauva en Angleterre, où il
mourut après avoir été décapité en effigie.

Son fils, à l'âge de quinze ans, pour éviter d'être
ruiné entièrement, fut obligé d'épouser la nièce du
lieutenant criminel du Mans, qui accommoda toutes
choses. Cette femme est habile et a nettoyé les affaires de son mari : je crois qu'il peut avoir vingt-cinq

mille livres de rente, au moins, en belles terres; mais ce n'est rien au prix du temps passé. Leur nom est de Chambres (1). C'est une bonne maison; il n'a qu'une fille : c'est un pauvre homme, mais il n'est nullement violent. Il fit une fois une campagne en Hollande, et, par malice, de jeunes gens le firent marcher armé de pied en cap à cheval tout un jour d'été en allant par pays, afin, lui disoient-ils, de s'accoutumer à la fatigue; ils s'en jouoient.

MADAME DE VERTAMONT.

Un riche auditeur des comptes, nommé Quatresous, avoit une terre appelée Montanglos, auprès de Coulommiers, en Brie, dont il étoit natif, et où il demeuroit huit mois de l'année; car, étant doyen des auditeurs de son semestre, il avoit bien des priviléges et ne faisoit séjour à Paris que le moins qu'il pouvoit. Cet homme étoit marié et avoit des enfants; mais, parce que sa femme et lui ne pouvoient compatir ensemble, ils se séparèrent volontairement de corps et de biens. Les garçons, qui étoient deux, demeuroient avec le père, et une seule fille qu'ils avoient demeuroit avec la mère. Il peut y avoir dix-sept ans que cette femme, pour épargner un peu, car elle n'étoit pas la plus ré-

---

(1) Ce nom est incertain, il faut peut-être lire *de Chambas*; dans le doute, nous avons écrit ce nom comme il l'est dans la note du *Journal de Henri* III, au lieu déjà cité.

glée du monde, alla demeurer un automne avec son mari, et y mena sa fille. Elle ne fut pas plus tôt à Coulommiers, qu'un jeune gentilhomme, nommé Plénoches, qui avoit été nourri page de M. de Longueville, et qui étoit devenu son petit favori, se rendit familier dans la maison. Quelques jours après il donna la collation aux dames de la ville, à ce qu'il disoit, mais en effet à mademoiselle Quatresous. La collation étoit belle, car c'étoit de la façon des officiers de M. de Longueville, qui étoit alors à Coulommiers (1). Patru alla un jour voir mademoiselle Quatresous, qui étoit jolie; il étoit ami de ses frères, et, comme ils se promenoient dans les allées du château, ils rencontrèrent M. de Longueville qui leur parla fort civilement. Patru s'étoit un peu éloigné par respect; M. de Longueville demanda à la pucelle si ce gentilhomme-là n'étoit pas son serviteur; elle lui répondit qu'elle n'avoit point de serviteur. « Je vous en veux donc donner « un, » répliqua-t-il. Et après il leur laissa continuer leur promenade. Cependant Montanglos (2), le frère aîné, conseiller au Parlement, entendit dire qu'on cajoloit sa sœur à Coulommiers; il part et va coucher à Pommeuse, chez Patru, à qui il conte qu'étant allé dire adieu à M. de Longueville, qui partoit pour Cou-

---

(1) Le château de Coulommiers, dont il n'existe plus rien, appartenoit au duc de Longueville. Madame de Lafayette a placé dans ce château plusieurs des scènes de son roman de *la Princesse de Clèves*.

(2) On faisoit un conte de lui quand on marqua les sous avec une fleur de lys pour les faire valoir cinq liards; il dit à une fille : « Eh « bien! je vaux cinq sous à cette heure, quoique je ne m'appelle que « Quatresous. — Oui, dit-elle; mais il faut auparavant vous donner la « fleur de lys. » (T.)

lommiers, il en avoit reçu mille amitiés. Patru lui conte ce qu'il avoit vu, et conclut que M. de Longueville vouloit faire épouser sa sœur à Plénoches. Montanglos dit qu'il n'y consentiroit jamais, et qu'il vouloit en parler à M. de Longueville. Patru lui dit qu'il s'en gardât bien, qu'il n'y avoit rien à faire qu'à ramener vite la fille à Paris. Le conseiller ne le voulut pas croire, et part pour aller à Coulommiers : en chemin il rencontre le bailli qui venoit de la part de M. de Longueville lui dire qu'on lui avoit fait entendre qu'il ne vouloit point venir à Coulommiers, et qu'il le prioit de prendre la peine d'y faire un tour. Il va voir M. de Longueville, qui depuis prétendit que Montanglos lui avoit promis de le servir en cette affaire. Patru avoit prédit que cela arriveroit. M. de Longueville parle ensuite au père, lui représente l'avantage de l'alliance de la famille dans laquelle il entreroit, ce que Plénoches pouvoit espérer de son amitié, et ajoute qu'il donneroit autant à ce garçon que M. Quatresous à sa fille. Le bourgeois, au lieu de lui dire qu'il avoit résolu de s'allier avec quelqu'un de la robe, pour appuyer d'autant son fils dans le Parlement, lui alla sottement faire une bravade, et dit qu'il donneroit cinquante mille écus à sa fille. « J'en donnerai autant à Plénoches, » répondit M. de Longueville. Voilà donc le vieillard pris par le bec : il fait des difficultés pour se débarrasser, il demande ses sûretés pour la dot, etc.

Cependant on conseille à Plénoches d'avoir une promesse de mariage de la fille : il étoit bien fait; elle étourdie et sa mère aussi; il en a une signée de la fille et de la mère, à condition toutefois qu'elle seroit

déposée entre les mains du Père gardien des Capucins. Plénoches fit courir le bruit de cette promesse, afin que cela obligeât le père à passer outre. Quand Montanglos vit cela, il se résolut à enlever sa sœur; mais ce dessein fut éventé, et M. de Longueville fit fermer les portes de la ville, se plaignit de la défiance qu'on témoignoit, et leur dit qu'il ne prétendoit forcer personne. Il demanda qu'on laissât la mère et la fille huit jours dans le château avec mademoiselle de Longueville, qui devoit arriver ce soir-là (il étoit veuf alors), et qu'après ils emmèneroient la demoiselle où il leur plairoit. On ne put lui refuser ce qu'il demandoit. Voilà la mère et la fille dans le château. C'est là que Plénoches prétend avoir eu toutes sortes de privautés avec elle. Au bout de huit jours, le conseiller les ramena à Paris. Plénoches, accompagné de cinquante chevaux, et le plus leste qu'il put, voltigeoit sur les coteaux voisins, et saluoit sa maîtresse à coups de pistolet : Montanglos dit que, tandis que cette galanterie dura, il n'étoit pas sans inquiétude; au bout de deux lieues ils se retirèrent.

Quelque temps après leur arrivée à Paris, Vertamont, depuis conseiller au Parlement, homme fort avare, qui avoit été commis de l'Épargne sous La Bazinière, de la femme duquel il étoit parent, se résolut d'épouser mademoiselle Quatresous, quoiqu'on lui eût dit l'engagement qu'elle avoit avec Plénoches; et voici pourquoi il le fit. On ne lui donnoit que trente mille écus, il en avoit cent mille; mais, se prévalant de l'état où étoit la fille, il déclara, par le contrat de mariage, qu'il avoit jusqu'à cinq cent mille livres de propres. L'affaire fut conclue en deux jours, et le

lendemain des noces, Plénoches, qui n'avoit été averti qu'après coup, vint à Paris, et alla bien accompagné leur chanter pouille à la porte du logis. La chambre des mariés donnoit sur la rue, ils étoient encore au lit, et il continua si bien, que Vertamont et sa femme n'osoient sortir; enfin Miromesnil, maître des requêtes, qui, je pense, est normand, et qui même avoit été intendant en Normandie, étant fort connu de M. de Longueville, accommoda l'affaire moyennant quatre mille livres qu'on donna au cavalier pour ses dommages et intérêts. Cet accommodement se fit en présence de M. de Longueville.

Cela est aussi honnête que d'envoyer changer un écu d'or, pour donner à boire à un valet de pied de la princesse Marie (1), qui lui apportoit une lettre de sa maîtresse, de Nevers à Coulommiers. Après il fut question de payer cette somme, le père n'en vouloit point ouïr parler; il disoit que sa fille avoit fait cette sottise, que c'étoit à elle à la boire, et demandoit à son gendre si pour quatre mille livres de moins il ne l'eût pas épousée; mais le gendre ne se soucioit point de tout cela. Enfin Montanglos, à qui il importoit d'être bien avec M. de Longueville, à cause de la terre qui lui devoit venir, alla trouver son beau-frère, lui représenta toutes choses, et lui dit qu'il voudroit avoir de l'argent pour satisfaire Plénoches. « Je vous en ferai prêter. » Ce garçon, attrapé, fut contraint d'en emprunter d'un commis de son beau-frère, en donnant un billet payable au porteur. Vertamont depuis se fit conseiller au Parlement. Au bout de six ans, un soldat des gardes, por-

---

(1) Louise-Marie de Gonzague, qui fut depuis reine de Pologne.

teur de ce billet, vient demander quatre mille livres à Montanglos. On pensa plaider; mais enfin cela s'accommoda dans la famille.

On a un peu médit de madame de Vertamont avec Le Noir, président à la Cour des Aides : elle passe pour intéressée, et vouloit obliger Le Noir à continuer après qu'il fut marié; mais il n'y voulut plus entendre.

LA BAROIRE.

La Baroire s'appeloit Biret, et étoit fils d'un riche marchand de La Rochelle. Il épousa ici la fille de M. L'Hoste (1), beau-frère de l'intendant Arnauld (2). Après il acheta un office de conseiller au Parlement qui lui coûta onze mille écus. Il se présenta pour être reçu, c'étoit une grosse bête; mais son beau-père avoit du crédit; on le reçut à cause de lui. On disoit : C'est M. L'Hoste, et non son gendre, qu'on reçoit. Cumont fut examiné en même temps, et fit fort bien. « Il les « faut recevoir, dit-on, l'un portant l'autre; » d'autres

---

(1) Nicolas L'Hoste, secrétaire de Villeroy, qui, en 1604, disparut en emportant des dépêches. (Voyez les OEconomies royales de Sully, t. 5 de la deuxième série de la Collection des Mémoires relatifs à l'histoire de France, p. 156.)

(2) Isaac Arnauld, seigneur de Corbeville et de La Roche, fut fait intendant des finances en 1605. (Voyez les Mémoires d'Arnauld d'Andilly, dans la deuxième série de la Collection des Mémoires, tome 33, p. 320. Tallemant en a dit un mot plus haut, t. 2, p. 306.)

dirent que c'étoient des gens comme cela qu'il falloit recevoir, et que cela affoiblissoit d'autant le parti. On en a fait un plaisant conte. On lui demanda, dit-on, si dans la coutume de Paris les femmes répondoient pour leur mari. « Oui : — Allez donc quérir la vôtre, « qu'elle réponde pour vous. » Cependant il arriva une fois en sa vie à cet homme d'être compartiteur (1) en une affaire de grande importance; mais ce fut par le plus grand hasard du monde. Le conseiller qui le suivoit immédiatement, lui dit : « Dites cela quand ce sera à « vous à opiner. » Il le dit, et, les voix s'étant trouvées égales, voilà le procès parti. C'est pour le marquis de Duras, à qui on conseilla de s'accommoder, puisqu'il n'avoit que La Baroire pour compartiteur.

Cet homme se maria en secondes noces avec la veuve du lieutenant-criminel Lallemand; elle étoit catholique, et s'appeloit Grisson en son nom; c'est une assez bonne famille de Paris. Cette femme n'avoit pas la plus grande cervelle du monde; mais avant que d'épouser ce dada, c'étoit une femme qui pouvoit passer. Il ne la traita pas trop bien; il étoit fort avare : elle devint avare avec lui. Il s'avisa une fois de convier mon père et sa famille à dîner, à une maison des champs qu'il avoit auprès de Paris; il ne leur servit que des coqs d'Inde et des aloyaux. Quand il fallut s'asseoir, il leur disoit : « Mettez-vous là, votre ma- « gistrat vous le commande. » En dînant, il vit un laquais de mon père qui sourioit de voir cet homme go-

---

(1) C'est-à-dire que la voix de La Baroire amena un partage d'opinions, dans le sens opposé à celle du rapporteur. L'affaire étoit, ce cas échéant, présentée à une autre chambre, où le rapporteur soutenoit son avis, tandis que l'avis contraire y étoit défendu par le compartiteur.

guenarder, et pensant dire un bon mot, il dit : « Voilà « un brave garçon ; je m'en vais gager qu'il dit en son « âme : L'honnête homme que c'est que ce M. de La « Baroire ; qu'il s'entend bien à traiter ses amis ! C'est « un vrai César ! » Dans la *Fronderie*, La Baroire étoit toujours de l'avis de M. de Broussel (1), même avant qu'il eût parlé. La femme eut peur qu'il ne gâtât quelque chose, et elle trouva moyen de l'emmener en Lorraine, où il avoit du bien. De retour, il fit la plus grande sottise qu'il fit jamais ; car il lui en coûta la vie. Un sergent de son quartier se servoit d'un certain emplâtre pour la goutte, et de peur que cette drogue ne la fît remonter, il se purgeoit avec un certain sirop. Notre sénateur se moqua de cette précaution, et la goutte l'étrangla.

Sa veuve en liberté fit bien voir que son mari, tout bête qu'il étoit, lui étoit pourtant nécessaire ; car elle concubina avec le bailli du faubourg Saint-Germain, qui logeoit chez elle : il lui escroqua quelque argent. Après elle fit encore pis ; car, ayant vu chez sa voisine, la veuve d'un peintre flamand, nommé Van Mol (2), qui est une grande étourdie, un garçon appelé Perrin (3), qui a traduit en méchants vers françois l'*Énéide* de Virgile, elle s'éprit de ce bel esprit ; et, quoiqu'elle

---

(1) Pierre de Broussel, conseiller au Parlement, l'un des plus grands Frondeurs. L'arrestation de Broussel fut la cause des barricades de 1648.

(2) Pierre Van Mol, né à Anvers en 1580, mourut à Paris en 1650. C'est un élève de Rubens.

(3) Pierre Perrin, plus connu sous le nom de *l'abbé Perrin*, est un de ces mauvais poètes dont Boileau s'est tant moqué ; son nom vivra cependant, car il a été le père de l'opéra en France. Il mourut en 1680. On ignoroit, jusqu'à présent, qu'il se fût marié.

eût soixante et un ans, elle l'épousa en cachette. La veille du jour où elle découvrit son mariage, il y avoit des marionnettes chez elle, où un je ne sais qui épousoit une madame Perrine. Elle crut qu'on la jouoit, et ne voulut point après cela qu'on l'appelât madame Perrin. Elle se faisoit encore appeler madame de La Baroire. Pour ses raisons elle disoit que le fils du premier lit, et son propre fils à elle, qui est conseiller présentement, la méprisoient. Il est vrai qu'ils en parloient fort mal; mais elle avoit déjà fait cette extravagance. Ils disent qu'un conseiller de la grand'chambre l'avoit voulu épouser, mais qu'elle avoit répondu qu'elle étoit lasse de vieilles gens.

Elle fit venir, un matin, des tours de cheveux de toutes couleurs, hors de gris et de blancs, pour plaire davantage à M. Perrin, à qui ses deux frères fermèrent la porte quelques jours après, comme cette femme fut tombée malade. Il y alla avec le lieutenant-civil, mais il n'entra pourtant pas : il avoit affaire à un conseiller au Parlement. Cette femme, revenue de sa folie, déclara que la Van Mol l'avoit enivrée en mêlant du vin blanc avec du clairet, et il y en avoit quelque chose. Après elle mourut, et Perrin n'eut rien que ce qu'il avoit pu tirer de sa femme de son vivant. Perrin et la Van Mol s'entendoient.

MADAME D'HÉQUETOT

ET MADEMOISELLE DE BEUVRON.

Le Telier, sieur de Tourneville, un riche partisan de Rouen, dont la maison fut brûlée (1) dans cette sédition des Pieds-nus (2), laissa un fils et une fille : le fils se fit conseiller au Grand Conseil. La Ferté, beau-frère de Charleval, chez qui il demeuroit, car sa mère étoit sœur de La Ferté, lui proposa d'aller passer les fêtes de Pâques (3) à la campagne ; ce garçon s'avisa de se vouloir purger à cause du carême. Le remède que lui fit prendre Merlet, médecin de la Faculté, lui donna la fièvre, et il en mourut fort vite. Quand La Ferté le vit bien mal, il dépêcha un courrier au premier président de Rouen, frère de sa femme, afin qu'il demandât mademoiselle de Tourneville aux parents

---

(1) Sa maison fut pillée, mais on parvint à la préserver de l'incendie. (*Histoire de Louis* XIII, par Le Vassor, t. 5, p. p. 755, édition in-4°; Amsterdam, 1757.)

(2) Un édit rendoit les habitants des paroisses solidaires des paiements de la taille. Le peuple se révolta, et les rebelles prirent le nom de *Nu-pieds*, pour marquer l'excès de leur misère. Un placard affiché dans la Basse-Normandie appela le peuple aux armes, *pour la défense et la franchise de la patrie oppressée des partisans et gabeleurs*. Le Parlement de Rouen, soupçonné d'être favorable aux révoltés, fut interdit, et remplacé par une commission présidée par le chancelier Séguier. Une extrême dureté rétablit l'ordre. (*Histoire du règne de Louis* XIII, par le père Griffet; Paris, 1758, in-4°, tom. 3, p. 248 et suivantes.)

(3) De 1648. (T.)

pour Mareuil, cadet de Charleval. Les parents y consentirent. La Ferté avoit mis si bon ordre, qu'il y avoit assez de gens en campagne pour enlever la fille, en cas qu'ils n'y voulussent pas consentir.

On avoit fait mettre des relais, et en moins de rien elle est à Paris chez M. de La Ferté. En arrivant, elle trouve qu'on portoit son frère en terre, et on ne lui avoit point dit qu'il étoit fort mal; au même temps La Ferté avoit dépêché vers Montfort-l'Amaury, où Mareuil étoit allé avec quelques-uns de ses amis. On ne l'y trouva plus. Durant ces allées et venues, le cardinal Mazarin ayant appris de Paluau, aujourd'hui maréchal de Clérambault, qu'il y avoit une riche héritière, l'envoya demander à La Ferté pour le cavalier. Au même temps M. de Longueville la demande pour Héquetot (1), fils aîné de M. de Beuvron, qu'on appeloit autrefois M. de Ménibus. La Ferté répondit que le frère de sa femme y pensoit, et qu'il ne pouvoit pas porter l'intérêt d'un étranger contre lui. On eut bien de la peine cependant à trouver Mareuil, mais, pour ne point perdre de temps, on fait toujours jeter un ban, sans que le garçon ni la fille en sussent rien; enfin on attrape Mareuil, mais ce ne fut pas fait pour cela. Ce garçon avoit en ce temps-là bien des scrupules dans l'esprit, et Tourneville, lui et quelques autres méditoient une retraite. Il dit que la fille lui plaisoit assez, que le parti étoit très-avantageux, mais

(1) Ce nom est écrit *Eetot*, dans le père Anselme. On y voit (t. 5, p. 152) que ce titre étoit celui de Timoléon de Harcourt, second fils du marquis de Beuvron. La terre d'Ectot avoit été apportée dans cette maison par Renée d'Épinay Saint-Luc, fille du maréchal de Saint-Luc.

qu'il faisoit conscience de mêler du bien mal acquis avec le sien, et il s'y obstina si fort qu'on fût une après-dînée à l'y résoudre, jusque-là qu'il fallut faire venir des casuistes, qui le persuadèrent enfin, en lui remontrant qu'il valoit mieux que ce bien tombât entre ses mains qu'entre celles d'un autre, parce qu'il seroit toujours disposé à faire restitution, s'il en étoit besoin. Mareuil se prit fort mal à cajoler cette fille, ou, pour mieux dire, il ne la cajola pas du tout. Il faisoit le mélancolique, ne l'entretenoit point, et ne lui rendoit aucun devoir : elle, d'ailleurs, n'étoit pas trop satisfaite de ce qu'il n'avoit pas voulu l'épouser durant la vie de son frère. M. de Longueville ayant demandé qu'on la laissât en sa liberté, madame de La Ferté lui donna deux jours pour délibérer si elle vouloit un homme de robe ou un homme d'épée. Durant ces deux jours-là, madame de La Ferté, qui dit les choses assez plaisamment, dès que quelqu'un vouloit parler à cette fille, ou qu'elle vouloit parler à quelqu'un, lui disoit : « Ma nièce, vous feriez mieux « d'aller rêver à ce que vous avez à faire. » La demoiselle faisoit la révérence, et disoit : « Je m'en vais « donc rêver, ma tante, » et s'alloit mettre dans un coin. Les deux jours finis, elle conclut pour l'épée : aussitôt M. de Longueville y fut. M. de Beuvron est un peu son parent [1] : mademoiselle de Beuvron l'embrassa un million de fois, et la traita de sœur [2]. La Ferté avoit promis à M. de Longueville de préférer

---

[1] Ils sont de la maison de Harcourt, une bonne maison de Normandie. (T.)

[2] Anne de Harcourt, morte sans alliance.

Héquetot à tout autre homme d'épée. En effet, il l'épousa. Pour Mareuil, il est revenu de tous ses scrupules. Il a de l'esprit et fait des vers; mais, et sa conversation et ses vers ne valent pas grand'chose; il n'approche pas de Charleval (1).

Cette mademoiselle de Beuvron étoit alors une des plus belles personnes de la cour. Je me souviens que Bois-Robert avoit fait une fois des vers sur son départ, où il disoit aux autres beautés :

Iris s'en va, vous serez les plus belles.

Une dame disoit à cette occasion à madame de Brégis : « Si je le tenois, je lui arracherois les yeux. — « Ah ! madame, dit l'autre, qui se croyoit beaucoup « plus belle, il faudroit donc que je l'étranglasse ? » Cette mademoiselle de Beuvron étoit alors dans sa grande beauté. Héquetot disoit : « Elle ne veut point « laisser tâter; mais, quand elle dort, je cours vite et « je lui prends tout. » Elle fut comme accordée (2) avec un jeune homme de qualité de Dauphiné, nommé Pressin, neveu de Bouillon La Mark, qui épousa en secondes noces une tante de mademoiselle de Beuvron. Ce Pressin avoit quarante mille livres de rente; à la vérité, il avoit une sœur boiteuse, mal bâtie, à marier; mais il espéroit qu'elle épouseroit le bon Dieu. Pressin n'avoit encore guère vu le monde; il étoit brave, mais fanfaron

---

(1) Jean-Louis-François de Ris, seigneur de Charleval. On a de lui des poésies agréables éparses dans les Recueils du temps; elles ont été réunies par Saint-Marc, en 1759.
(2) En 1650. (T.)

à un point étrange. Cet humeur de capitan (1) lui a coûté bon; car un soir, soupant chez Cormier avec La Tour, Roquelaure et quelques autres, il dit tant qu'il n'y avoit que lui de brave, et que tous les autres n'étoient que des *pagnotes* (2), que la patience leur échappa presque à tous, et La Tour lui donna un soufflet. Il les appela Jean...... Tous lui donnèrent sur ses oreilles. Enfin il appela La Tour. Ils vont coucher tous deux au Roule, avec chacun un écuyer. Toute la nuit Pressin ne fit que faire des rodomontades : « La « Tour, disoit-il, tu ne tiendras jamais devant moi. — « Nous verrons, disoit La Tour; mais laissez-moi en « repos. » Le lendemain, quand ils furent sur le pré, La Tour lui dit, en mettant un fossé derrière lui : « Voilà pour vous montrer que je n'ai pas autrement « dessein de reculer. » Pressin mourut quelques jours après des coups qu'il reçut. Le comte de Clermont-Tonnerre épousa l'héritière; c'est un fort impertinent *monsieur*; mais il n'est pas poltron. La mère dit : « Ma « belle-fille a quarante ou cinquante mille livres de « rente. » La pauvre mademoiselle de Beuvron, quoique sage et vertueuse, est encore à marier.

(1) Il s'étoit battu contre La Feuillade, et l'avoit désarmé. (T.)
(2) Lâches, poltrons. (*Dict. de Trévoux.*)

M. ET MADAME DE BLÉRANCOURT.

M. de Blérancourt est Potier (1), d'une bonne famille de la robe : ils viennent d'un général des finances qui, à la bataille de Ravennes, demanda une pique à Gaston de Foix, et se battit en homme de cœur. Blérancourt est cadet de M. de Tresmes (2). Cet homme a voyagé et a même fait des livres de ses voyages; mais il y a tant de choses inutiles que ce seroient trois gros volumes *in-folio*, où il n'y auroit rien de plus notable que les meilleures hôtelleries d'Italie, d'Espagne et d'Allemagne, et qui n'apprendroient rien; c'est pourquoi on ne les a pas imprimés. Il avoit épousé mademoiselle de Vieux-Pont, qui étoit une femme qui s'étoit mise à étudier. Bergeron, chanoine de je ne sais où (3) (M. Despesses, dont il avoit été précepteur, lui avoit fait donner cette prébende), fut celui dont elle se servit pour s'instruire. Elle a fait, dit-on, un *Discours de l'amour conjugal*; mais on ne l'a point vu. Bergeron demeura avec elle tout le reste de sa vie. Ce bonhomme aimoit fort les voyages : il tint Pyrard (4) deux ans à Blérancourt; de temps en

---

(1) Bernard Potier, seigneur de Blérancourt, lieutenant-général de la cavalerie légère de France, marié à Charlotte de Vieux-Pont, dame d'Annebaut, morte en 1646.
(2) René Potier, duc de Tresmes.
(3) Pierre Bergeron, né à Paris.
(4) François Pyrard, voyageur françois. Il publia, en 1611, son *Dis-*

temps il le faisoit parler des mêmes choses, et marquoit ce qu'il lui disoit pour voir s'il ne vacilloit point; car Pyrard n'étoit qu'un brutal et qu'un ivrogne. C'est ainsi que le bonhomme Bergeron a fait le livre des *Voyages de Pyrard* (1) : il prit tout ce soin-là parce que c'est la seule relation que nous ayons des Maldives. Ce bon vieillard n'y mit point son nom, non plus qu'à la première partie de Vincent Le Blanc (2), qu'il écrivit aussi tout de même, car les autres parties ne valent rien; et quelqu'un, après la mort de M. de Peiresc, chez qui étoit ce manuscrit, y a ajouté le reste pour grossir le volume. Il y a encore un traité des navigations de la façon de M. Bergeron, au bout de la Conquête des Canaries par Bethencourt (3).

Ce fut cette madame de Blérançourt qui bâtit la maison de Blérancourt en Picardie (4). On dit qu'elle la fit quasi toute défaire pour réparer un défaut, de peur qu'on ne dît que madame de Blérancourt avoit

---

cours du *Voyage des François aux Indes orientales*, etc., un volume in-8°, dédié à la Reine régente.

(1) Cette édition, beaucoup plus ample, parut en 1615, en deux volumes in-8°.

(2) Vincent Le Blanc naquit à Marseille vers 1553. Il a voyagé pendant quarante-huit ans, et n'a rien publié de son vivant.

(3) Jean de Bethencourt, qui agissoit pour Robert de Braquemont, son beau-frère, découvrit, vers 1402, Lancerote, Fer et Fortaventure, qui font partie des Canaries. Il paroît que Bethencourt tint ces îles en fief de la couronne de Castille. C'est un point fort obscur qui n'a pas été éclairci par l'*Histoire de la conquête des Canaries*, publiée en 1630 par Galien de Bethencourt. (Voyez les *Recherches sur les Voyages et les Découvertes des navigateurs normands*, par M. Estancelin; Paris, 1832, p. 17 et 157.)

(4) Blérancourt est situé auprès de Noyon. (*Voyez* plus haut, tom. 4, p. 55.) Ce beau château a été gravé par Israël Silvestre.

fait une faute. Elle mourut sans enfants, et son mari ne s'est point remarié. Il n'y a guère d'homme au monde plus avare : il a, dit-on, quatre-vingt mille livres de rente ; cependant il est vêtu comme un gueux. Il ne va plus qu'à cheval sur une selle à piquer (1), monté sur un gros roussin ; à la campagne, pour tout manteau de pluie, il a un manteau doublé de panne, et de petites bottes de maroquin à pont-levis. Il mange sur un escabeau, et fait fort méchante chère. Il disoit une fois : « Ah ! cela c'étoit du temps que j'allois en « carrosse. » Croiriez-vous après cela que cet homme ne thésaurise pas ; non, il se laisse piller par ses gens ; il doit même quelque chose. Un homme à qui il doit quelque rente lui alla demander trois années d'arrérages. « Eh, lui dit-il, monsieur, ne me pressez pas. Si « vous saviez ma nécessité, vous auriez pitié de moi. » Une fois qu'il fut payer, au bureau de l'Hôtel-Dieu, je ne sais quelle rente dont il est chargé, il demanda en grâce qu'on lui donnât un homme pour le faire passer gratis sur le pont (2), où l'on paie un double, et il fallut lui en donner un. A la vérité, il entretient sa nièce de Tresmes et son équipage à Blérancourt à ses dépens.

Il y a sept ou huit ans que Frémont, neveu de d'Ablancourt, dîna chez le maréchal de L'Hôpital ; cet homme y dînoit aussi ; Frémont lui servit du saumon. Après dîner, il faisoit mille caresses à ce garçon, et disoit sans cesse : « Il m'a nourri, il m'a nourri. » Enfin

---

(1) La *selle à piquer* est une selle propre au manége, dont les battes de devant et de derrière sont plus élevées, afin de tenir le cavalier plus ferme. (*Dict. de Trévoux.*)

(2) Le Pont-au-Double, derrière l'Hôtel-Dieu de Paris.

Frémont lui demanda ce que cela vouloit dire. « C'est
« lui dit-il, que vous m'avez donné du saumon par où
« je l'aime. »

AUTRES AVARES.

Un vieux garçon, connu à la cour, nommé Voguet, avoit tant fait, qu'il avoit obtenu un logement au-dessus de Mademoiselle dans le château des Tuileries : il n'avoit ni valet ni servante, couchoit dans un lit à l'indienne, comme les matelots (1). Le tonneau où il mettoit son vin lui servoit de table. Un cabaretier, tous les deux mois, remplissoit son tonneau, et tous les dimanches lui apportoit un potage avec une volaille dessus. Ce jour-là il mangeoit la soupe, et de la volaille il vivoit tout le reste de la semaine.

Chevalier, premier président de la Cour des Aides, oncle de feu madame de Maisons, et dont le président de Maisons d'aujourd'hui a tant eu de bien, sachant qu'on alloit mettre les quarts d'écus à vingt sous, emprunta une grosse somme en quarts d'écus à seize sous, et la rendit quelques jours après à vingt sous. Montmort (2) le riche, père du maître des requêtes, en fit autant à une de ses bonnes amies, et lui renvoya le même sac après en avoir ôté ce qu'il y avoit de profit.

(1) Un hamac.
(2) Habert de Montmort.

Boulanger, président des enquêtes, si je ne me trompe, qu'on appeloit Boulanger *Paranture*, car il disoit toujours *paranture*, au lieu de *par aventure*, étoit un illustre avaricieux. Il disoit : « J'ai quatre-« vingt mille livres de rente ; je crèverai ou j'en aurai « cent. » Il en eut cent, et puis creva.

Le frère de Sarrau, le conseiller, qu'on appeloit de Boinet, du nom d'une terre, avoit voyagé en Egypte. On dit que, voyant la peste s'augmenter fort au grand Caire, où il étoit, il acheta une bière de bonne heure, de peur qu'elles ne fussent trop chères. Quand sa première femme mourut, il mit à part le pareil du drap dont elle fut ensevelie, afin qu'on le prît pour lui, pour ne pas dépareiller les autres ; au même temps, il se vouloit jeter par les fenêtres. Accordez cela. Sa première femme étoit propre et lui n'étoit curieux qu'en linge sale. Quand il pouvoit s'empêcher de prendre une chemise blanche, il disoit : « Bon, voilà un sou « épargné. » Il avoit un vieux chapeau qui battoit de l'aile et qui avoit les bords une fois trop grands ; pour les lui faire rogner, il fallut envoyer crier devant chez lui : *Rognures de chapeau à vendre*. Aussitôt il rogne le bord de son chapeau ; mais, quand il voulut appeler l'homme, il n'y étoit plus. Au reste, c'étoit un bel esprit ; il eut trois ans entiers un maître pour lui montrer le tric-trac, mais il ne put jamais venir à bout de l'apprendre.

Il y a ici un avocat, banquier en cour de Rome, nommé Cousturier ; c'est le plus grand arabe du monde, mais il est habile et en réputation ; de sorte que, quoiqu'il prenne plus que les autres, beaucoup de gens pourtant vont à lui. Il épousa sa servante,

étant déjà fort riche; il disoit : « Je lui ferai porter le
« damas si je veux. » Présentement il a quatre cent
mille écus de bien, et ne dépense pas cinq cents livres
tous les ans. Toute son ambition c'est de vivre assez
pour mourir riche de deux millions, et il n'a point
d'enfants (1).

MADAME DE BRETONVILLIERS

ET LAMBERT.

Un nommé Le Ragois, d'une honnête famille d'Orléans, se mit dans les affaires, fut secrétaire du Conseil, et fit une prodigieuse fortune; c'est lui qui a bâti cette belle maison à la pointe de l'Ile Notre-Dame, qui, après le sérail, est le bâtiment du monde le mieux situé (2). C'étoit un assez bon homme et assez charitable; mais je ne crois pas qu'on puisse gagner légitimement six cent mille livres de rente, comme on dit qu'il avoit. A la vérité, je crois qu'il y avoit du méchant

(1) On lit au manuscrit la variante suivante : « Cousturier, avocat,
« banquier en cour de Rome, est un corsaire, mais parce qu'il a de la
« réputation, beaucoup de gens vont à lui; il ne dépense pas trois
« doubles; il a un million de bien, et il n'a point d'enfants. Il dit qu'il
« veut avoir la gloire de laisser deux millions, et tous les ans il consti-
« tue vingt-cinq mille écus. »

(2) Ce bel hôtel, qui est devenu une brasserie, porte encore le nom
de *Bretonvilliers*. On sait que l'île Saint-Louis s'appeloit alors *île
Notre-Dame*, parce que très-anciennement elle avoit appartenu aux
évêques de Paris.

bien parmi cela ; d'ailleurs un secrétaire du Conseil, qui se mêle de partis, est punissable. Il avoit une belle femme et qui a été long-temps belle : elle l'a bien fait cocu aussi ; elle le battoit même quelquefois, et ne faisoit que criailler, elle qui n'avoit rien eu en mariage. Le jour de ses noces, quoiqu'elle fût rousse, le gouverneur d'Orléans envoya prier qu'on la laissât venir à un bal qu'il donnoit à un prince étranger. Elle avoit le plus beau teint qu'on ait jamais vu. La Trousse, qui mourut en Catalogne, lui a bien coûté : elle étoit avare en diable. Un jour qu'on jouoit chez elle, quelqu'un donna une pistole d'Espagne pour avoir des jetons. Elle la prit, et en mit une d'Italie en la place ; il se trouva qu ela pistole d'Espagne étoit fausse. Après la mort de son mari, elle étoit magnifique en habits plus que jamais ; elle alloit épouser Bournonville, qui a épousé mademoiselle de La Vieuville; mais elle mourut subitement.

Madame de Bretonvilliers, sa belle-fille, est fille de la présidente Perrot ; c'étoit une fort belle personne. Les enfants l'ont gâtée. Lambert le riche [1], maître des comptes, devint amoureux d'elle ; il la demanda au père et s'obstina, lui qui a cent mille livres de rente, à vouloir avoir vingt-cinq mille écus au lieu de cinquante mille livres. Depuis il continua de la voir ; et le président, assez mal à propos, alla loger dans une de ses maisons dans l'Ile [2]. Le Ragois, fils de ma-

---

[1] Claude-Jean-Baptiste Lambert de Thorigny, président à la chambre des comptes.

[2] On appelle encore cette maison l'hôtel Lambert. La galerie et les appartements ont été peints par Le Sueur et par Le Brun, qui y ont rivalisé de talent. Beaucoup de chefs-d'œuvre qui l'embellissoient en

dame de Bretonvilliers, autre maître des comptes, s'en étoit épris à la campagne, il y avoit environ six mois, et, l'ayant fait trouver bon à sa mère, il la demanda quoiqu'il ne soit pas moins avare que l'autre. On avertit Lambert que l'affaire s'avançoit. « Voire, dit-il, « cela m'est *hoc* quand je voudrai. » Cependant la parole se donne. Voilà Lambert enragé : il envoya offrir de donner cent mille écus par contrat de mariage, et de mettre pour cela des pierreries entre les mains du père pour assurance. Celui qui fut faire cette offre étoit un maître des comptes nommé Le Boulez ; il s'adressa aussi à la fille, et lui dit : « Et vous, mademoi« selle, après avoir tant de fois promis à M. Lambert « que vous n'en auriez jamais d'autre.... » Elle l'interrompit et dit que cela étoit faux. Le président s'échauffa, et, si l'autre n'eût filé doux, il y eût eu du bruit. On se moqua terriblement du pauvre Lambert, et toutes les dames de l'Ile lui envoyèrent des bouquets de sauge. Il voulut parler de lettres, et faire le *Roquelaure*, cela redoubla la moquerie. Depuis il épousa mademoiselle de Verderonne (1), belle et sotte, mais bonne femme. Présentement Bretonvilliers, sans ce qu'il peut espérer encore, car le dévot n'aliène point son fonds, a cinquante mille écus de rente ; c'est une pauvre espèce d'homme. Il fait des meubles magnifiques, et au même temps il brûle de l'huile par épargne dans la chambre de ses enfants.

ont été enlevés, et font aujourd'hui partie de la collection de France. (*Voyez* la description de cet hôtel dans les *Antiquités de Paris* de Sauval, t. 2, p. 222.)

(1) On a dit que Boulanger, fils de Boulanger *Paranture*, y vouloit aussi penser. (T.)

D'HOZIER (1).

D'Hozier est un pauvre gentilhomme de Provence qui est l'homme du monde le plus né aux généalogies. Il avoit une charge de nouvelle création : il étoit généalogiste du Roi, juge et surintendant des blasons et armes de France. Pour l'éprouver, un jour Le Pailleur (2), comme il dînoit chez la maréchale de Thémines : « Or ça, me diriez-vous bien la race d'un « M. de La Forest? — Est-ce, dit-il, La Forest de « Montgommery, La Forest ceci, La Forest cela ? Il y « en a tant en Normandie, tant en Picardie. » Il lui en dit trente. « Non, c'est vers Dreux. — Ah ! c'est « donc La Forest-Fay ? — Oui, mais c'est un hobe- « reau de cinq cents livres de rente. — Cela est vrai, « mais il est de bonne maison ; il vient d'un chevalier, « il a tant de sœurs, etc. » Des familles de Paris il en sait tout autant. Une sœur de la maréchale survint. « Il faut, lui dit-il, que vous vous nommiez *Jeanne*, « et votre fils *Henri* (3). » Et il lui dit qui elle avoit épousé, et combien son mari avoit de frères et de sœurs.

Le feu Roi (4), qui étoit malin, quand il voyoit le carrosse de quelque nouveau venu, il appeloit d'Ho-

---

(1) Pierre d'Hozier, né à Marseille en 1592, mort à Paris en 1660.
(2) *Voyez* l'Historiette de Le Pailleur, au t. 3, p. 237.
(3) Ce ne sont pas les noms. Je les ai oubliés. (T.)
(4) Louis XIII.

zier. « Connois-tu ces armes-là? — Non, Sire. — Mau-
« vais signe pour cette noblesse, » disoit le Roi. Saint-
Germain Beaupré avoit des fleurs de lys d'argent sans
nombre. Il a voulu que cela ait été des fleurs d'or.
D'Hozier disoit : « Ce sont donc des fleurs de lys d'ar-
« gent *doré?* » Il pria Boisrobert de changer un endroit d'une épître où il y a, en parlant de ceux de
Normandie :

> Et les plus apparents
> Payoient d'Hozier pour être mes parents.

Il vouloit qu'on mît *prioient;* mais *payoient* est
tout autrement joli, et est dans la vérité, car d'Hozier
se fait bien payer (1).

MADEMOISELLE TANIER

ET SA FILLE.

Mademoiselle Tanier étoit fille d'un juge de Saint-
Lazare ; elle étoit belle, mais de complexion si amoureuse, qu'elle fut débauchée par un laquais de son
père à l'âge de dix ans ; le père fut si sot que de poursuivre le laquais, qui fut pendu devant sa porte. Elle
fut mariée à un petit homme, nommé Tanier, qui
étoit avocat. Cette femme fit galanterie avec feu

---

(1) Pierre d'Hozier et ses successeurs sont cependant regardés comme
des généalogistes consciencieux et sévères. Chério a marché sur leurs
traces ; mais depuis La Chesnaye des Bois, que de gens complaisants
se sont livrés à l'art héraldique !

M. l'archevêque de Paris et plusieurs autres : elle avoit une fille qui étoit fort jolie. Un jeune-homme, fils d'un maître des requêtes, nommé de Chaulne, mais l'un des cadets, s'avisa que cette fille ne seroit pas mal son fait, car la mère avoit amassé du bien ; il se rend familier dans la maison. La mère avoit conservé son humeur riante ; il lui faisoit des présents de friandises, les menoit à la promenade, et donnoit toujours la collation. Il fit si bien, qu'il gagna la fille, l'enleva et la mena en Hollande. Là, elle eut un garçon ; elle devint grosse encore une fois, mais elle accoucha d'un monstre qui étoit demi-homme et demi-chien. On a cru que cela venoit de ce qu'elle avoit toujours un petit chien dans son giron. Chaulne, quelque temps après, mourut de maladie. Elle revient et va à Abbeville trouver le frère aîné de son mari, qui étoit intendant de la justice en Picardie. Il la reçut fort bien, la logea chez un homme de ses amis, et lui conseilla de ne se laisser voir à personne jusqu'à ce qu'on eût fait sa paix ; même il donna ordre à son hôte d'empêcher qu'on ne la vît. Elle n'y fut pas pourtant long-temps, qu'un gentilhomme, nommé La Bretonnière, chambellan de M. d'Orléans, et neveu de Bellebrune, gouverneur de Hesdin, sut qu'une belle et riche veuve étoit logée chez un tel à Abbeville. Cet homme étoit de sa connoissance ; il y va et il le gagne. Elle témoigna qu'elle craignoit fort que l'intendant ne le sût. Bretonnière lui offre la faveur de son oncle le gouverneur de Hesdin, lui fait accroire que cet oncle est tout puissant, et qu'il la remettra bien avec sa mère ; après il la persuada de se retirer à Hesdin ; qu'on lui enverroit un carrosse à six chevaux, et des femmes pour la servir.

Elle se laisse conduire à Hesdin, où, peu de temps après, elle se résout à épouser le cavalier, pourvu qu'il ait le consentement de M. et de mademoiselle Tanier. Il vient à Paris et s'adresse à une de ses amies, nommée madame de Monthlin, qui étoit de la connoissance de la Tanier. Cette dame fait la proposition. La Tanier monte sur ses grands chevaux, dit qu'il y avoit plus de quatre maîtres des requêtes après elle pour avoir sa fille, etc. La Bretonnière va lui-même pour lui parler. Elle le rejeta, et, après lui avoir dit cent rebuffades, tout d'un coup en adoucissant sa voix, elle lui demande si sa fille étoit toujours belle. « La plus « belle du monde, madame, répondit-il.— Ah! mon- « sieur, reprit-elle, si ma fille n'étoit pas si belle, elle « ne seroit pas si malheureuse : sa beauté est cause de « tous ses maux. » Le gentilhomme s'en retourna, et il fit si bien qu'il épousa la demoiselle, quoiqu'il n'eût point apporté de consentement. Il vint après avec sa femme à Paris, où il employa tout le monde pour gagner la mère, car le père étoit toujours de l'avis de sa femme. Mademoiselle l'en pria par plusieurs fois ; cela ne servit de rien. On dit qu'une fois en leur parlant elle s'adressoit, comme de raison, au mari ; lui qui étoit le meilleur petit homme du monde, ne s'échauffoit pas autrement; mais sa femme lui disoit par-derrière : « Mettez-vous donc en colère, de par le dia- « ble ! » Enfin on plaida pour rompre le premier mariage. Chaulne, le père, par intérêt, vouloit que la sentence rendue par contumace contre feu son fils subsistât. La chose réussit comme il le souhaitoit, le mariage fut cassé ; mais l'amende ne fut point appliquée au père ni à la mère de la fille, parce que, comme

j'ai dit, cette mère avoit reçu des présents de ce jeune homme, mais on l'appliqua à l'enfant pour ses aliments. Ne voilà-t-il pas d'honnêtes gens de faire déclarer leur fille g....? L'affaire avec le temps s'accommoda avec La Bretonnière.

DULOT.

Dulot étoit un prêtre de Normandie qui, étant précepteur de l'abbé de Tillières (1), au lieu de dire : *Dominus vobiscum*, dit : *L'abbé de Tillières, vous êtes un sot*. On s'aperçut par là qu'il devenoit fou. Ce fut en partie l'amour qui lui fit tourner la cervelle : il aimoit certaine femme appelée Madelaine Quipel ; et, quand une fois il se fut mis à extravaguer, lorsque la lune étoit au plein, il disoit que madame Quipel étoit dedans. Cette femme avoit un fils ; il se mit dans la tête que c'étoit un prophète, et qu'il étoit son précurseur ; d'autres fois il l'appeloit le Roi romain, et se disoit précurseur du Roi romain. Dans cette fantaisie, il va à Rome. Il partit d'ici à pied avec cinq sous, et il en revint avec dix. Il disoit qu'il étoit cardinal noir, et ne voulut pas aller à Rome à quelques années de là avec l'abbé de Retz, à qui il étoit, parce que, disoit-il, je ferois tort à mon maître, car, comme cardinal noir, il faudroit que je passasse devant lui (2). Il avoit su

---

(1) Tillières, beau-frère du maréchal de Bassompierre. (T.)
(2) Sarrasin, dans le *Dulot vaincu, ou la Défaite des bouts-rimés*,

quelque chose et avoit l'esprit vif; il faisoit des bouts-rimés, dont il est l'inventeur, avec une facilité admirable. Sa méthode étoit de se mettre un sujet dans l'esprit et d'y faire venir ses rimes du mieux qu'il pouvoit, et certainement c'est le plus court chemin. Il faisoit aussi d'autres vers assez plaisants, témoin le cantique de l'Epiphanie (1) qu'il chantoit sur je ne sais quel air; il y avoit plus de trois cents vers. En je ne sais quelle pièce au pape, il lui disoit :

>Jusqu'où s'étend votre empire Bougrin.

Il étoit un peu b.... lui-même. De tous les gens de

suppose, poétiquement, qu'il étoit fils de Le Herty, fou célèbre des Petites-Maisons, chanté par Colletet dans une de ses épigrammes. Voici le passage de Sarrasin :

> Quand l'illustre Herty fut privé de la vie,
> Dulot, son fils, pressé d'une plus noble envie
> Que de veiller oisif proche de ses tisons,
> Et borner son empire aux Petites-Maisons,
> Tenta de renverser, par ses vers frénétiques,
> Le trône glorieux des poèmes antiques, etc.

Voici l'épigramme de Colletet, que nous citons comme l'une des meilleures de son Recueil :

Pour L'Herty, fou sérieux des Petites-Maisons.

> J'ai connu de grands personnages,
> Je me suis trouvé chez les sages,
> Où la philosophie abondoit en raisons;
> Mais, ou je sens l'effet de ma raison blessée,
> Ou la grande sagesse a quitté le Lycée,
> Pour ne plus habiter qu'aux Petites-Maisons.

(*Épigrammes de Colletet*; Paris, 1653, p. 213.)

(1) Ce cantique est perdu. Il ne paroît pas avoir été imprimé.

l'abbé de Retz, il n'y avoit qu'un laquais assez beau garçon, de qui il souffroit toute chose ; il se défendoit de tout le reste. Une fois il entra dans le cabinet en colère. « Comment, monsieur, dit-il, vos coquins de « laquais sont assez insolents pour me battre en ma « présence ! » Il avoit d'assez longs intervalles, et il alloit chanter messe à des villages où on ne le connoissoit pas ; il employoit tout son argent en vin et en gourgandines, car assez de gens lui donnoient. Il demandoit au Cours, et mettoit un certain domino noir à languettes et une soutanelle de même (1), que l'abbé de Retz lui avoit fait faire ; mais il ne portoit jamais cet habit-là par la ville ; il se le mettoit au Cours et dans les maisons, avec cela toujours des bottes troussées, mais point d'éperons. Il souffroit des croquignoles pour un sou pièce ; mais quelquefois il étoit furieux. Un jour il battit à coups de bâton le marquis de Fosseuse, et puis disoit : « Je me vanterai à cette « heure d'avoir donné des coups de bâton à l'aîné de « la maison de Montmorency (2). »

Ce qu'il y avoit de plus plaisant à lui, c'est qu'il changeoit souvent de folie : il fut long-temps à croire qu'il seroit pendu ; cette folie venoit d'une autre. Il étoit persuadé que tout ce qui étoit en vers devoit arriver. On enterra une pierre sur laquelle on avoit gravé en vers qu'il seroit pendu. On la tira de terre

---

(1) Sarrasin fait allusion au costume de Dulot, dans ces vers du second chant :

Soutane avance après : elle est noire, mais belle ;
C'est du fameux Dulot la compagne fidelle, etc.

(2) Fosseuse prétend l'être. (T.)

devant lui ; il lut cela : il ne doutoit plus qu'il ne dût mourir à une potence. Dans cette imagination, tous les bouts-rimés qu'il faisoit, il y trouvoit toujours qu'il seroit pendu. Il avoit une grande affliction quand on lui disoit que le Père Bernard l'assisteroit à la potence ; il le haïssoit naturellement : une fois il dit : « J'aime mieux n'être point pendu. » Le feu archevêque s'en divertissoit aussi quelquefois. Un jour ce fou l'embarrassa bien, car, comme on lui eut dit ou fait quelque chose qui ne lui plaisoit pas, c'étoit à l'heure de dîner, il dit tout haut : « Si vous ne me traitez « mieux, je vous empêcherai de manger, car je chan- « gerai tout ce pain-là en autant de corps de notre « Seigneur. » Il le fallut apaiser tout doucement. Il quitta le coadjuteur pour M. de Metz, et, quelque temps après, il mourut d'un petit coup d'épée à la tête que lui donna un soldat en lui voulant ôter quelque sou (1).

(1) Le pauvre Dulot seroit oublié depuis long-temps, si Sarrasin n'avoit pas composé le *Dulot vaincu*. (Voyez la note du t. 4, p. 181.)

MADAME DE QUERVER (1).

C'est la femme d'un Breton, homme d'affaires qui étoit receveur-général de Paris. Il n'y en a guère une plus laide, une plus sotte ni plus folle. J'ai vu qu'elle prétendoit en galanterie, et on lui faisoit accroire tout ce qu'on vouloit. Au bal, quand elle dansoit, les jeunes gens crioient tout haut : « Regardez le plancher, « regardez le plancher. » Elle n'entendoit point cela. Il y avoit chez elle la plus grande liberté du monde; on y mangeoit, on y buvoit, on y jouoit; il y en a même qui lui ont volé tantôt sa bourse, tantôt sa pelote d'argent, tantôt une boîte à poudre, et jamais il n'y eut demoiselle du Marais à qui on ait si souvent plié la toilette.

Bachaumont (2) étoit son voisin; c'étoit un de ceux qui s'en divertissoient le plus. Un jour, comme lui et quelques autres entroient chez elle, le fils du greffier Guyet, qui étoit un idiot (3), avec qui la Querver concubinoit, se sauva vite dans le dessus d'une remise de carrosse, où les poules s'alloient jucher. Elle l'y avoit

---

(1) Ce nom breton devroit s'écrire *Kerver*.

(2) François Le Coigneux de Bachaumont, conseiller-clerc au Parlement de Paris. Homme d'esprit, il a baptisé *la Fronde*, en comparant le Parlement aux écoliers qui, s'amusant à *fronder* dans les fossés de Paris, se séparent dès qu'ils aperçoivent le lieutenant-civil, et se réunissent de nouveau quand il est hors de vue. Bachaumont a eu part au joli *Voyage* publié sous le nom de Chapelle et le sien.

(3) Il devint fou après et fut amoureux de la Reine. (T.)

fait mettre. Ces pestes savoient qu'il y étoit, et en causant avec cette femme qui les étoit venue revoir : « Qu'est-ce que nous voyons là ? dit Bachaumont. — « Ce sont des poules, dit-elle. — Des poules, reprit « Bachaumont, il faut voir. » Et, en disant cela, il prend une pierre assez grosse, et en donne sur le dos du *ruffien*, qui fut contraint de descendre plus vite qu'il n'étoit monté.

L'été suivant (1648), Bachaumont et d'autres la jouèrent bien. Un lieutenant aux gardes nommé Roque, qui est un garçon bien fait, se mit dans la tête d'avoir une bonne fortune, et en vouloit avoir une à quelque prix que ce fût ; il cajola plusieurs femmes inutilement ; enfin, désespéré, il s'attaqua à une mademoiselle Alain, dont nous avons déjà parlé ailleurs. Le chevalier Guillon en avoit déjà eu tout ce qu'il avoit voulu ; cependant notre lieutenant y trouvoit de la résistance, et il conclut qu'il falloit un cadeau [1] pour l'emporter. Il eut pourtant honte qu'on sût que c'étoit pour la femme d'un huissier, et il fit trouver bon à la demoiselle qu'il fît semblant de donner ce cadeau à madame de Querver, sa voisine. Mais, parce qu'il ne vouloit pas qu'il lui en coûtât beaucoup, il engagea le Préfet, fils de Don Thadée [2], qui étoit mort

---

[1] On appeloit *cadeau* un repas qu'on donnoit hors de chez soi, et particulièrement à des dames. (*Dict. de Trévoux.*) Ce mot vieillissoit déjà, et cependant le Dictionnaire de l'Académie, édition de 1779, le donne encore dans le même sens.

[2] Quand D. Thadée mourut ici, on le montra sur son lit de parade. Le peuple disoit : « Allons voir le prince *Perfat*. — Voire, disoient « les plus habiles, c'est le prince Profez. » (T.) — Thadée Barberin, prince de Palestine, préfet de Rome, mourut à Paris le 24 novembre 1647.

depuis un an à Paris, où il étoit venu avec les cardinaux Barberins ses frères, à donner collation aux dames du quartier Saint-André, et qu'elles se trouveroient chez une madame de Querver, et que lui donneroit les violons aux Tuileries. Ce jeune étranger fut ravi d'être introduit chez des dames. La Querver convie donc les dames, et entre autres une madame de Bragelonne, femme de cet homme de bien de Bragelonne, qui a tant volé dans l'intendance de la généralité d'Orléans, et qui pourtant ménagea si mal son fait, qu'il fut contraint d'aller en Amérique, où il pensa être mangé par les sauvages. Dans la Régence, nous en parlerons. Cette madame de Bragelonne, faisant la prude, dit qu'elle n'y iroit point si cette mademoiselle Alain y alloit, que c'étoit une personne trop décriée. Quand mademoiselle Alain entra, cette étourdie de madame Querver lui alla dire tout crûment ce que madame de Bragelonne avoit dit. La Alain se retira en riant, car elle savoit bien pour qui la fête se faisoit, et que si elle vouloit, il n'y auroit point de violons. Madame de Bragelonne, voyant que l'autre s'étoit retirée, se résout à partir. Roque arrive qui, ne trouvant point sa demoiselle, fait beau bruit, et va la chercher. Elle revint; mais, de peur de rompre la partie, elle se tint dehors et n'entra pas dans la chambre. Cette madame de Bragelonne, qui faisoit tant la sucrée, n'avoit pas meilleure réputation qu'une autre, et elle étoit séparée d'avec son mari. Il ne la put souffrir que huit jours, parce que, disoit-il, dès la seconde fois qu'il l'avoit vue, il en avoit eu toutes choses.

Or, pendant qu'on attendoit le Préfet, Bachaumont

mit en délibération quelle qualité on lui donneroit, si on le traiteroit d'Altesse ou d'Excellence, et il conclut, puisqu'il étoit petit-neveu de pape, que madame de Querver l'appelleroit Votre Demi-Sainteté. Elle n'y manqua pas ; mais il ne l'entendit point : elle auroit continué si quelqu'un ne lui eût dit qu'on se moquoit d'elle. On monte en carrosse ; les dames se pressèrent pour être dans celui de sa Demi-Sainteté; Roque et sa galante se mirent tout seuls dans un autre. Les coquettes croyoient qu'il y avoit à Saint-Cloud, où ils allèrent, une collation magnifique ; mais elles furent bien attrapées, quand elles virent qu'il n'y avoit rien de préparé. Roque parle au Préfet, et en tire vingt pistoles. Il leur fit une misérable collation qui ne coûta que six pistoles, et, des quatorze autres, il paya les violons qu'il leur donna au retour, aux Tuileries. On savoit qu'il y devoit avoir des violons ; il s'y trouva une quantité horrible de gens. M. de Candale et quelques autres, qui alors faisoient assez d'insolences, leur semblant que c'étoit une chose ridicule qu'on donnât les violons à la Querver, dirent que par débauche il la falloit faire passer par les piques; mais on dit qu'au lieu d'elle, ils prirent une autre femme qui ne s'en est pas vantée.

Le mari Querver (1) avoit aussi quelque chose de

(1) Colletet fils a adressé à Kerver des couplets bachiques qui commencent ainsi :

Çà, cher ami Kerver,
Reprenons la bouteille, etc.

(Voyez les *Poésies gaillardes, galantes et amoureuses de ce temps*, in-12, sans date, p. 211.)

démonté ; il étoit curieux en livres, jusqu'à en faire venir d'Espagne et d'Angleterre, lui qui ne savoit pas lire, ou du moins qui ne lisoit jamais. Le maréchal de La Meilleraye, dans sa surintendance, l'incommoda fort, car il ne lui voulut pas faire la remise qu'il fit aux autres receveurs-généraux, à cause peut-être qu'il pouvoit plus aisément recevoir que ceux des provinces. La Querver lui fut parler ; il lui dit qu'elle présentât requête au Parlement. On commit un homme pour faire la charge de Querver. Or, Astrie, qui fait l'homme de qualité, et qui se dit fils d'un seigneur portugais qui suivit la fortune de Dom Antoine, prétendu roi de Portugal, que nous avons vu ici, étoit créancier de Querver de plus d'un million. Cet homme, de peur de violences, avoit eu jusque là une espèce de garnison chez lui. On fit ce couplet :

> Astrie, pourquoi dans ta maison,
>   Pour garder trois pucelles
>   Qui ne sont point belles,
>   Tiens-tu garnison ?
>   Lâche un peu tes filles ;
>   Ton ami Querver,
>   Des soldats et des drilles
>   Les met à couvert
>   Dessous son bonnet vert.

Depuis tous ces gens-là ont remonté sur leur bête.

M. ET MADAME D'ESTRADES.

M. d'Estrades, que nous voyons aujourd'hui en passe de maréchal de France (1), est fils d'un gentilhomme d'Agenois (2) *dubiæ nobilitatis*, et assez mal à son aise, qui a été gouverneur de M. le comte de Moret, de MM. de Vendôme, et enfin de MM. de Nemours. M. d'Estrades lui-même a été écuyer de l'un de MM. de Vendôme. C'est un grand homme, froid, mais bien fait de sa personne. Il n'y a guère d'homme qui ait une valeur plus froide; il a fait plusieurs beaux combats. On dit qu'un jour il se battit contre un certain brave, qui se mit sur le bord d'un petit fossé, et dit à Estrades : « Je ne passerai pas ce fossé.—Et moi, « répondit Estrades, en faisant une raie derrière soi « avec son épée, je ne passerai pas cette raie. » Ils se battent. Estrades le tue.

Tout froid qu'il étoit, il ne laissa pas de devenir amoureux de la cadette de madame d'Harambure (3). Cette fille étoit plus aimable que belle : elle jouoit du luth, chantoit agréablement, et avoit l'esprit si accort,

---

(1) Godefroi, comte d'Estrades, qui s'est rendu célèbre par ses négociations, fut fait maréchal de France en 1675.

(2) François d'Estrades fut nommé, en 1620, gouverneur du comte de Moret; il le fut ensuite du prince de Vendôme et de MM. de Nemours et d'Aumale.

(3) Cousine-germaine de Tallemant. (*Voyez* plus haut son article, page 39.

que tout le monde l'aimoit ; on l'appeloit Angélique. J'ai ouï dire à madame de Montausier que, l'ayant rencontrée aux noces de la présidente de La Barre (1), elle se divertit admirablement bien avec elle, et qu'elle n'a jamais vu une personne qui gagnât plus le cœur aux gens. Durant cette passion, Estrades fut obligé d'aller en Hollande, où il avoit une compagnie dans le régiment d'un parent de la mère ; il rencontra un gentilhomme avec deux valets à cheval qui avoient des arquebuses. Ce gentilhomme l'accoste et lui dit : « J'ai eu avis qu'il y a des voleurs sur le chemin ; mais « je suis obligé de me rendre à Rouen un certain jour « pour une affaire, car il y a un dédit de mille écus. « Je me suis accompagné de deux valets ; si vous vou- « lez, nous irons ensemble une lieue durant ? S'ils y « sont, ce doit être assez près d'ici. » Estrades cou- roit la poste avec un valet de chambre ; il va avec le gentilhomme. A une demi-lieue de là, ils trouvent les voleurs au nombre de huit ; ils demandent la bourse à Estrades : il leur répond qu'il ne la donne point comme cela. Eux, le voyant si résolu, lèvent leurs casaques et montrent qu'ils étoient armés. « Bien, leur dit-il, vous êtes de bonnes gens de m'en « avoir averti ; je ferai tirer à la tête. » En parlant il lui vint dans l'esprit que ces galants hommes pour- roient bien avoir volé le messager qui portoit ses har- des, et puis le portrait d'Angélique qu'il avoit mis dans une malle ; il le leur demande. Ils lui disent

---

(1) Madame d'Aiguillon y étoit allée comme parente ; elle y avoit mené mademoiselle de Rambouillet, et Angélique étoit parente du ma- rié. (T.)

qu'ils ont ce portrait. Il leur donna quelque chose pour le ravoir, et eux se retirèrent sans l'attaquer. Si cette fille ne fût point morte si tôt, je ne sais ce qui en fût arrivé. Comme parent d'Harambure, il étoit fort familier chez le père, et la fille et lui s'appeloient mari et femme. On dit qu'il n'a pas ri depuis la mort de cette pauvre Angélique; il s'en souvient encore avec plaisir, et on dit qu'il n'a épousé sa femme qu'à cause qu'elle en avoit quelque air [1].

Sa femme est fille de cette madame Du Pin, dont M. Des Yveteaux étoit amoureux [2]. Du vivant de son premier mari, Pontac de Montplaisir, de Bordeaux, autre mélancolique, devint amoureux de cette femme, et quatre ans durant n'en bougeoit soir et matin; il passoit pour ami du mari; après il l'épousa et lui fit changer de religion, et à sa fille, aujourd'hui madame d'Estrades. Le père avoit inclination pour cette femme et pour sa famille; il obligea son fils à épouser mademoiselle Du Pin, qui n'étoit nullement jolie. Elle se raccommoda depuis. Les enfants la décharbonnèrent un peu : elle dansoit fort bien. Quand elle veut se bien mettre, elle n'est point désagréable, mais elle est horriblement paresseuse et malpropre; elle s'habille quasi entièrement sur son lit. Elle a de l'esprit; mais c'est un esprit particulier. Elle changea étrangement à son premier voyage de Gascogne, car elle devint rêveuse, au lieu qu'avant cela elle dansoit et rioit comme une autre. A tout prendre, c'est une personne raison-

---

[1] Le comte d'Estrades épousa, en 1637, Marie de Lallier Du Pin.

[2] *Voyez* l'Historiette de Des Yveteaux, t. 1, p. 214.

nable. Il l'aime fort, et on lui fait la guerre de ce qu'il revient de ville exprès pour la voir.

Il fut employé par le feu cardinal en quelques négociations avec le feu prince d'Orange le père, qui avoit grande confiance en lui : ce fut le commencement de sa fortune ; car, ce parent qu'il avoit étant mort, le prince d'Orange lui envoya les provisions du régiment toutes musquées. Le cardinal Mazarin prit deux capitaines des gardes ; Estrades en fut un, et Noailles l'autre ; ensuite il fut gouverneur de Dunkerque par commission, et heureusement pour lui le maréchal de Rantzaw mourut (1), comme on lui avoit promis de le rétablir dans Dunkerque. En sa considération, on donna à son frère l'évêché de Condom, qui vaut quarante mille livres de rente, et à demeurer sur les lieux, plus de cent. Estrades est sans doute homme d'honneur et homme de service ; pour moi je trouve qu'il est un peu trop taciturne ; il fait trop le réservé. Il y a aussi de la vanité en son fait ; car il y a trois ou quatre ans qu'il dit à un homme d'honneur, de qui je le tiens, en parlant des voyages qu'il faisoit en Gascogne : « Il faut bien que j'aille voir une bonne femme « de mère, et que j'aie quelque complaisance pour elle, « car voilà qu'elle me vient de donner encore deux « cent mille livres. » Ce monsieur le taciturne eût bien fait de se taire cette fois-là. Sa mère est de Montesquiou (2), bien damoiselle, mais pauvre, et il se moque des gens de faire ces contes-là.

(1) Josias, comte de Rantzaw, maréchal de France, gouverneur de Dunkerque, etc., mourut à Paris, le 4 septembre 1650.

(2) Tallemant a écrit bien distinctement *Montesquiou*. Il tombe dans une erreur qui doit être rectifiée. La mère du maréchal d'Estrades

Estrades étoit ami de Flamarens qui fut tué au combat de la porte Saint-Antoine (¹). Flamarens avoit épousé une fille du grand prévôt de La Trousse : il lui prit une certaine tendresse pour la femme de son ami, qui s'augmenta à tel point, qu'il ne pouvoit demeurer en Gascogne quand elle étoit à Paris, ni à Paris quand elle étoit en Gascogne ; il étoit soir et matin avec elle : si elle prenoit une médecine, c'étoit Flamarens qui la lui donnoit ; s'il venoit quelqu'un qui ne lui plût pas voir madame, il se mettoit dans un coin à rêver : il grondoit les gens de madame d'Estrades, et en étoit haï comme la peste. Quand madame de Pontac mourut, madame d'Estrades se retira chez Flamarens ; il est vrai que par hasard sa femme étoit venue à Paris. Madame d'Estrades est une bonne innocente ; elle regrettoit sa mère comme on fait dans les romans, et crioit à tue-tête. On l'avertit que le monde murmuroit de l'attachement de Flamarens ; elle répondit que sa conscience ne lui reprochoit rien, et qu'elle ne se tourmentoit point du reste. Flamarens la conduisit à Dunkerque, d'où elle revint bientôt, à

étoit Suzanne de Secondat, de la famille qui a produit Montesquieu. Le père de Suzanne étoit Jean de Secondat, seigneur de Rocques, conseiller du Roi, trésorier de France, et général de ses finances en Guyenne, trisaïeul de l'auteur de *l'Esprit des Lois*. (*Voyez* le P. Anselme, t. 7, p. 600.) La terre de Montesquieu fut acquise par Jean de Secondat, maître-d'hôtel de Jeanne d'Albret, reine de Navarre, moyennant onze mille livres dont cette princesse lui avoit fait don. Henri IV l'érigea en baronie, en faveur de Jacob, fils de Jean, gentilhomme ordinaire de sa chambre.

(¹) Antoine-Agésilan de Grossoles, marquis de Flamarens, tué au combat de Saint-Antoine, au mois de juillet 1652. Il avoit épousé Françoise Le Hardy de La Trousse, cousine-germaine de madame de Sévigné.

cause qu'on craignit un siége. Elle y alloit, disoit-on, fort mal volontiers, et, pour lui, il étoit comme au désespoir. Je l'ai vu montrer des vers d'amour de sa façon à M. Chapelain (1). Le mari n'a jamais témoigné aucun soupçon ; à la vérité il étoit quasi toujours absent. Quand Dunkerque fut repris par les ennemis, elle disoit que jamais personne n'avoit perdu plus gaîment cent mille livres de rente ; car elle croyoit son mari en péril, et n'étoit pas fâchée qu'il en fût dehors.

LA RENOULLIÈRE.

Madame de Turin, veuve d'un maître des requêtes, avoit deux filles : l'aînée étoit bossue et boiteuse, mais elle avoit le visage assez beau et beaucoup d'esprit, avec une fort grande douceur. La cadette étoit une brune bien faite, mais qui n'avoit que cela. La mère recevoit les honnêtes gens chez elle ; mais on n'y veilloit point passé dix heures ; quelquefois, par une grande grâce, elle accordoit une demi-heure par-dessus. Il ne sauroit aller beaucoup de gens dans une maison qu'il n'y en ait de verreux. La Renoullière, un pauvre cadet de Vendômois, s'y glissa dans la foule. Il n'étoit pas mal fait, mais ce n'étoit pas un trop honnête homme. Son plus grand talent étoit de savoir tous les petits jeux dont on a jamais ouï parler, d'en inventer même sur-le-champ, et de les jouer ad-

---

(1) Chapelain avoit été gouverneur du marquis de La Trousse.

mirablement bien. Je ne sais si ce fut par ce charme qu'il gagna la plus jeune de ces filles, où si ce fut par son train, car il avoit un gentilhomme, mais elle s'en éprit terriblement. Ce gentilhomme, à la vérité, ne lui coûtoit guère à entretenir, car ils étoient d'accord entre eux, que quand l'un d'entre eux dîneroit, il ne souperoit point, et que quand il souperoit, il ne dîneroit pas le lendemain; ils logeoient dans une auberge où l'on payoit par repas ; ainsi ils ne dépensoient pas plus tous deux pour la nourriture qu'auroit fait un seul.

L'inclination de la fille ne se put cacher long-temps. La mère donne congé à La Renoullière, qui pour cela ne se rebuta point; et, pour faire voir à sa maîtresse qu'il ne prenoit point de divertissement, et qu'il ne vouloit d'autre plaisir que celui de la voir, il s'avisa de sonner du cor toute la journée et une bonne partie de la nuit. Enfin, las de cela, et pour épargner ses poumons, il menoit son valet sur le rempart, c'étoit au Marais, et il lui apprit à sonner assez bien pour pouvoir sonner pour lui. Après il loüa un grenier vis-à-vis de celui de madame de Turin, où il se tenoit des journées entières, pour voir si la demoiselle ne trouveroit point le temps de monter à son grenier pour se voir et se faire des signes. Cela dura six ans pour le moins. Enfin, pour se voir plus à leur aise, mais sans se parler, il gagna un M. Tamponnet, car tout le monde avoit pitié de ces pauvres amants, dont la maison n'étoit séparée de celle de madame de Turin que par un mur de clôture. Là, il entassoit du fumier contre la muraille, pour voir sa maîtresse à la fenêtre. Elle, de son côté, tenoit le contrevent de façon

que sa mère ne la pouvoit voir d'un cabinet qui donnoit sur cette fenêtre : pour plus grande sûreté, elle y alloit souvent quand on dînoit, et faisoit semblant de n'avoir point d'appétit ou de se trouver mal, et il lui envoyoit assez souvent une perdrix toute cuite dans un pain dont on avoit ôté la mie ; cela n'étoit pas difficile, car le domestique étoit tout attendri de leurs souffrances. La fille aînée, qui étoit une fille fort raisonnable, après y avoir perdu son latin, pria plusieurs personnes de parler à sa sœur : mademoiselle de Scudéry lui parla, à sa prière, et lui remontra qu'elle n'avoit pas assez de bien pour deux, etc. La pauvre amante lui dit tant de choses de sa passion qu'elle lui fit venir les larmes aux yeux ; enfin la mère même, croyant qu'il n'y avoit point de remède, la laissa en Forez, chez une grand'mère, où elle fit exprès un voyage, afin que La Renoullière l'épousât sans son consentement. Là, un prêtre ayant refusé de les épouser, ils prirent acte, etc. Quelques années après le pauvre La Renoullière mourut subitement, comme il jouoit au billard, et en disant : « Je m'en vais faire un « beau coup. » Il tomba mort. Sa femme fut surprise étrangement au cri qu'on fit, car elle étoit dans la chambre voisine, et elle étoit grosse. Ce La Renoullière avoit eu le malheur de tuer son oncle en duel ; il est vrai que l'autre l'ayant rencontré, l'y avoit forcé ; c'étoit pour une querelle de famille. On dit que ce bel exploit étoit son époque, et qu'il disoit toujours : « Ce « fut vers le temps que je tuai mon oncle. » Sa femme, dans la grande affliction qu'elle eut, s'accoutuma à prier Dieu cinq heures par jour. Sa sœur étant morte, elle vint à Paris. Son confesseur, avant le bout de

l'an, lui conseilla de se remarier ; pensez qu'elle en étoit pressée ; elle pensa épouser Guepeau, garçon peu accommodé ; cela se rompit. Saint-Mars, parent des Chabot, la rechercha ; M. le Prince le reconnut pour son parent, et fit la demande. La voilà mariée. Deux mois après il fallut que le mari allât en Flandre, car il avoit traité de la charge de premier gentilhomme de la chambre de M. le Prince avec le chevalier de Rivière. Je ne sais depuis ce temps-là si elle l'a suivi, ou si le confesseur a trouvé quelque autre remède.

MONTCHAL.

Montchal est frère de ce Montchal qui étoit suffragant de M. le cardinal de La Valette dans l'archevêché de Toulouse ; je pense qu'il avoit été son précepteur ; et, après la mort de ce cardinal, il fut fait archevêque de Toulouse (1). Nous parlerons de lui dans les Mémoires de la Régence. Ce prélat trouva moyen de faire son cadet conseiller au Grand-Conseil ; avec cette charge, il épousa mademoiselle Dalesso, sœur d'un conseiller au Parlement ; puis il se fit maître des requêtes. Son frère étant devenu archevêque, lui donnoit beaucoup tous les ans. Au bout de quelques années de mariage, sa femme meurt sans enfants, et, gagnée par des cagots de moines, qui haïssoient l'archevêque de

(1) Charles de Montchal. On a de lui des Mémoires publiés en 1718.

Toulouse, elle lui fit tout du pis qu'elle put dans son testament. Il se remaria, durant le blocus de Paris, avec la fille de feu Du Pré, maître des requêtes, et en eut quarante mille écus, quoiqu'on dît qu'il devoit une bonne partie de sa charge ; mais je pense qu'on considéra son frère, qui alors étoit le premier homme du clergé ; d'ailleurs il n'étoit pas mal fait de sa personne.

Comme s'il n'eût été prédestiné à n'épouser que des dévotes, la seconde étoit encore pis que la première. De la maison de sa mère, elle en avoit fait une espèce de couvent ; elle n'appeloit ses servantes que *sœur* Marie, *sœur* Jeanne, etc. La cloche sonnoit aussi souvent que dans un monastère, et l'on y avoit même ses heures de récréation ; avec cela elle communioit quatre fois la semaine (1). Durant ses accordailles, quoique Montchal se fût mis à genoux devant elle pour la prier de mettre un ruban de couleur, il n'en put jamais venir à bout. Par grande débauche, elle mit un ruban noir à ses moustaches (2). Elle soutenoit que celles qui avoient des boucles, des mouches et de la poudre, étoient damnées. M. de Toulouse fit la noce, et ces dévots gâtèrent en un jour plus de vivres qu'il n'en falloit pour faire subsister dix pauvres familles, durant le siége. Quand il fallut se coucher, il y eut

(1) Un M. Robert, homme accommodé, en avoit fait de même et encore pis ; car, outre tout cela, ses enfants et ses valets mangeoient tous en une même table, et chacun avoit sa portion congrue. (T.)

(2) *Moustaches*, cheveux qu'on laissoit croître. « Les femmes avoient
« des *moustaches* bouclées qui leur pendoient le long des joues jusque
« sur le sein On faisoit la guerre aux servantes et aux bourgeoises,
« quand elles portoient des moustaches comme des demoiselles. » (*Dict. de Trévoux.*)

bien des cérémonies. On eut grand soin de cacher le marié, car si elle l'eût vu, elle n'eût jamais permis qu'on eût défait une épingle de sa coiffure : il étoit sur une chaise de paille derrière un des battants de la cheminée, car c'étoit une cheminée qui se fermoit l'été. On parla de la mettre au lit. « Maman, dit-elle, il faut que « je prie Dieu, et dedans la chapelle; je suis en trop « grand péril pour y manquer. » Notez que c'étoit une fille de vingt ans. Pour aller à cette chapelle, il falloit passer par-devant la cachette du marié; les femmes le couvrirent. Elle pria Dieu longuement; lui cependant se déshabilla dans la ruelle du lit. Quand elle fut revenue : « Ma fille, couchez-vous donc. — « Maman, j'ai trop froid aux pieds. » Elle se chauffe tout à son aise. Les femmes, lasses de toutes ses grimaces, lui demandèrent si elle ne se vouloit jamais coucher. « J'ai encore froid, » dit-elle. Enfin, quand Dieu voulut, on la mit au lit. Elle n'y est pas plutôt, que voilà le marié qui s'y met aussi. La pucelle fait un cri et se jette dans la place et lui après. La mère parla des grosses dents, et la fit remettre au lit. Cette farouche fut grosse au bout de trois semaines. Le mari, qui s'étoit déjà mal trouvé des moines, tâcha de l'en débarrasser : elle eut quelque peine à se conserver son grand directeur de conscience. Depuis il trouva moyen de faire mettre ce moine en prison, car il gâtoit la mère et la fille : elle en jeta feu et flamme, mais il fallut s'apaiser enfin.

MADAME DE MARANSIN.

Un gentilhomme de Normandie, nommé Sotteval, de la maison de Convert, étoit riche, mais mauvais ménager. Sa femme se fit séparer de biens, et elle-même dépensa plus de cent mille livres à plaider pour un méchant ruisseau qu'un voisin avoit détourné de quatre pas, et qui pis est, elle fit battre, contre ce gentilhomme et un de ses amis, deux fils qu'elle avoit qui étoient ses seuls enfants. Ils en sortirent assez bien.

A propos de ces deux enfants, on conte une chose assez étrange. En faisant un plant, elle dit : « Voilà « un arbre pour mon aîné et un autre pour mon ca- « det. » C'étoient deux petits enfants. L'arbre de l'aîné devint bossu, mais il se conserva vert et vigoureux ; l'autre devint beau, grand et droit, mais il se sécha et mourut, et un petit surgeon demeura. L'aîné, effectivement, eut la taille gâtée, mais il se porta bien du reste. Le cadet, nommé Auderville, qui étoit bien fait, mourut de la petite vérole trois mois après avoir épousé la fille unique d'une madame de Blagny, et laissa sa femme grosse d'une petite fille. Ils étoient tous de la religion. La mère morte, l'aîné, nommé Sotteval, se fait catholique. La jeune veuve est recherchée de beaucoup de gens, et entre autres d'un M. de Maransin, cadet du marquis de La Barre-Chivray, d'Anjou, dont la grand'mère, appelée madame de Chasseguay, étoit voisine de cette madame de Blagny, mère

de cette jeune veuve. Justement huit ans après la mort de son mari, madame d'Auderville meurt aussi de la petite vérole, à l'âge de vingt-six ans. Voilà Sotteval tuteur. La grand'mère, qui mouroit de peur qu'on ne fît sa petite fille catholique et peut-être religieuse, ayant déjà été condamnée à la représenter, se veut sauver en Angleterre. Dans ce voyage, elle pensa perdre celle pour qui elle se donnoit tant de peine, car cette petite, en allant au Mont-Saint-Michel, tomba dans l'une de ces lacunes (1), où l'eau s'arrête quand la marée s'en retourne. Par curiosité, la grand'-mère avoit voulu passer par là. Ce ne fut pas tout ; s'étant embarquées dans la première barque qu'on rencontra, il se trouva que, pour avoir été trop longtemps à l'air, elle fit eau au bout d'une heure. Les voilà donc contraintes de relâcher et de s'en retourner à Blagny, car il y avoit des gens sur la côte pour les prendre.

En ce temps-là, Maranzin s'engagea dans la recherche de cette petite. Une demoiselle de madame de Chasseguay lui avoit écrit incontinent après la mort de madame d'Auderville, qu'il devroit penser à la fille, au défaut de la mère; mais personne ne le lui avoit conseillé parce que ce n'étoit qu'un enfant de huit à neuf ans. Il alla donc à Lérida, avec son frère qui commandoit l'artillerie, dont il étoit lieutenant-général ; c'étoit quand le comte d'Harcourt assiégeoit cette place. Au retour, il s'offre à madame de Blagny, qui le reçoit volontiers ; car vous diriez qu'elle n'a cherché qu'à se décharger de sa petite-fille qui aura dix ou douze mille

---

(1) On disoit alors *lacunes*, mais depuis long-temps on dit *lagunes*.

livres de rente en fonds de terre, sans les cinq ou six qu'elle lui destine; mais, comme vous verrez par la suite, c'étoit une sotte qui prenoit un sot pour un galant homme. C'est un *dadais* qui n'avoit rien de bon que la jeunesse et la noblesse. Elle pouvoit se mettre en lieu sûr, et, dans le temps, elle eût fait consentir le tuteur même à la marier à une personne de la religion, et à un des meilleurs partis, car, comme j'ai déjà dit, la petite fille étoit riche et de bon lieu, et même elle étoit jolie. Dans le dessein de la donner à Maransin, madame de Blagny part pour se retirer à Genève, par le conseil de ses amis et des conseillers huguenots du parlement de Paris, qui lui donnèrent avis qu'on lui ôteroit sa petite-fille. Elle fait semblant d'aller chez une voisine. Sotteval est averti du dessein deux heures après; il ne le voulut pas croire : il avoit dans sa tête qu'elle se vouloit retirer en Angleterre. Elle a donc tout le loisir d'aller à La Barre, en Anjou; de là, elle se fit accompagner par quarante gentilshommes jusque vers Orléans. Maransin seul l'accompagna jusqu'à Dijon : quelque temps après, il l'alla trouver à Genève et y fit plusieurs voyages.

Bougis, dès-lors, maréchal-de-camp, comme Normand, eut avis de cette héritière; il emploie Ruvigny, et trouve moyen d'avoir des lettres du cardinal à madame de Blagny, par lesquelles Son Eminence promettoit à cette femme sa protection, si elle vouloit revenir. Cependant Bougis voltigeoit de Chambéry à Turin, et de Turin à Chambéry. La grand'mère, avertie de cela, se tenoit sur ses gardes. Un gentilhomme de Normandie, nommé Endreville, qui étoit un parti assez sortable, se mit aussi sur les rangs; il envoya à

Genève un gentilhomme des amis de madame de Blagny, pour lui conseiller de se retirer en Suisse. Cet homme ne s'expliqua pas bien; elle craignit que ce ne fût un homme gagné, et qui étoit venu là pour les demander à la Seigneurie, comme des sujettes du Roi. Elles partent : les voilà en Suisse. Elles y furent quelque temps jusqu'à ce que la petite eut douze ans. Maransin l'épousa à Genève, nonobstant plusieurs arrêts de défense, et sans articles ni contrat de mariage. Depuis, il fit faire des articles, mais datés de huit jours après la célébration du mariage, sans lui donner de douaire; mais seulement un deuil à la mode du pays. Voilà un vrai *mariage de Jean des Vignes*. On plaide. Le mariage est déclaré non valablement contracté, et la grand'mère condamnée à six mille livres d'amende.

Depuis cet arrêt, Maransin fit venir un tireur d'armes, et tout le jour ne faisoit autre chose qu'escrimer. La petite femme fut mise chez moi en séquestre, car ma femme, qui se trouva par curiosité à l'audience, s'offrit charitablement à la recevoir; tout le reste étoit suspect à l'une ou à l'autre des parties. Enfin, le tuteur, pour de l'argent, consentit à laisser recélébrer le mariage. La petite dame est devenue grande et bien faite. Je ne sais si en son âme elle est fort satisfaite du choix de sa grand'mère.

AMANTS DE DIFFÉRENTES ESPÈCES.

AMANTS MALHEUREUX.

Saugeon, gentilhomme de Saintonge, huguenot, étoit amoureux et aimé de la sœur d'un de ses voisins, avec lequel il n'étoit pas bien. Ce frère défendit à la fille, à une noce, de le prendre à danser : elle le prit. Le voilà en fureur; il sort et l'emmène. Saugeon les suit, de peur qu'il ne la maltraitât; ils se rencontrent; le frère va à lui le pistolet à la main, tire et le manque. Saugeon tire dans le temps que la fille, qui étoit à cheval aussi bien qu'eux, se mettoit entre deux pour les séparer, et la blesse à mort (1). Au bout de trois

---

(1) Le manuscrit de Tallemant offre ici une variante que l'auteur a supprimée : « Saugeon, gentilhomme saintongeois, étoit amoureux et « aimé de la sœur d'un de ses voisins avec qui il n'étoit pas bien. Un « jour que Saugeon venoit de parler à sa maîtresse, le frère arrive, et « sut ce qui s'étoit passé. En colère, il oblige sa sœur à monter en « croupe derrière lui, en lui disant qu'il vouloit qu'elle vît châtier son « amant en sa présence. Il eut bientôt attrapé Saugeon qui ne savoit « pas qu'on courût après lui. Il lui crie de se défendre; Saugeon refuse « de se battre; l'autre le presse; il fallut mettre l'épée à la main; il ne « pouvoit se sauver, car il n'avoit qu'un bidet, et l'autre étoit monté « à l'avantage. Ils se battent; le pauvre Saugeon lui porte un si grand « coup qu'il le perce et tue sa maîtresse qui étoit derrière lui. Depuis « cela il n'a ri jour de sa vie. Il se maria pourtant quelques années « après. »

jours elle meurt, et fait tout ce qu'il falloit faire à la décharge de Saugeon; lui, outré de déplaisir, s'enferme dans sa maison, et est cinq ans sans voir personne. Enfin une de ses parentes obtient de lui qu'il ira loger avec elle; il y est sept ans, vivant en grande mélancolie; au bout de ce temps-là, une nièce de cette parente vint demeurer avec elle, c'étoit une fille folle et spirituelle...; il en devint amoureux insensiblement, et se résolut à l'épouser. Elle avoit beaucoup d'estime pour lui, et fit une chose assez extraordinaire avant que de consentir à l'épouser : c'est qu'elle lui dit qu'en sa petite jeunesse elle avoit eu un enfant, qu'u n homme l'avoit trompée; mais que la chose étoit assez secrète. « Cependant, ajouta-t-elle, je vous
« la dis, afin qu'un jour, si vous veniez à la savoir,
« vous ne me haïssiez, au lieu que vous m'auriez ai-
« mée. » Lui, voyant cette bonne foi, crut qu'effectivement il n'y avoit point eu de sa faute, il l'épousa, et il a fait le meilleur ménage du monde avec elle. Elle mourut plus de vingt ans devant lui. Il n'a pas ri depuis le malheur qui lui arriva en se battant contre le frère de sa maîtresse.

Ayant changé de religion, et voulant rendre raison de son changement, il fit d'assez ridicules petits livres en papier bleu. Ce fut lui qui mena M. de La Leu voir cette religieuse à Saint-Denis (1). Le cardinal de Richelieu acheta la terre de Saugeon, car cet homme-ci ne fut pas trop bon ménager. Madame d'Aiguillon

---

(1) Cette religieuse étoit madame de Gadagne, supérieure du couvent des Carmélites de Saint-Denis. (*Voyez* l'Historiette de La Leu, précédemment, p. 48.)

le mit depuis auprès du duc de Richelieu, au Havre, dont il étoit lieutenant sous lui ; après elle l'en ôta par quelque soupçon. De dépit, il se fit ensuite Père de l'Oratoire. Madame de Saugeon, dame d'atour de Madame, est sa fille ; car de fille d'honneur elle fut faite dame d'atour.

Un garçon de Paris, nommé Sanville, étudiant en droit à Orléans, devint amoureux d'une belle fille ; mais, parce qu'elle n'avoit guère de bien, les parents de l'amant ne voulurent jamais consentir au mariage ; il fallut attendre qu'il fût majeur. On prend jour pour les marier. Le frère de cette fille, qui étoit camarade de Sanville, lui dit qu'il le prioit de venir avec lui chez un orfèvre, pour lui aider à choisir quelque pièce de vaisselle d'argent, dont il vouloit faire présent à sa sœur le jour de ses noces ; Sanville y va ; mais, par malheur, ils s'adressèrent à un orfèvre chez qui il y avoit de la peste. On fait la noce. Au bout de quelques jours le nouveau marié se sent un grand mal de tête, comme il étoit couché, et quelques autres accidens qui lui semblèrent des avant-coureurs de la peste (on avoit su qu'il y en avoit chez l'orfèvre) ; aussitôt il se croit frappé, sort du lit tout doucement, et se va enfermer dans une autre chambre. Le matin sa femme fut bien étonnée de se trouver seule ; elle cherche son mari et le trouve ; mais il ne vouloit point ouvrir, il prioit tout le monde de se retirer de bonne heure, et particulièrement sa femme, qu'il mourroit désespéré s'il la croyoit en danger. Nonobstant toutes ces remontrances on enfonce la porte, et l'on lui fait les remèdes qu'on crut nécessaires. Une fièvre chaude si furieuse le saisit, qu'il vouloit se jeter par les fenêtres.

On le lie; mais, par une étrange bizarrerie de ce mal, il n'étoit pas plus tôt lié qu'il revenoit en son bon sens, et reprochoit à sa femme tout ce qu'il avoit fait pour elle. Cette pauvre femme ne pouvoit souffrir ses plaintes, et le faisoit délier; aussitôt il rentroit en fureur et ne connoissoit plus personne; il mourut dans cette espèce de rage. Cette femme, à qui Sanville avoit fait avantage par son contrat, épousa depuis un M. Parfait, de Paris; elle en eut des enfans; après, un vieux garçon, nommé Charpentier, conseiller au Grand Conseil, l'épousa et lui fit avantage de cent mille francs. C'étoit une aimable personne.

Un gentilhomme d'Auvergne, appelé d'Argouges, étoit amoureux d'une demoiselle de Cornen. Un jour qu'ils se promenoient sur les bords de l'Allier, et qu'il lui parloit de sa passion : « Voire, lui dit-elle, « vous ne m'aimez pas tant que vous dites. — Vous « pouvez l'éprouver, dit-il. — Bien, répondit-elle, si « cela est, jetez-vous tout à cette heure dans la ri- « vière. » Elle croyoit qu'il n'en feroit rien. Il s'y jeta tout botté et tout éperonné, l'épée au côté, et la casaque sur son dos. Il fut secouru; sans cela il se noyoit. Elle se rendit, et l'épousa.

Un président de la Chambre des comptes de Montpellier, nommé La Grille, homme marié et de quelque âge, mais qui n'avoit point d'enfants, étoit fort bien, couchoit avec une femme mariée de la même ville, nommée mademoiselle de Lomelas; elle n'étoit pas d'une beauté extraordinaire, ni dans une grande jeunesse; elle vint à mourir en 1660. Cet homme en eut un tel déplaisir, qu'enfin il résolut de se tuer; mais, avant cela, il voulut la faire déterrer. Les Ca-

pucins, chez qui étoit son corps, pour deux cents pistoles lui donnèrent contentement. Elle n'avoit plus qu'une main entière ; il baisa cette main un million de fois, et dit à ces religieux qu'il les prioit de l'enterrer auprès d'elle, quand il seroit mort ; de là il fut chez lui, où il se précipita d'une tour ; il étoit fort riche. Le petit Grammont (1) a eu sa confiscation, mais il y a seize mille livres de rente de substituées.

AMANTS TROP TOT CONSOLÉS.

Un gentilhomme de Marseille, nommé Bricare, devint éperdument amoureux d'une belle fille qu'il épousa enfin. Son ardeur ne s'éteignit point par la jouissance, il l'aimoit toujours de même : elle tombe malade au bout de quelques années, et meurt. Jamais homme n'a donné plus de marques d'une violente douleur qu'il en donna : non content d'un portrait qu'il avoit d'elle, où elle étoit peinte de sa hauteur, il la fit encore peindre morte ; il la fit tirer en cire. Cependant, comme sa douleur étoit fort aisée à aigrir, il ne pouvoit souffrir la vue de ces portraits ; il fit tourner ce grand portrait, et le fit mettre à l'envers. Cela ne lui suffit pas : il le fit porter chez un peintre de conséquence, qui étoit alors à Marseille, et il l'obligea, quoi que cet homme lui pût dire, à effacer la tête de ce portrait. A quelque temps de là, la violence de sa

---

(1) Le petit Grammont étoit frère d'un président au Parlement de Toulouse. Il étoit attaché à la maison de Gaston, duc d'Orléans. (*Voyez* l'Historiette du petit Grammont, tome 4 de ces *Mémoires*, p. 363.)

douleur se relâchant un peu, cet homme, qui avoit toujours tenu les yeux contre terre, commença à les lever un peu, et en rentrant chez lui, il vit à une porte une belle fille qui n'étoit pourtant pas si belle qu'étoit sa femme. En Provence on est presque toujours à la porte, on y reçoit même visite. Il voyoit donc souvent cette fille. Il retourne un jour chez le peintre, et, regardant ce tableau : « Vraiment, dit-il, « c'est dommage que ce portrait demeure ainsi, il y « a de l'architecture et du paysage ; il faudroit mettre « une autre tête dessus. — Voire, dit le peintre, et « quelle tête y pourroit venir. — Il me semble, dit le « mari, que celle de Guérarde y viendroit bien : » c'étoit le nom de cette fille. Effectivement il l'y fit mettre, et il l'eût épousée si on la lui eût voulu donner; mais on ne le trouva pas à propos pour quelque raison.

AMANTS RADOTANTS.

Un procureur du Parlement, nommé Fortin, homme veuf, âgé de soixante et dix ans, s'avisa de devenir amoureux d'une fille, et, pour lui plaire, il prit un chapeau de castor gris avec un cordon d'or, et étoit toujours botté avec des éperons d'or ; il faisoit aussi des vers ; il lui disoit en un endroit :

> Nous irons à Châtillon
> Prendre du curé permission,
> Et de là nous irons à Bonne (1),
> Où, ma mie, vous serez toute bonne

(1) Il y avoit une maison. (T.)

Elle se moqua de lui : il mourut dans sa folie, et s'en alla en l'autre monde avec ses bottes et ses éperons dorés. Il avoit un fils qui mourut de maladie à Rome. Les Juifs achetèrent un habit qu'il avoit, qui étoit assez remarquable. Un autre François, nouveau venu, alla par hasard acheter cet habit, les autres François l'appeloient *feu Fortin*.

AMANTS RECONNOISSANTS.

Le deuxième fils de madame de Chaban, sœur de Saint-Preuil, étant à Rome, fit connoissance avec une dame veuve et plus âgée que lui ; de là il fut à Naples avec M. de Guise, où il fut pris prisonnier. Cette femme se tourmenta tant, qu'elle le tira de prison ; lui, par reconnoissance, étant devenu l'aîné, l'épousa et l'emmena en France : c'étoit durant la guerre de Bordeaux. Cette femme se trouva dans un château de M. de Bourdeilles qu'elle défendit, et elle y reçut un coup de mousquet dans l'épaule. Madame de Chaban, qui est une enragée, l'a persécutée autant qu'elle a pu. Elle les fit piller, et cette femme y perdit plusieurs beaux tableaux. Enfin il fallut plaider. Je crois qu'on leur aura fait justice.

AMANTS DÉLICATS.

Sablière, second fils de M. Rambouillet, celui qu'on appelle *le Grand Madrigalier* (1), jouissant d'une jolie

---

(1) C'est Conrart qui qualifia ainsi Antoine Rambouillet de La Sablière. « Il faisoit, dit Richelet, de si jolis madrigaux, que M. Conrart

femme appelée madame Le Taneur, dont le mari est aussi ridicule de corps que d'esprit, par délicatesse obligea sa dame à faire lit à part un an durant, pour ne pas avoir un si vilain compagnon en ses amours. Elle prit pour prétexte un grand rhume qu'elle avoit, et qu'elle pourroit devenir pulmonique si elle devenoit grosse aussitôt après. Cependant l'amant délicat se divertissoit avec elle à la chardonnette; une fois il échappa quelque chose : elle connut bientôt qu'elle en tenoit, et fit si bien que le mari se remit assez à temps à coucher avec elle; mais le galant eut bien ce qu'il méritoit : cette femme se va mettre mille scrupules dans l'esprit, que cet enfant voleroit le bien aux autres, qu'elle ne pourroit pas se faire accroire qu'il étoit à son mari. S'il ne se fût marié là-dessus, je ne sais ce qu'il en fût arrivé.

MADAME DE LANQUETOT.

Un vieux gentilhomme normand qui étoit premier maître-d'hôtel de la Reine-mère, nommé M. de Lanquetot, s'avisa de se remarier avec une jeune fille bien faite : il mourut bientôt après. Elle vint à Paris, il y a plus de trois ans, pour s'y marier, lasse de de-

« lui donna, en qualité de secrétaire des Muses, des lettres de grand
« madrigalier françois. » (Voyez *les plus belles Lettres françoises sur
toutes sortes de sujets, tirées des meilleurs auteurs*, par P. Richelet;
Amsterdam, 1737, t. 1, note de la p. 4.)

meurer en la province. Un de ses parents lui propose un maître des requêtes nommé Ardier-Vaugelé, frère de feu madame Fieubet et de madame Des Hameaux, femme riche et qui voit bien du monde; que c'étoit le moyen de se bien divertir : elle y consent. Ardier la voit; on signe les articles. Le lendemain l'abbé Du Tot, normand, qui étoit devenu l'aîné de sa maison depuis peu, alla voir cette madame de Lanquetot; or il avoit été amoureux d'elle avant qu'elle fût mariée; on dit même qu'il s'étoit voulu tuer pour l'amour d'elle : il lui dit qu'elle avoit eu raison de venir à Paris. « Oui, dit-elle, et, pour y demeurer de meil-
« leure grâce, je me marie, les articles sont signés. »
Elle n'eut pas plus tôt dit cela, que cet homme tombe évanoui. On le secourt; il revient et lui dit qu'il étoit bien malheureux, puisqu'à cette heure il se trouvoit en état de l'épouser si elle vouloit. Au même temps elle ouït dire que Vaugelé étoit une espèce de fou, et on lui disoit vrai; dans cet embarras elle se met dans un couvent. Madame Des Hameaux (1) cherchoit à marier ce garçon à cause qu'il étoit épris de la veuve d'un payeur des rentes, belle femme, mais qui n'avoit guère de bien, et dont le mari étoit mort insolvable; elle s'appelle Tardif : elle et Vaugelé logeoient en même logis. Il disoit que c'étoit une femme bien composée, saine; en un mot, un beau *vaisseau* pour avoir lignée. Elle prétendoit qu'il lui avoit promis, en présence du Saint-Sacrement, de l'épouser, et on dit

(1) Cette dame dit quelquefois de bonnes choses : elle alla dire à madame de Longueville que, depuis la bataille de Lépante, il ne s'étoit rien fait de si beau que la bataille de Rocroi. (T.)

qu'elle en avoit fait avertir madame de Lanquetot. Madame Des Hameaux dit ce qu'elle savoit de madame Tardif; l'autre répondit que les Ardiers faisoient les entendus, mais que leur grand-père n'étoit qu'un pauvre apothicaire d'Issoire; elle ajoutoit quelque chose de madame Des Hameaux. Vaugelé alla trouver le confesseur de cette femme, et lui dit : « Mon père, qu'elle « redouble si elle veut mes chaînes et mes fers, mais « qu'elle ne parle point de ma sœur Des Hameaux ; « car, parbleu, c'est ma reine, c'est ma souveraine. » Il écrivit une belle lettre à son accordée ; mais, comme cela ne réussit pas trop bien, il fit donner une assignation à la belle. Il y eut des gens de la cour qui firent des railleries de lui. « Je leur apprendrai bien à vivre, « disoit-il, ils ont été dire que j'étois chauve (sur cela « il ôtoit sa calotte). Voyez s'il y a plus riche toison. « Si je ne la faisois tondre toutes les semaines, j'aurois « des maux de tête insupportables. » Ils avoient dit aussi qu'il puoit, qu'il avoit des cautères, et qu'il étoit fou. « Avec trois doigts de parchemin, disoit-il, je leur « ferai voir que quand ils sont dans la cour du Louvre « je suis dans le cabinet. »

Une fois que le printemps fut fort froid, Vaugelé disoit : « Ce temps-là empêche toutes les belles pro« ductions. — En effet, dit madame Nolet, les arbres « ne fleurissent point. — J'entends parler, dit-il gra« vement, des productions de l'esprit. » Autrefois lui et Cotin (1) apprenoient par cœur des reparties pour

---

(1) Charles Cotin, aumônier du Roi, membre de l'Académie françoise, mort en 1682. Il est beaucoup plus connu par les satires de Boileau que par ses ouvrages, recherchés seulement par quelques curieux.

se faire valoir l'un l'autre dans les compagnies où ils alloient. Ce Cotin est un bon *Phébus*. Une fois en prêchant, du temps que le cardinal de Richelieu avoit si fort la comédie en tête, il dit : « Quand Jésus-Christ « acheva sur le théâtre de la croix la pièce de notre « salut, etc. » Un an après, quelqu'un reparla à Vaugelé de cette madame de Lanquetot : « Voire, dit-il, elle « est grosse des œuvres de l'abbé Du Tot; ils vont dé- « clarer leur mariage. » Cela fut rapporté à cette femme, qui ne voulut plus souffrir l'abbé Du Tot. Un jour il y alla qu'il s'étoit fait saigner : « Dites-lui que « je ne l'importunerai plus. » Elle ne le voulut pas laisser entrer. Il étoit en chaise et sans laquais; il se fait porter aux Carmes déchaussés, puis un peu plus loin. « J'attends quelqu'un, allez-vous-en dîner. » Après il défait sa ligature. Les porteurs le trouvèrent tout en sang, et ils le portent vite chez lui : ce n'étoit pas loin. Son valet-de-chambre eut l'esprit d'aller prier une dame des amies de madame de Lanquetot de lui venir commander de sa part de ne pas mourir. Depuis, cette femme fut touchée, puis elle s'en repentit; enfin, la grande dépense la charmant, elle épousa l'été dernier Des Bordes-Groüyn, homme veuf, fils du maître de *la Pomme de Pin*, cabaret auprès du Palais; il est fort riche.

LE PETIT SCARRON (1).

Le petit Scarron, qui s'est surnommé lui-même *cul-de-jatte*, est fils de Paul Scarron, conseiller à la Grand'-Chambre, qu'on appeloit Scarron, l'*Apôtre*, parce qu'il citoit toujours saint Paul. C'étoit un original que ce bonhomme, comme on voit dans le factum burlesque (2) que le petit Scarron a fait contre sa belle-mère (3), qui est, peut-être, la meilleure pièce qu'il ait faite en prose. Le petit Scarron a toujours eu de l'inclination à la poésie ; il dansoit des ballets et étoit de la plus belle humeur du monde, quand un charlatan, voulant le guérir d'une maladie de garçon, lui donna une drogue qui le rendit perclus de tous ses membres, à la langue près et quelque autre partie que vous entendez bien ; au moins par la suite, vous verrez qu'il y a lieu de le croire (4). Il est depuis cela

---

(1) Paul Scarron, né à Paris vers 1610, mort à Paris en 1660.

(2) *Factum, ou Requête, ou tout ce qu'il vous plaira, par Paul Scarron, doyen des malades de France*, etc., dans les *OEuvres de Scarron*; Paris, Bastien, 1786, t. 1, p. 119.

(3) Françoise de Plaix, seconde femme du père de Scarron.

(4) On donne ordinairement une autre cause à la maladie de Scarron. On a dit qu'à la suite d'une mascarade, au Mans, où il étoit chanoine, Scarron, poursuivi par la populace, se jeta dans les eaux glacées de la Sarthe, et qu'il y fut atteint d'une paralysie, dont il n'a jamais guéri. Dans l'*Histoire de Scarron et de ses ouvrages*, qui est en tête des *OEuvres*, il est dit qu'une *lymphe âcre* se jeta sur ses nerfs, et se joua de tout le savoir des médecins. (Voyez les *Mémoires de madame de Maintenon*, par La Beaumelle; Amsterdam, 1755, t. 1, p. 131.)

dans une chaise, couverte par le dessus, et il n'a de mouvement libre que celui des doigts, dont il tient un petit bâton pour se gratter; vous pouvez croire qu'il n'est pas autrement ajusté en galant. Cela ne l'empêche pas de bouffonner, quoiqu'il ne soit quasi jamais sans douleur, et c'est peut-être une des merveilles de notre siècle, qu'un homme en cet état-là et pauvre puisse rire comme il fait (1) : il a fait pis, car il s'est marié. Il disoit à Girault (2), à qui il a donné une prébende du Mans, qu'il avoit : « Trouvez-moi une femme qui « se soit mal gouvernée, afin que je la puisse appeler « p....., sans qu'elle s'en plaigne. » Girault lui enseigna un jour la demoiselle (3) de la mère de madame de La Fayette. Cette fille avoit eu un enfant et n'avoit jamais voulu poursuivre un écuyer qui le lui avoit fait; mais notre homme n'en fit que rire. Depuis il traita avec Girault de sa prébende, et, dans la pensée d'aller en Amérique, où il croyoit rétablir sa santé,

(1) Par amitié, tout gueux qu'il étoit, il avoit assisté Céleste de Palaiseau, fille de qualité qui perdit son procès contre Roger, qui lui avoit fait un enfant; il la logea jusqu'à ce qu'elle se fût retirée dans un couvent. (T.) — Segrais dit que Scarron avoit aimé cette demoiselle; elle s'étoit retirée dans le couvent de la Conception, où elle avoit placé les quarante mille livres à elle données par le gentilhomme qui l'avoit trompée. Ce couvent fit banqueroute, et Scarron retira chez lui mademoiselle de Palaiseau. (*Mémoires anecdotes de Segrais*, p. 148, édition de 1723.)

(2) L'abbé Girault étoit le valet-de-chambre et le *factotum* de Ménage. (*Mémoires anecdotes de Segrais*, p. 149; *Lettre de madame de Sévigné à Ménage*, du 1er octobre 1654, et plus haut, t. 4, p. 137 de ces Mémoires.)

(3) La demoiselle de compagnie de madame de La Vergne, mère de madame de Lafayette. Cette dame avoit épousé, en secondes noces, au mois de janvier 1651, le chevalier de Sévigné, oncle du mari de Marie de Rabutin-Chantal. (*Muse historique* de Loret, t. 2, p. 2.)

il épousa une jeune fille de treize ans, fille d'un fils (1) de d'Aubigny l'historien; ce d'Aubigny, sieur de Surimeau (2), tua sa femme pour sa vie scandaleuse. Cet homme, pour s'être marié contre le gré de son père, fut déshérité; il alla aux Indes, ne sachant que faire, et je pense que cette fille y est née (3) : pour le voir, il fallut qu'elle se baissât jusqu'à se mettre à genoux. Il changea d'avis et n'alla point dans l'Amérique; cela lui coûta trois mille livres qu'il avoit mises dans la société, et voyant que la chose alloit mal, il disoit une fois à sa femme : « Avant que nous fussions ce que nous « sommes, qui n'est pas grand'chose, etc. »

Il disoit qu'il s'étoit marié pour avoir compagnie, qu'autrement on ne le viendroit point voir. En effet, sa femme est devenue fort aimable. Il a dit aussi qu'il croyoit en se mariant faire révoquer la dotation qu'il fit de son bien à ses parents; mais il faut donc que

---

(1) Constans d'Aubigné, baron de Surimeau, en Poitou. Il se maria à La Rochelle sans le consentement de son père, au mois de septembre 1608, avec Anne Marchant, veuve de Jean Couraut, baron de Chatelaillon.

(2) D'Aubigné dit, dans ses Mémoires : « Ce misérable........ s'étant « d'abord adonné au jeu et à l'ivrognerie à Sedan, où je l'avois envoyé « aux Académies, et s'étant ensuite dégoûté de l'étude, acheva de se « perdre entièrement dans les *musicos* d'Hollande, parmi les filles de « joie. Ensuite, revenu qu'il fut en France, il se maria sans mon consen- « tement à une malheureuse qu'il a depuis tuée. » (*Mémoires de Théodore Agrippa d'Aubigné;* Amsterdam, 1731, p. 212.)

(3) Françoise d'Aubigné, femme de Scarron, qui étoit destinée à jouer un si grand rôle sous le nom de Maintenon, naquit dans la prison de Niort, le 27 novembre 1635. Son père s'étoit remarié au mois de décembre 1627, avec Jeanne de Cardillac, fille du gouverneur du château Trompette. Les actes des deux mariages de Constans d'Aubigné, et l'acte de naissance de Françoise d'Aubigné ont été publiés à la suite des *Mémoires de Maintenon,* édition d'Amsterdam, 1756.

quelqu'un fasse des enfants à sa femme. Or, depuis, il a trouvé moyen de retirer le tout ou partie du bien qu'il avoit donné à ses parents; il y avoit à cela une métairie auprès d'Amboise; il en parle à M. Nublé, avocat, homme d'esprit et de probité, de qui il disoit en une épître au feu premier président de Bellièvre : « Je ne vous connois point, mais M. de Nublé, *quo non* « *Catonior alter*, m'a dit tant de bien de vous (1), etc. » Scarron lui dit qu'il estimoit cet héritage quatre mille écus, mais que ses parents ne lui en vouloient donner que trois. Nublé dit qu'il le vouloit bien, sa vue dessus (2). Il va au pays aux vacations; on lui dit que ce bien-là valoit bien cinq mille écus; il fait mettre cinq mille écus dans le contrat au lieu de quatre. Les parents, qui n'en vouloient donner que trois, l'ont retiré par retrait lignager (3).

Madame Scarron a dit à ceux qui lui demandoient pourquoi elle avoit épousé cet homme : « J'ai mieux « aimé l'épouser qu'un couvent. » Elle étoit chez madame de Neuillan, mère de madame de Navailles, qui, quoique sa parente, la laissoit toute nue. L'avarice de cette vieille étoit telle que, pour tout feu dans sa cham-

---

(1) Ce passage se trouve dans l'*Épître dédicatoire* du Recueil des OEuvres de Scarron, publié en 1645, in-4º. (Cette pièce a été réimprimée dans l'édition Bastien, t. 1, p. 149.) Louis Nublé, avocat distingué, étoit d'Amboise; il mourut à Paris en 1686. *Voyez* la note sur Nublé, t. 5 de ces Mémoires, p. 56.

(2) C'est-à-dire après l'avoir vue.

(3) On voit par là que l'auteur de l'*Histoire de Scarron et de ses ouvrages*, réimprimée en tête de l'édition *Bastien*, a été mal informé quand il a dit que Nublé devint acquéreur de la métairie de Scarron à un prix supérieur à l'estimation. L'action de Nublé n'en est pas moins belle, mais les parents de Scarron en empêchèrent l'effet, en exerçant le droit que leur donnoient les coutumes.

bre, il n'y avoit qu'un brasier (1) : on se chauffoit à l'entour. Scarron, logé en même logis, offrit de donner quelque chose pour faire cette petite d'Aubigny religieuse ; enfin il s'avisa de l'épouser. Un jour donc il lui dit : « Mademoiselle, je ne veux plus vous rien « donner pour vous cloîtrer. » Elle fit un grand cri. « Attendez, c'est que je vous veux épouser : mes gens « me font enrager, etc. » Elle n'avoit rien : ses cousins d'Aubigny se mirent en pension chez elle (2). Depuis, le procureur général Fouquet, qui est aussi surintendant, et qui aime les vers burlesques, a donné une pension à Scarron (3). Quelquefois il lui échappe

(1) Le *brasier* étoit un vaisseau de métal, large et plat, dans lequel on mettoit de la braise allumée. (*Dict. de Trévoux*.)

(2) Ce fait est inexact, outre qu'il seroit invraisemblable. Françoise d'Aubigné n'avoit que son frère pour parent de son nom.

(3) Fouquet, dit La Beaumelle, donna, en 1653, une pension de seize cents livres à Scarron, qui en a remercié son bienfaiteur dans des vers plus délicats qu'à lui semble n'appartenir.

 Muses, ne pleurez plus l'absence du Mécène
 Qui vous rendoit si doux les rivages de Seine.
 Fouquet est revenu. . . . .
 Notre changeante cour, seule arbitre des modes,
 Traita les beaux esprits de pédants, d'incommodes,
 Les beaux vers de chansons, les rimeurs d'artisans,
 Et votre art méprisé n'eut plus de partisans.
 Mais fûtes-vous jamais de Fouquet méprisées ?
 Entre ceux qui vous ont toujours favorisées,
 Qui de fréquents bienfaits vous comble comme lui ?
 Il est de vos enfants l'espérance et l'appui ;
 Et quand ces malheureux, pressés de l'indigence,
 Offrent leur marchandise à sa magnificence,
 En la même monnoie il pourroit la payer,
 Leur rendant vers pour vers et papier pour papier ;
 Car habile en votre art comme aux grandes affaires,

de plaisantes choses ; mais ce n'est pas souvent. Il veut toujours être plaisant, et c'est le moyen de ne l'être guère.

Il fait des comédies, des nouvelles, des gazettes burlesques, enfin tout ce dont il croit tirer de l'argent. Dans une gazette burlesque, il s'avisa de mettre qu'un homme sans nom étoit arrivé le samedi, s'étoit habillé à la friperie, et le vendredi s'étoit marié ; qu'il pouvoit dire : *Veni, vidi, vici;* mais qu'on ne savoit si la victoire avoit été sanglante. Or, en ce même jour, La Fayette, toutes choses étant conclues dès Limoges par son oncle qui en est évêque, étoit venu ici, et avoit épousé mademoiselle de La Vergne. Le lendemain, quelqu'un, pour rire, dit que c'étoit La Fayette et sa maîtresse. Dans la gazette suivante, Scarron s'excusa et en écrivit une grande lettre à Ménage, qui, étourdiment, l'alla lire à mademoiselle de La Vergne, et il se trouva qu'elle n'en avoit pas ouï parler (1).

Il y a de plaisants endroits dans ses OEuvres, comme :

> Ce n'est que maroquin perdu
> Que les livres que l'on dédie.

Dans une épître dédicatoire au coadjuteur, il lui

> Il sait de votre mont les plus secrets mystères.
> Mais qui de notre France exerce la bonté
> Avec plus de largesse et moins de vanité ?
> Et ce n'est pas sans choix qu'il répand ce qu'il donne,
> Il sait par le mérite estimer la personne ;
> Et peu dans le haut rang où sa vertu l'a mis,
> Ont mieux que lui su faire et choisir des amis.
> (*Vers sur le retour de M. Fouquet, OEuvres,* t. 7, p. 125.)

(1) Nous avons cherché inutilement ces *Gazettes burlesques* dans les *OEuvres de Scarron.* Madame de La Fayette s'est mariée en 1655.

disoit : « Tenez-vous bien, je m'en vais vous louer. »
Il y a un proverbe qui dit : *Tenez-vous bien, je m'en vais vous peindre* (1).

Cependant, tout misérable qu'est Scarron, il a ses flatteurs, comme Diogène avoit ses parasites; sa femme est bien venue partout; jusqu'ici on croit qu'elle n'a point fait le saut. Scarron a souffert que beaucoup de gens aient porté chez lui de quoi faire bonne chère. Une fois le comte Du Lude, un peu brusquement, en voulut faire de même. Il mangea bien avec le mari, mais la femme se tint dans sa chambre (2). Villarceaux s'y attache, et le mari se moque de ceux qui ont voulu lui en donner tout doucement quelque soupçon. Elle a de l'esprit; mais l'applaudissement la perd : elle s'en fait bien accroire.

Scarron mourut vers l'automne de 1660 (3). Sa femme l'avoit fait résoudre à se confesser, etc.; d'El-

---

(1) Nous ne savons pas quel ouvrage Scarron dédia à l'abbé de Retz dans les termes rapportés par Tallemant; mais l'épître dédicatoire du *Roman-comique* commence ainsi : *A coadjuteur, c'est tout dire. Oui, monseigneur, votre nom seul porte avec soi tous les titres et tous les éloges que l'on peut donner aux personnes les plus illustres de notre siècle*, etc.

(2) Tallemant confirme le récit de madame de Caylus : « Elle (ma-
« dame de Scarron) passoit ses carêmes à manger un hareng au bout de
« la table, et se retiroit aussitôt dans sa chambre, parce qu'elle avoit
« compris qu'une conduite moins exacte et moins austère, à l'âge où
« elle étoit, feroit que la licence de cette jeunesse n'auroit plus de
« frein, et deviendroit préjudiciable à sa réputation. » (*Souvenirs de madame de Caylus*, dans la Collection des Mémoires relatifs à l'histoire de France, deuxième série, t. 66, p. 365.)

(3) Tous les biographes placent la mort de Scarron au 14 octobre 1660; cette époque est douteuse. Segrais dit : « Scarron mourut

bène et le maréchal d'Albert lui dirent qu'il moquoit; il se porta mieux; depuis il retomba et sauva les apparences. Sa femme s'est retirée dans un couvent pour n'être à charge à personne, quoique de bon cœur Franquetot, son amie (1), l'eût voulu retirer chez elle; mais l'autre a considéré qu'elle n'est pas assez accommodée pour cela. S'étant mise à la Charité des Femmes (2), vers la Place-Royale, par le crédit de la maréchale d'Aumont (3), qui a une chambre meublée qu'elle lui prêta, la maréchale d'Aumont lui envoya au commencement tout ce dont elle avoit besoin, jusqu'à des habits; mais elle le fit savoir à tant de gens, qu'enfin la veuve s'en lassa, et un jour elle renvoya par une charrette le bois que la maréchale avoit fait décharger dans la cour du couvent. Aussitôt que sa pension fut réglée, elle paya. On saura qui lui en a donné l'argent. Les religieuses disent qu'elle voit furieusement de gens, et que cela ne les accommode pas.

J'oubliois qu'elle fut ce printemps avec Ninon et

« au mois de juin 1660, pendant que j'étois au voyage du Roi pour « son mariage, et je n'en avois rien su. La première chose que je fis à « mon retour, ce fut de l'aller voir; mais quand j'arrivai devant sa « porte, je vis qu'on emportoit de chez lui la chaise sur laquelle il étoit « toujours assis, que l'on venoit de vendre à son inventaire. » (*Mémoires anecdotes de Segrais*, p. 150, édition de 1723.)

(1) On ne connoissoit pas cette circonstance. Cette dame Franquetot devoit être l'aïeule, ou la grand'tante de François de Franquetot, créé duc de Coigny en 1747.

(2) C'est-à-dire au couvent des Hospitalières, dans le cul-de-sac de ce nom, près de la Place-Royale.

(3) Tallemant commet ici une erreur. Il attribue à la maréchale d'Aumont des services qui furent rendus à madame Scarron par la maréchale d'Albret.

Villarceaux dans le Vexin, à une lieue de la maison de madame de Villarceaux, femme de leur galant. Il sembloit qu'elle allât la morguer.

Depuis on a trouvé moyen de lui faire avoir une pension de la Reine-mère de deux mille cinq cents ou trois mille livres (1) : elle vit de cela, a une petite maison et s'habille modestement. Villarceaux y va toujours ; mais elle fait fort la prude, et cette année (1663), que tout le monde a masqué, jusqu'à la Reine-mère, elle n'a pas laissé de dire qu'elle ne concevoit comment une honnête femme pouvoit masquer.

La Cardeau, fille de cette célèbre faiseuse de bouquets qui en fournissoit autrefois à toute la cour, et qui est si connue par l'amour qu'elle a pour les femmes, est devenue amoureuse d'elle. Elle a fait en vérité tout ce qu'elle a pu pour avoir le prétexte d'y demeurer à coucher, et enfin il y a quelques jours que madame Scarron, étant sur des carreaux dans sa ruelle du lit avec un peu de colique, cette fille, en entrant, se va coucher auprès d'elle et lui voulut mettre une grosse bourse pleine de louis en l'embrassant. L'autre se lève et la chasse.

(1) Cette pension n'étoit que de deux mille livres.

SCUDÉRY, (1) SA SOEUR (2),

ET MADAME DE SAINT-ANGE.

Scudéry, à ce qu'il dit, est originaire de Sicile, et son vrai nom est Scuduri. Ses ancêtres passèrent en Provence, en suivant le parti des princes de la maison d'Anjou. Son père s'attacha à l'amiral de Villars (3), et, pour l'amour de lui, s'établit en Normandie. Ce garçon-ci et sa sœur qui, jusqu'en 1655 (il y a trois ans (4)), a toujours demeuré avec lui, n'avoient guère de bien. Il a eu, comme il se vante, un régiment aux guerres de Piémont, avant la guerre déclarée contre l'Espagne. Il s'amusa après à faire des pièces de théâtre : il commença par *Ligdamon* (5) et *le Trompeur puni* (6), deux méchantes pièces. Cependant il s'y étoit

---

(1) Georges de Scudéry, né au Havre vers 1601, mort à Paris le 14 mai 1667.

(2) Madelaine de Scudéry, née au Havre en 1607, morte à Paris en 1671.

(3) André de Brancas, seigneur de Villars, gouverneur du Havre, fut fait amiral par Henri IV, contre lequel il avoit défendu Rouen, en 1592.

(4) Ainsi Tallemant écrivoit ceci en 1658.

(5) *Ligdamon et Lidias*, ou *la Ressemblance*, tragi-comédie tirée de l'*Astrée*; Paris, 1631, in-8°.

(6) *Le Trompeur puni*, ou *l'Histoire septentrionale*, tragi-comédie, tirée de l'*Astrée* et de *Polexandre*; Paris, 1638, in-8°.

fait mettre en taille-douce avec un buffle, et autour ces mots :

> Et poète et guerrier,
> Il aura du laurier.

Quelqu'un malicieusement changea cela et dit qu'il falloit mettre :

> Et poète et Gascon,
> Il aura du bâton.

Il fit une préface sur Théophile, et il disoit qu'il n'y avoit eu, parmi les morts ni parmi les vivants, personne de comparable à Théophile. « Et s'il y avoit « quelqu'un, ajoutoit-il, parmi ces derniers qui croie « que j'offense sa gloire imaginaire, pour lui montrer « que je le crains aussi peu que je l'estime, je veux « qu'il sache que je m'appelle *de Scudéry*. »

En une autre rencontre il écrivit une lettre à la louange d'une pièce de quelqu'un de ses amis ; elle commençoit ainsi : « Si je me connois en vers, et je « pense m'y connoître, etc. » Et à la fin : « C'est mon « ami, je le soutiens ; je le maintiens et je le signe *de* « *Scudéry*. » Dans la préface d'une pièce de théâtre, nommée *Arminius* (1), il met le catalogue de tous ses ouvrages, et il ajoute qu'à moins que les puissances souveraines le lui ordonnent, il ne veut plus travailler à l'avenir. En une lettre à sa sœur, il mettoit : « Vous « êtes mon seul reconfort dans le débris de toute ma

---

(1) *Arminius*, ou *les Frères ennemis*, tragi-comédie, Paris, 1643, in-4°.

« maison. » Sa sœur a plus d'esprit que lui, et est tout autrement raisonnable ; mais elle n'est guère moins vaine : elle dit toujours : « Depuis le renversement de « notre maison. » Vous diriez qu'elle parle du bouleversement de l'empire grec. Pour de la beauté, il n'y en a nulle ; c'est une grande personne maigre et noire, et qui a le visage fort long. Elle est prolixe en ses discours, et a un ton de voix de *magister* qui n'est nullement agréable. Elle m'a conté qu'étant encore fort jeune fille, un *D. Gabriel*, Feuillant, qui étoit son confesseur, lui ôta un roman, où elle prenoit bien du plaisir, et lui dit : « Je vous donnerai un livre qui vous « sera plus utile. » Il se méprit, et, au lieu de ce livre, il lui donna un autre roman : il y avoit trois marques à des endroits qui n'étoient pas plus honnêtes que de raison. La première fois que le moine revint, elle lui en fit la guerre. « Ah ! dit-il, je l'ai ôté à une per- « sonne ; ces marques ne sont pas de moi. » Quelques jours après, il lui rendit le premier roman, apparemment parce qu'il avoit eu le loisir de le lire, et dit à la mère de mademoiselle de Scudéry que sa fille avoit l'esprit trop bien fait pour se laisser gâter à de semblables lectures. M. Sarrau, conseiller huguenot à Rouen (il l'a été depuis à Paris), lui prêta ensuite les autres romans. Elle se plaint fort de la fortune, et me conta un témoignage de leur malheur qui est assez extraordinaire. Un de leurs amis étoit sur le point de leur faire toucher dix mille écus d'une certaine affaire, et il n'avoit jamais voulu dire par quel biais ni par quelles personnes. En ce temps-là ils revenoient de Rouen ; ils trouvèrent un homme de leur connoissance sur le chemin, qui venoit de Paris. « Quelles

« nouvelles ? — Rien, sinon qu'un tel (c'étoit
« cet ami) a été tué d'un coup de tonnerre parmi
» un million de gens qui se promenoient à la Tour-
» nelle. »

Par le moyen de M. de Lisieux (1), au commencement de la Régence, madame de Rambouillet fit avoir le gouvernement de Notre-Dame-de-La-Garde de Marseille à Scudéry, et l'emporta sur Boyer, qui l'avoit eu, et qui le redemandoit au cardinal Mazarin, à qui il étoit. Quand il fut question d'en donner les expéditions, M. de Brienne écrivit à madame de Rambouillet qu'il étoit de dangereuse conséquence de donner ce gouvernement à un poète qui avoit fait des poésies pour l'Hôtel de Bourgogne, et qui y avoit mis son nom; madame de Rambouillet lui fit réponse qu'elle avoit trouvé que Scipion l'Africain avoit fait des comédies, mais qu'à la vérité, on ne les avoit pas jouées à l'Hôtel de Bourgogne. Après Scudéry eut ses expéditions. Il part donc pour aller demeurer à Marseille, et cela ne se put faire sans bien des frais, car il s'obstina à transporter bien des bagatelles, et tous les portraits des illustres en poésie, depuis le père de Marot (2), jusqu'à Guillaume Colletet; ces portraits lui avoient coûté; il s'amusoit ainsi à dépenser son argent à des badineries. Sa sœur le suivit; elle eût bien fait de le laisser aller; elle a dit pour ses raisons : « Je croyois que mon frère
« seroit bien payé; d'ailleurs le peu que j'avois, il
« l'avoit dépensé. J'ai eu tort de lui tout donner; mais

---

(1) Philippe de Cospéan, évêque de Lizieux. (*Voyez* son article, t. 2, p. 338.)

(2) Jean Marot, père de Clément.

« on ne sait ces choses-là que quand on les a expéri-
« mentées. »

Madame de Rambouillet disoit : « Cet homme-là,
« il n'auroit pas voulu un gouvernement dans une val-
« lée : je m'imagine le voir sur le donjon de Notre-
« Dame-de-La-Garde, la tête dans les nues, regarder
« avec mépris tout ce qui est au-dessous de lui. » Il fit
là quelques ouvrages, et entre autres, un où il y avoit
dans la préface que c'est une chose bien à l'avantage
de ceux qui tiennent le timon des affaires que les gouverneurs des places frontières aient le loisir de s'amu-
ser à faire des livres; et ensuite se plaignant du traitement qu'on lui fait, il dit qu'on éloigne de la cour des
hommes dont la capacité pourroit fournir de bons
conseils pour régir l'Etat, et il met ensuite le catalogue
de toutes les cours qu'il a vues, qui ne sont pour la
plupart que les petites cours des *principions* d'Italie.
On lui ôta ensuite ce gouvernement, quoiqu'il ne fût
comme point payé. Madame de Rambouillet s'employa encore pour le lui conserver. « Monsieur, lui
« dit-elle, dites-moi vos raisons. — Madame, il vaut
« mieux les écrire. » Il lui envoya le lendemain trois
feuilles de papier contenant sa généalogie et ses belles
actions. Madame de Rambouillet fut tentée de lui
mander que ce n'étoit point pour faire son oraison funèbre qu'elle avoit demandé ce mémoire.

Ce frère donna bien de l'exercice à sa sœur en ce
temps-là, car il vouloit épouser une g...., et elle, qui
n'espéroit plus qu'en des bénéfices, se voyoit bien loin
de son compte; « car c'étoit, disoit-elle, la seule raison qui l'attachoit à ce frère. » Madame d'Aiguillon lui
voulut donner une lieutenance d'une galère. Il n'en

voulut point (1), et dit que dans sa maison il n'y avoit jamais eu que des capitaines ; aussi dit-il en un endroit de ses vers :

>Moi qui suis fils d'un capitaine,
>Que la France estima jadis,
>Je fais des desseins plus hardis,
>Ma Minerve est bien plus hautaine.

Il arriva une fois une aventure qui chatouilla bien sa vanité. Je ne sais quel homme qui se disoit être à un grand seigneur des Pays-Bas, le vint prier de vouloir bien prendre la peine de faire trois stances, l'une sur le bleu, l'autre sur le vert, et la dernière sur le jaune ; que ce seigneur étoit amoureux, et qu'ayant ouï parler de M. de Scudéry comme de l'un des premiers auteurs de la cour de France, il l'avoit dépêché exprès en poste pour lui demander cette grâce. « Mais ne « veut-il que trois stances? dit Scudéry. — Non, rien « que trois. — Hé! qu'il me permette d'en faire deux « sur chaque couleur ! — Non, monsieur, on n'en « veut que trois en tout. » Il les fit et les donna sans demander le nom de celui pour qui il les avoit faites ; peut-être étoit-ce une malice qu'on lui faisoit.

Comme on imprimoit le septième livre de l'*Enéide travestie* par un provincial, quelqu'un envoya à Scudéry la feuille où, parlant de Camille, après l'avoir

---

(1) Ce passage est difficile à concilier avec ce que dit Conrart. « Georges de Scudéry, gouverneur de Notre-Dame-de-la-Garde, et ca- « pitaine d'un vaisseau françois entretenu, s'est rendu célèbre par « toute la France, etc. » *Mémoires de Conrart*, tom. 48, p. 254, de la deuxième série de la *Collection des Mémoires relatifs à l'histoire de France*.

faite bien furieuse, il disoit qu'elle étoit digne d'avoir pour mari

Le grand monsieur de Scudéry.

Il le prit pour argent comptant, et il a dit depuis qu'il avoit refait le carton, parce que cela étoit trop flatteur pour lui.

Quand M. le Prince sortit de prison, Scudéry se fit beau un matin pour l'aller voir ; un de ses amis le reconnut comme il sortoit. « Où allez-vous ? — Je « vais saluer M. le Prince. — Mais qu'avez-vous « sous votre chapeau ? » C'étoit son bonnet. Madame d'Aiguillon lui donna un prieuré de quatre mille livres de rente ; mais le prieur, qui étoit par quelque aventure tombé entre les mains des ennemis, sans qu'on le sût, revint au bout de six mois; on le croyoit mort.

Il fut encore malheureux à *Alaric*, qui fut justement achevé quand la Reine (1) eut fait son abdication.

Comme il s'étoit retiré à Granville, en Normandie, à cause d'une petite intrigue pour M. le Prince, durant les troubles, feu madame de L'Espinay-Piron, une veuve qualifiée du pays, passant par là, vit notre auteur qui se promenoit; elle demanda qui il étoit; on le lui dit. A ce nom de Scudéry, elle lui fait compliment et le mène chez elle. Une vieille fille de ses parentes, appelée mademoiselle de Martinval (2), qui

---

(1) Christine de Suède.
(2) Elle s'appeloit Marie-Françoise de Martin-Vast. On a d'elle une correspondance avec Bussy-Rabutin, qui sembleroit devoir la faire juger avec plus d'indulgence que Tallemant ne le fait ici. Beauchamps, dans

étoit avec elle, s'enflamma du *Grand Georges* et ils se marièrent ; mais c'étoit mettre un rien avec un autre rien. Il en a' eu un garçon qui est fort joli. C'est une des plus grandes *hableuses* de France, et pour de la cervelle, elle en a à peu près comme son époux ; elle étoit un peu parente de M. ou de madame de Saint-Aignan. Je croirois plutôt que c'est de madame qui est sœur du président Bauquemare, originaire de Rouen(1). Voici ce qu'elle conte d'un placet que Scudéry fit au roi. M. de Saint-Aignan, tourmenté par cette femme, pria le Roi que Scudéry en personne lui présentât ce placet : on le fit appeler par trois fois ; enfin il fendit la presse, et dit au Roi que ce n'étoit pas tant pour lui présenter son placet que pour avoir l'honneur d'approcher de Sa Majesté..... « Je le crois, dit le Roi ; « je le crois, monsieur de Scudéry. » Il prit le placet et le donna à M. le duc de Saint-Aignan pour l'en faire ressouvenir ; puis s'adressant à ce dernier : « Vous vous « ressemblez, lui dit-il, vous et M. de Scudéry, par la « bravoure et par les lettres. — Ah ! Sire, répondit le « duc, j'approche encore moins de sa bravoure que de « sa poésie. » M. de Turenne, qui entendit cela, se mit de la conversation, et dit : « Je donnerois volontiers « tout ce que j'ai fait pour la retraite que fit M. de

---

ses *Recherches sur les Théâtres de France* (Paris, 1735, t. 2, p. 105), parle favorablement de madame de Scudéry ; il cite l'autorité de Segrais, mais il est douteux que ce dernier en ait parlé. Ce qu'il dit, p. 49 de ses *Mémoires anecdotes*, paroît devoir s'appliquer à *mademoiselle* de Scudéry, sœur de notre *matamore* de comédie.

(1) Nicolas de Bauquemare, seigneur de Bourdeny, étoit président aux requêtes du Palais à Paris. Il avoit épousé Élisabeth Servien, sœur aînée d'Antoinette Servien, duchesse de Saint-Aignan. (Voyez *Morery*, article *Servien*.)

« Scudéry au Pas de Suze. » Je voudrois bien avoir vu ce placet ; je pense que c'est une bonne chose. M. de Saint-Aignan s'est tant empressé pour eux, qu'il lui a fait donner quatre cents écus, comme bel esprit, et ils sont après à avoir quelque pension sur un bénéfice pour leur fils. Un jour qu'ils avoient loué une litière (c'est depuis peu, au carême de 1667) pour aller à Saint-Germain, le mari, la femme et l'enfant, car le papa ne peut souffrir le carrosse, le garçon du louager entendit de travers, et crut que c'étoit à Saint-Germain qu'il les falloit aller quérir ; de sorte que la litière y alla et revint à vide, aux dépens du pauvre *mâche-lauriers* (1). Le petit garçon y fut pourtant ; car, comme ils attendoient la litière, une dame de leurs amies passa, qui prit cet enfant. Il répondit joliment aux filles de la Reine, qui vouloient qu'il dît laquelle étoit la plus belle. « Je n'en ferai rien, dit-il ; pour une que « j'obligerois, j'en désobligerois cinq. » Au Roi même il répondit plaisamment. Un peu après ce pauvre homme alla par malheur faire jouer une pièce de théâtre appelée *le Grand Annibal*. Elle réussit si mal qu'on lui pensa jeter des pommes, et on l'appelle en riant *le Grand Animal* de Scudéry, au lieu du *Grand Annibal*. Ses amis, ou plutôt ceux de sa sœur, disent que cela vient d'une cabale de Corneille, qui étoit bien aise que l'*Annibal* de Scudéry eût un pire succès que son *Attila* (2).

(1) Comme Tallemant auroit appelé un âne, un *mâche-chardons*.
(2) L'*Annibal*, ou *le Grand Annibal* de Scudéry, ne paroît pas avoir été imprimé. Beauchamps a compris dans l'indication des pièces de théâtre de cet auteur : *Annibal*, tragédie, 1631. Le duc de La Vallière dit qu'on attribue à Scudéry une pièce sous ce titre. Ici se présente

Or, il faut dire quand mademoiselle de Scudéry a commencé à travailler, elle a fait une partie des harangues des *Femmes illustres* et tout *l'Illustre Bassa*. D'abord elle trouva à propos, par modestie, ou à cause de la réputation de son frère, car ce qu'il faisoit, quoique assez méchant, se vendoit pourtant bien, de mettre ce qu'elle faisoit sous son nom. Depuis, quand elle entreprit *Cyrus*, elle en usa de même, et jusqu'ici elle ne change point pour *Clélie*.

Après La Serre, personne n'a fait de plus beaux titres de livres que Scudéry : les *Discours politiques des Rois; Salomon instruisant le Roi; le Grand Exemple,* etc.

Ce fou a eu les plus plaisantes jalousies du monde pour sa sœur; il l'enfermoit quelquefois, et ne vouloit pas souffrir qu'on la vît. Elle a eu une patience étrange, et j'ai de la peine à concevoir comment elle a pu faire ce qu'elle a fait ; car, quoique pour les aventures ce soit peu de chose, il y a de la belle morale dans ses romans, et les passions y sont bien touchées; je n'en vois pas même de mieux écrits, hors quelques affectations (1). Ceux qui la connoissoient un peu virent bien, dès les premiers volumes de *Cyrus*, que Georges de Scudéry, gouverneur de Notre-Dame-de-la-Garde, car il se qualifie toujours ainsi, ne faisoit que la préface et les épîtres dédicatoires. La Calpre-

---

une difficulté assez grave. Scudéry est mort en 1667, l'année même de la représentation de l'*Attila* de P. Corneille; si l'anecdote est véritable, il faut qu'*Annibal* ait été joué en 1667, presque en même temps qu'*Attila*. Il ne faut pas s'arrêter du tout à la date donnée par Beauchamps.

(1) Au moment où Tallemant écrivoit, les ouvrages de madame de La Fayette n'existoient point; *Zaïde* et *la Princesse de Clèves* ne parurent, sous le nom de Segrais, que quelques années plus tard.

nède le lui dit une fois, en présence de sa sœur, et ils se fussent battus sans elle ; c'est pourquoi Furetière disoit qu'à la clef qu'on en a donnée, il falloit ajouter : *M. de Scudéry, gouverneur*, etc. — *Mademoiselle sa sœur*.

Vous ne sauriez croire combien les dames sont aises d'être dans ses romans, ou, pour mieux dire, qu'on y voie leurs portraits ; car il n'y faut chercher que le caractère des personnes, leurs actions n'y sont point du tout. Il y en a pourtant qui s'en sont plaintes, comme madame Tallemant, la maîtresse des requêtes, qui s'appelle *Cléocrite* (1). La comtesse de Fiesque dit là-dessus : « La voilà bien délicate ; je la veux bien être, « moi. » Elle en fait une personne qui aime mieux avoir bien des sots que peu d'honnêtes gens chez elle. Madame Cornuel, qu'elle nomme *Zénocrite*, et à qui on ne fait épargner ni amis ni ennemis, s'en plaignit à elle-même, à la promenade. « Madame, lui dit l'autre, « avec son ton de prédicateur, c'est que quand mon « frère rencontre un caractère d'esprit agréable, il « s'en sert dans son histoire. » Madame Cornuel, pour se venger, disoit que la Providence paroissoit en ce que Dieu avoit fait suer de l'encre à mademoiselle de Scudéry, qui barbouilloit tant de papier (2).

Scudéry fut fait de l'Académie vers ce temps-là. Conrart, comme secrétaire de l'Académie, recueille tous les complimens des réceptions. Scudéry lui envoya le sien, où il y avoit cent fanfaronnades, et quelques jours

---

(1) Marie Du Puget de Montauron, femme de Gedéon Tallemant, maître des requêtes. (*Voyez* l'article de Montauron, père de madame Tallemant, t. 5, p. 18 de ces *Mémoires*.)

(2) Mademoiselle de Scudéry étoit fort laide et très-noire.

après il lui écrivit qu'il le prioit d'ajouter ces trois lignes en un tel endroit : « L'Académie peut se dire à « plus juste titre *Porphyrogénète* (1) que les empereurs « d'Orient, puisqu'elle est née de la pourpre des car- « dinaux, des rois et des chanceliers. »

Scudéry ayant vu le privilége de l'*Histoire de l'Académie* où M. Conrart se fût bien passé de parler de P. Pellisson, premier président de Chambéry, bisaïeul de l'auteur, dit : « Voilà un drôle de privilége. » Cependant il renvoya celui d'*Alaric* à M. Conrart, et lui manda que ce n'étoient pas là des priviléges comme il en faisoit pour ses amis. Il le fallut donc amplifier, louer Scudéry de grand guerrier, et louer aussi la reine de Suède.

Or, quand Pellisson fit l'*Histoire de l'Académie*, Scudéry se plaignit fort de ce qu'il ne lui avoit pas fait un éloge. Il commençoit à faire amitié avec mademoiselle de Scudéry, qu'il avoit vue cent fois chez Conrart, son ami. Cette brouillerie fut cause qu'il n'osa aller la voir : il arriva encore un accident; car M. de Grasse (*Godeau*) donnant à dîner à la demoiselle, à Conrart et à quelques autres, Conrart trouva Pellisson en chemin, et l'y mena. Le lendemain le petit prélat, qui n'étoit point averti, rencontre Scudéry à l'hôtel de Rambouillet, et lui dit, entre autre choses, que mademoiselle sa sœur avoit amené M. Pellisson dîner chez lui, et lui dit mille biens de ce garçon. Le soir Scudéry pensa manger sa sœur.

Quand Scudéry corrigeoit les épreuves des romans de sa sœur, car par grimace il faut bien que ce soit lui,

---

(1) Né dans la pourpre. (T.)

s'il reconnoissoit quelqu'un, d'un trait de plume aussitôt il le défiguroit, et de blond le faisoit noir. Un Gascon l'ayant rencontré je ne sais où, croyant que mademoiselle de Scudéry étoit sa femme, lui alla dire familièrement : « Hé donc ! mademoiselle votre femme « que fera-t-elle après le *Cyrus* ? »

Il y a un plumassier dans la rue Saint-Honoré qui a pris pour enseigne *le Grand Cyrus*, et l'a fait habiller comme le maréchal d'Hocquincourt.

Il prit un chagrin à ce visionnaire ; il se retira chez lui, et ne vouloit voir personne ; il écrivoit *du Marais*, et signoit *l'Homme du Désert*.

Cette carte de Tendre, que M. Chapelain fut d'avis de mettre dans la *Clélie*, fut faite par mademoiselle de Scudéry, sur ce qu'elle disoit à Pellisson qu'il n'étoit pas encore prêt d'être mis au nombre de *ses tendres amis*. Je doute que ce soit trop bien parler.

La plupart des dames de la cabale de mademoiselle de Scudéry, qu'on appela depuis *le Samedi*, n'étoient pas autrement jolies : mon frère, l'abbé (1), fit cette épigramme contre elles :

> Ces dames ont l'esprit très-pur,
> Ont de la douceur à revendre.
> Pour elles on a le cœur tendre,
> Et jamais on n'eut rien de dur.

Pellisson fait un recueil où il met toutes leurs lettres et tous les vers sans rien corriger. J'en tire ce

---

(1) François Tallemant, abbé du Val-Chrestien, frère de l'auteur. (*Voyez* plus haut son article, p. 65.)

qu'il y a de meilleur: Cela s'appelle *les Chroniques du Samedi* (1).

On peut dire que mademoiselle de Scudéry a autant introduit de méchantes façons de parler que personne ait fait il y a long-temps; elle est encore cause de cette sotte mode de faire des portraits, qui commencent à ennuyer furieusement les gens (1668) (2).

Madame de Longueville n'ayant rien de meilleur à leur donner, leur envoya de son exil son portrait avec un cercle de diamants; il pouvoit valoir douze cents écus. Les livres de cette fille se vendent fort bien : elle en tiroit beaucoup, mais son frère s'amusoit à acheter des tulipes. Enfin Dieu l'en délivra; il s'avisa de cabaler pour M. le Prince, et fut contraint de se sauver en Normandie. Comme il alloit chercher un gentilhomme qui faisoit admirablement bien des papillons de miniature, il trouva qu'on l'enterroit; mais en volant (3) le papillon, il attrapa une femme; car une demoiselle romanesque, qui mouroit d'envie de travailler à un roman, croyant que c'étoit lui qui les faisoit, l'épousa. Ils sont chez une tante qui les nourrit : elle est mal avec ses enfants ; je ne sais comment cette tante n'a point fait rompre le mariage. Il vint ici il y

(1) Il existe encore un échantillon de ces ridicules Chroniques. On trouve dans les manuscrits de Conrart, conservés à la bibliothèque de l'Arsenal, n° 151, in-4°, la *Journée des madrigaux, Fragment tiré des Chroniques du Samedi.* La Monnoie déploroit la perte de cette pièce dans une note du *Ménagiana* (t. 2, p. 331 de l'édition de 1715). Il l'auroit moins regrettée s'il avoit pu lire cette fade *Chronique.*

(2) Le Recueil de ces portraits a été imprimé en petit nombre en 1659, et réimprimé par Sercy en 1662. On en a réuni les plus saillants dans le septième volume de l'édition des *Mémoires de mademoiselle de Montpensier.* (Londres, 1746, petit in-12.)

(3) *En volant,* en courant après; expression tirée de la chasse au vol.

a un an, mais sa sœur lui déclara qu'il n'y avoit qu'un lit dans la maison, et il s'en retourna.

Scudéry vint à Paris au commencement de 1660 pour y faire imprimer un roman en une douzaine de volumes. C'est une paraphrase des guerres civiles de Grenade, une ridicule chose. Il a eu peur que l'on ne crût trop long-temps qu'il avoit fait *Cyrus* et *Clélie;* sa femme a eu une peine étrange à s'en désabuser : il le lui a fallu dire gros comme le bras.

Mademoiselle de Scudéry est plus considérée que jamais; on lui a envoyé quelques présents sans dire de la part de qui ils venoient. On l'a pourtant découvert. Madame de Caen (1), fille de feue madame de Montbazon, lui envoya une montre, M. de Montausier de quoi faire une robe, et madame Du Plessis-Guénégaud, le meuble d'une petite salle. On laissoit tout cela de grand matin à sa servante. Cette fille étoit persuadée de Sarrazin, et croyoit assez mal à propos qu'il feroit beaucoup pour elle; c'étoit un chien de Normand, qui avoit été dix ans sans la voir; il y retourna quand il vint ici pour négocier le mariage de son maître (2). Cette vision est cause que Pellisson l'a tant prôné dans cette préface (3). Elle l'appelle *Amilcar* dans la *Clélie* (4). Pellisson est son grand gouverneur; ce garçon a toujours quelque amour à la platonique. Il s'éprit pour Sapho,

(1) Marie-Éléonore de Rohan, abbesse de la Trinité de Caen, puis de Malnoue, sœur de la célèbre duchesse de Chevreuse.

(2) Le mariage du prince de Conti avec Anne-Marie Martinozzi, nièce du cardinal Mazarin. Ce mariage eut lieu au mois de février 1654.

(3) La préface des *OEuvres de Sarrazin;* Courbé, 1656.

(4) Sarrazin étoit aussi appelé *Polyandre,* dans la société de mademoiselle de Scudéry.

car on l'appelle ainsi dans toutes les galanteries qui se font, depuis qu'elle fit son caractère en quelque sorte dans l'histoire de cette poëtesse, dans un des livres de *Cyrus*. Il lui a rendu tous les devoirs et toutes les marques d'amitié possibles, et que par la suite il se trouve qu'ils se sont fait valoir tous deux; car, chez elle, il fit connoissance avec madame Du Plessis-Bellière (1). Cette madame Du Plessis, ayant fait donner quelque chose par son parent à mademoiselle de Scudéry, Pellisson fit une pièce en petits vers qu'il appeloit le *Remercîment du siècle à M. le surintendant Fouquet*. Cela plut au surintendant; il fit quelque chose pour Pellisson; Pellisson lui fait encore un plus grand *remercîment*; et enfin le surintendant l'employa à faire toutes ses dépêches, et, quand il en parle, il dit: « M. Pellisson m'a fait l'honneur de se donner à moi. » La Calprenède, qui a de la jalousie du succès de *Clélie*, dit assez plaisamment: « M. le prince Pellisson
« me tond dans ce livre. Pour moi, je ne vais point
« chercher mes héros dans la rue Quinquempoix (2). »
Il est vrai que ce n'est pas une chose fort judicieuse que de prendre le caractère des gens qui ne sont pas trop bien bâtis pour l'adapter à des consuls romains (3)

---

(1) Suzanne de Bruc, femme de Jacques de Rongé, seigneur Du Plessis-Bellière. Elle a été enveloppée dans la disgrâce du surintendant Fouquet. L'un des éditeurs a publié une lettre de cette dame dans une note des *Mémoires de Conrart*. (Collection des Mémoires relatifs à l'histoire de France, 2ᵉ série, t. 48, p. 259.)

(2) On l'appelle aussi *la rue des Cocus*. (T.) — Tallemant auroit dû nous dire le motif de cette burlesque dénomination.

(3) Pellisson, c'est *Herminius*. (T.) — On le désignoit aussi sous le nom d'*Acante*. (Voyez sur ces noms de roman la note de la p. 425 du tome 2.)

et à des princes ; cela choque et ne choqueroit point, si on ne le savoit point ; mais si on ne le savoit point, cela ne seroit pas utile à Sapho. Ma foi, elle a besoin de mettre toutes pierres en œuvre ; quand j'y pense bien, je le lui pardonne.

Mademoiselle Robineau, une fille déjà âgée (1) (c'est *Doralise* dans *Cyrus*), dit que Herminius et Sapho, c'est le *concile*, ce qu'ils ont résolu est immuable ; ils traitent d'impertinents tout le reste du monde. Vous voyez bien qu'il y a un peu de jalousie.

Quand mademoiselle d'Arpajon (2) se fit Carmélite, mademoiselle Sapho s'avisa de lui écrire une grande lettre pour l'en retirer ; cette belle épître n'eût peut-être pas persuadé une jeune fille, et celle-là avoit trente ans, car elle ne lui parloit que des divertissements

---

(1) Cette demoiselle Robineau étoit l'objet des attentions de Chapelain. Dans une lettre adressée à mademoiselle de Scudéry, le 14 juillet 1641, dont l'original appartient à M. Monmerqué, Chapelain parle avec un sentiment de jalousie de l'amitié de mademoiselle Robineau pour madame Arragonnais.

« Je ne vais jamais pour lui rendre mes devoirs, écrivoit-il, que je
« ne la trouve, ou aux champs en sa compagnie, ou sortie avec elle pour
« la promenade, ou pour quelque dévotion. Cela vous fera connoître, en
« passant, mademoiselle, qu'il n'y a pas grande intelligence entre nous,
« et que si, par hasard, il y avoit de l'affection, ce seroit tout d'un côté
« et rien de l'autre. » Dans une lettre du 25 avril 1653, dont la copie, de la main de Conrart, existe dans le manuscrit de l'Arsenal, n° 1517, page 43, mademoiselle de Scudéry fait à Chapelain des reproches de ce qu'il a remercié mademoiselle Robineau d'oiseaux de paradis, dont il avoit l'obligation à madame Arragonnais. Cette dernière se nommoit Marie Le Gendre, et son mari Antoine. Leur fille Marie Arragonnais épousa Michel d'Aligre, conseiller au Parlement, fils d'Étienne d'Aligre, chancelier de France. La mère s'appeloit, dans cette société, *la princesse Philoxène*, et la fille *Télamire*.

(2) Jacqueline d'Arpajon, religieuse carmélite au couvent de la rue Saint-Jacques, à Paris.

qu'elle perdroit. La Reine alla ce jour-là aux Carmélites; les religieuses vouloient lui montrer cette lettre, et, en effet, sans Moissy, qui y prêchoit ce jour-là, elles l'eussent fait; car Sapho avoit grand tort d'écrire comme cela en une religion où l'on ne reçoit point de lettres que les supérieures ne les aient lues. Déjà les Carmélites et les autres dévots et dévotes lui en veulent, parce qu'à leur goût c'est elle qui établit la galanterie, car les *Cartes de Tendre,* etc., et les portraits ne viennent que de ses livres ; et combien de femmes ont eu l'ambition d'y avoir un caractère; d'ailleurs, disent-ils, cela est moins pardonnable à une fille qu'à un homme.

Sapho avoit pris le samedi pour demeurer au logis, afin de recevoir ses amis et ses amies. M. Chapelain et autres y menèrent des gens ramassés de tous côtés, et je ne pense pas que cela dure plus long-temps. Il y avoit autrefois des personnes de qualité, comme mademoiselle d'Arpajon et madame de Saint-Ange; mais l'une s'est mise en religion, et l'autre la voit bien encore, mais c'est plutôt un autre jour que le samedi.

Sapho a été fort en colère de ce que Furetière, dans *la Guerre du Galimatias* (1), l'a appelée *la Pucelle du Marais,* a dit qu'Augustin Courbé étoit infirmier, et a imprimé qu'elle avoit fait les romans que son frère s'attribuoit (2). Conrart, qui avoit vu cela, ne fit point

---

(1) Tallemant désigne, par cette expression, la satire de Furetière, intitulée : *Nouvelle allégorique,* ou *Histoire des derniers troubles arrivés au royaume d'Éloquence;* Paris, 1658, in-8º. Le fond de cette allégorie est la guerre déclarée par *Galimatias,* assisté de *Phébus,* son fils aîné, à la reine *Éloquence.*

(2) Voici le passage qui contraria tant mademoiselle de Scudéry :

d'instance de le faire changer, car la cabale est fort démanchée; il ne va plus guère de gens chez lui. Un homme lui dit une fois : « Au moins à cette heure peut-« on parler à vous, car il n'y a plus tant de foule ? » Conrart ne le trouva nullement bon, et dit : « C'est « que cela m'incommodoit. » La vérité est que Chapelain et M. de Montausier sont quasi les seuls constants (1).

MADAME DE SAINT-ANGE.

Cette madame de Saint-Ange (2) est un original. Elle est nièce de M. Servien, et a épousé Saint-Ange, gouverneur du bois de Boulogne, fils d'un premier maître-d'hôtel de la Reine. Madame de Saint-Ange est dans

« Mais surtout il y vint Sapho, illustre pucelle du Marais, aussi fa-
« meuse que celle d'Orléans pour le moins. Elle étoit des plus confi-
« dentes de la Reine, et celle qui recevoit le plus de ses faveurs. Son
« seul défaut étoit de se servir d'une demoiselle suivante fort poltronne,
« appelée Modestie, qui ne lui inspiroit que des conseils timides, ce
« qui l'empêchoit souvent de se produire. Elle lui étoit même infidèle,
« car elle lui déroboit tout ce qu'elle pouvoit de sa réputation. Mais
« enfin tant d'honnêtes gens épièrent cette suivante, qu'ils la convain-
« quirent de tous ses larcins, dont pourtant elle se justifia en quelque
« façon, parce qu'elle lui fit voir que tout ce qu'elle lui avoit dérobé de
« sa gloire pendant plusieurs années, elle l'avoit fait profiter à gros
« intérêts, sur une banque fameuse de la ville d'*Estime*, dans le
« royaume de *Tendre*, dont elle offroit de lui faire la restitution. »
(*Nouvelle allégorique*, p. 43.)

(1). *Voyez* sur cette cabale l'Historiette de Conrart, t. 2, p. 420.
(2) Ennemonde Servien épousa François Charron, marquis de Saint-Ange, premier maître-d'hôtel d'Anne d'Autriche.

une propreté si ridicule qu'elle ne veut pas toucher le bord de sa jupe, et encore moins le pot-de-chambre; de sorte qu'on la met p....., et on lui torche le c.., comme à un enfant. On a fort parlé d'elle avec le chevalier Du Buisson; on prétend que la mauvaise conduite est cause de tout ce désordre; elle a fait tout ce qu'elle a pu pour se faire aimer de lui; elle s'ajustoit dans ce dessein, au commencement, et retournoit toujours à huit heures, quoiqu'il ne lui eût donné aucun soin dans son domestique. Lui, au lieu de s'attacher à sa femme, lui débauchoit toutes ses filles, et les mettoit en chambre, et a dépensé jusqu'à huit cent mille livres de beaux biens. Il l'a fait obliger partout, de sorte qu'elle fut contrainte de se retirer dans un couvent; et voyant cet homme plus abîmé que jamais par la mort de la Reine-mère, Anne d'Autriche, elle alla trouver M. Servien, son père, en Savoie, où il étoit encore ambassadeur [1]. La mère [2] a été galante. Un chevalier d'Anlezi, qui commandoit le régiment de Féron, couchoit avec elle à Turin.

Cette femme est jolie, mais ce n'est pas une grande beauté; cependant elle y prétend plus que personne du monde. Dans la curiosité qu'elle avoit de voir cette madame de Villars que la reine de Suède cajola tant à son premier voyage (voyez les *Mémoires de la Régence* [3]), elle obligea un homme à leur donner à

---

[1] Ennemond Servien, frère du surintendant Servien, a été ambassadeur en Savoie depuis 1648 jusqu'en 1676.

[2] Justine de Bressac, fille d'un bailli de Valence.

[3] Ces Mémoires sont perdus, s'ils ont existé; ils nous auroient appris qui étoit cette dame de Villars; étoit-ce la mère du maréchal, ou étoit-elle de la maison de Brancas? C'est ce que les autres Mémoires du temps ne nous disent pas.

souper; mais elle s'en repentit aussitôt dès qu'elle eut vu sa rivale, ne lui dit rien, fut fort incivile et s'en alla le plus tôt qu'elle put.

Pour le bel esprit, c'est une grande pitié; jamais femme ne fit tant l'entendue; elle affecte aussi de réciter fort bien des vers; elle a eu, je ne sais combien de temps, la Beauchâteau, comédienne (1), pour maîtresse de déclamation, et, l'été passé, elle en récita chez Hilaire (2), où il y avoit vingt personnes, dont la plupart n'étoient pas de sa connoissance. Elle avoit pour voisin un gentilhomme nommé Herrouville, qui se pique d'esprit, et alla ensuite au *Samedi*. Cet homme trouva un jour un pot-de-chambre dans l'antichambre de madame de Saint-Ange; il crut faire une belle galanterie en faisant des vers sur cela. Je vous laisse à penser s'il oublia d'y parler d'*eau d'Ange* : il y avoit bien des choses plus délicates, car il disoit en un endroit, en parlant de cette eau, qu'il videroit volontiers

> Sa bourse,
> Pour en puiser à la source.

Il lui envoya ces beaux vers, et pour apaiser la belle, il fallut après faire amende honorable. Toute spirituelle qu'elle prétend être, on en médit avec un des plus sots hommes de la cour; c'est Cossé. Son mari est passablement honnête homme. Elle est quasi toujours

---

(1) C'étoit la mère de ce petit Beauchâteau, qui faisoit si facilement de mauvais vers; on a réuni ses petites *OEuvres* insignifiantes, sous le titre de *la Muse naissante*, 1657, in-4°. Les portraits qui y sont joints font encore rechercher ce volume.

(2) Mademoiselle Hilaire, célèbre chanteuse du temps. (*Voyez* son Historiette, t. 4, p. 436.)

jalouse de lui, et lui jamais d'elle. Il est présentement amoureux de cette madame de L'Orme d'Esgorry, dont il est parlé dans l'Historiette de madame de Gondran (1). Elle a trouvé moyen d'en faire ses plaintes à la Reine, car Saint-Ange est son premier maître-d'hôtel ; il a eu cette charge de son père. Elle dit ce que disent toutes les femmes, que son mari donne tout à cette madame de L'Orme, qui est ravie de l'emporter sur une plus jeune et plus belle personne qu'elle.

LE PRÉSIDENT ET LA PRÉSIDENTE

TAMBONNEAU.

Le président Tambonneau est président des comptes et fils d'un président des comptes. Son père étoit un homme fort débauché ; sa femme étoit galante : ils moururent tous deux de la v...... Le mari faisoit des excuses à sa femme de la lui avoir donnée, et on disoit : « Regardez le bonhomme ! hé ! qui lui a dit que « ce n'est point à elle à lui en faire ? » Il étoit incommodé, mais il se remit en prêtant sur gages à deux sous pour écu par mois ; il se servoit pour cela d'une insigne m......... qui logeoit à la rue de la Verrerie, et qui en faisoit métier et marchandise.

Notre président fit assez de dépense en sa jeunesse ;

---

(1) Voyez plus haut, t. 4, p. 283.

c'étoit le plus brave de tous les garçons de la ville, mais ce n'étoit pas le mieux fait; il est petit, camus et de fort mauvaise mine. Il épousa la fille d'un homme d'affaires, nommé Boyer (1). C'étoit une jeune fille de quatorze ans, fort jolie; elle n'avoit nulle envie de l'épouser, mais le père étoit un homme qui n'entendoit pas raillerie. Elle n'osa en rien dire, mais devant le prêtre elle fut fort long-temps à dire oui. Le soir des noces, quand Tambonneau se vint coucher, elle fit un grand cri, et ne voulut point souffrir qu'il approchât d'elle; insensiblement elle s'y accoutuma, et pour se consoler, elle eut bientôt des galants.

On ne sauroit assurer qui la mit à mal, du jeune président Le Cogneux, qu'on appeloit en ce temps-là l'abbé de Saint-Euverte (2), ou du comte d'Aubigny (3). Le Cogneux conte qu'elle alloit courir avec son rival, la nuit, au bal, et qu'une fois il entendit qu'en descendant de carrosse elle disoit : « Adieu, ma cousine. » Lui l'attendit dans sa chambre et lui donna de bons soufflets, en lui disant : « Voilà pour votre cousine. » Je commencerai par l'abbé, parce que cette femme ayant eu envie de loger dans la maison du président

---

(1) Antoine Boyer, seigneur de Sainte-Geneviève-des-Bois.

(2) Jacques Le Coigneux, président à mortier au Parlement, fut nommé à l'abbaye de Saint-Euverte d'Orléans, en 1630. Son frère Bachaumont lui succéda dans ce bénéfice, en 1645. C'est par erreur que, dans les *Mémoires de Conrart*, t. 48, p. 193 de la deuxième série de la *Collection des Mémoires relatifs à l'histoire de France*, on a écrit ce nom Saint-Envestre. (*Voyez* au t. 3, pages 103 et suivantes, l'Historiette du président Le Coigneux.)

(3) François-Jacques d'Amboise, comte d'Aubijoux, chambellan de Gaston, duc d'Orléans, mourut le dernier de son nom, sans avoir été marié, en 1656.

(vers Saint-André, c'étoit une des plus belles de Paris, depuis on a raffiné), Le Cogneux étoit alors avec la Reine-mère; l'abbé, en la lui louant, se garda le devant pour lui, et il y a grande apparence qu'étant tout porté, et étant de la ville, il lui fut plus aisé qu'à un autre de la cajoler. Aubijoux a dit qu'il étoit contemporain de l'abbé, et que comme il montoit la nuit par une échelle de cordes, il ne pouvoit s'empêcher, en passant, de rompre les vitres de son rival. Le mari faisoit souvent lit à part. Il a dit encore, ou bien c'est de Coulon (1) qu'on le tient, que la présidente trouvoit moyen d'aller voir son père à Sainte-Geneviève-des-Bois, à cinq lieues de Paris, sans que le mari y fût; que Aubijoux averti, se rendoit avec Coulon, qu'elle avoit mis bien avec une sœur à marier qu'elle avoit; qu'ils y faisoient porter des hotées de *friponneries* (2), et que par-dessus les murs, ou bien par une porte du parc dont ils avoient la clef, ils faisoient cent folies jusqu'au jour. Cette sœur fut mariée avec Ligny (3), neveu du chancelier, et depuis on n'en a pas ouï parler; elle n'avoit garde d'être si jolie que sa sœur. Je n'ai ouï dire cela qu'au petit Guénaud; je crois qu'il étoit mal informé. Cette femme a été dix ans brouillée avec sa sœur qu'elle ne

---

(1) Coulon, conseiller au Parlement, ardent frondeur. On a vu plus haut, t. 4, p. 14, l'Historiette de sa femme.

(2) *Friponneries*. Ce mot est très-distinctement écrit dans le manuscrit autographe. Il faut l'entendre dans le sens de *pâtisseries* et de *friandises*. On appeloit *friponnes* de petites boîtes de sapin remplies de pâte de coing, de cotignac d'Orléans. (*Dictionnaire de Trévoux*.)

(3) Ce Ligny étoit fils de Jean de Ligny, maître des requêtes, et de Charlotte Séguier, sœur du chancelier.

vouloit point voir. Ce fut madame de Noailles (1) qui les accommoda ; mais elles se voient très-froidement. Il y a apparence que c'étoit par pruderie qu'elle ne vouloit pas voir la présidente. On a su d'Aubijoux qu'il n'avoit jamais trouvé de femme qui y prît tant de plaisir ni qui fût si propre.

Ce d'Aubijoux avoit quelquefois des visions. Un jour il versa en carrosse si doucement, qu'il y voulut faire un somme avant qu'on le relevât. Il prit un grand deuil de Flamarens (2) qui n'étoit point son parent, mais son ami intime, et il disoit que c'étoit de telles gens qu'il falloit porter le deuil.

La jalousie qu'elle témoigna aux Tuileries en voyant l'abbé (*de Saint-Euvetre*) se promener avec d'autres dames, fut ce qui commença à faire parler. Je ne sais s'il le faisoit pour la faire revenir, car Marsilly, frère de Ligny, en contoit à la présidente. Un jour l'abbé, qui étoit honnêtement brutal, se mit à la quereller, et lui dit, entre autres choses obligeantes, que ses jupes étoient bien légères, qu'elles se levoient à tout vent. Le mari l'ouït, car ayant entendu la voix de l'abbé, il se tint derrière le paravent. Depuis ce jour il ne voulut plus souffrir qu'ils parlassent ensemble, et ils ne se voyoient plus qu'en une chapelle des Cordeliers. Cela dura jusqu'à ce que le président Le Cogneux (3) revint

---

(1) Louise Boyer, duchesse de Noailles, dame d'atour de la reine Anne d'Autriche. Elle étoit sœur de la présidente Tambonneau, et de madame de Ligny.

(2) Le marquis de Flamarens, tué au combat de Saint-Antoine, au mois de juillet 1652.

(3) Le président Le Coigneux, le père, chancelier de Monsieur. Il entra dans toutes les intrigues de la reine Marie de Médicis et de Gas-

de son exil; alors Tambonneau alla loger à la maison de Barbier (1), auprès du Pont-Rouge. Ce fut là que la fantaisie vint au président Le Cogneux de bâtir cette belle maison auprès du Pré aux Clercs (2). Insensiblement d'Aubijoux, qui étoit bien avec lui, y mena d'autres gens de la cour; Tambonneau se mit dans les prêts; sa femme méprise le bourgeois; ils tiennent table, mais il n'y va quasi personne de la ville, si ce n'est de ceux qui sont un peu de la cour. Cette femme a quelque chose de particulier. L'été on la voyoit se promener assez souvent jusqu'à midi au grand soleil, dans son jardin, avec une chemise jaune attachée au poignet avec des rubans incarnats et un collet de point de Gênes, avec un ruban de même couleur, masquée et une coiffe sur sa tête; elle est petite, mais elle veut être chaussée à son aise, et dit que le plaisir de marcher est plus grand que celui de paroître de belle taille.

Il lui arriva une terrible aventure au bal; elle mettoit du rouge au commencement, parce qu'elle étoit trop haute en couleur; mais ce rouge appliqué mangea si bien le rouge naturel, qu'après il fallut continuer à en mettre; elle s'évanouit en une assemblée et

---

ton d'Orléans, et perdit sa charge; mais il a fini par être rétabli dans ses biens et honneurs.

(1) Barbier, contrôleur-général des bois de l'Ile-de-France, et l'un des adjudicataires du palais et du domaine de la Reine Marguerite, sur le bord de la Seine, avoit obtenu la permission de construire un pont de bois qui a porté divers noms, mais qu'on appeloit plus communément le *Pont-Rouge*. Il étoit situé en face de la rue de Beaune. Emporté par les grandes eaux en 1689, il a été remplacé par le Pont-Royal.

(2) *Voyez* l'Historiette du président Le Coigneux, t. 3, p. 103 de ces Mémoires.

demeura rouge comme un coq, car elle en mettoit étrangement.

Elle fit un jour fort la délicate chez madame de Montausier à souper, c'étoit alors dans le faubourg; elle ne mangea de rien, et fit entendre qu'elle ne goûtoit volontiers que de ce que ses officiers lui apprêtoient, et qu'elle en avoit les meilleurs de France. Ceux qui étoient là ayant ouï conter ses promenades, disoient qu'elle ne vivoit que de rosée.

Elle raffine en coiffures et en habits, et se laissoit tyranniser par un certain maître Thomas, qui, sur trois robes, en gagne une, tant il est homme de bien, parce qu'à son gré il l'habilloit mieux qu'un autre; peut-être aussi lui faisoit-il crédit, car la bonne dame devoit beaucoup : ce n'est pas qu'elle ne trichât assez au jeu pour gagner; Arnauld l'y surprit (1) une fois, et la traita un peu mal de parole; même il lui dit que le respect qu'il portoit à une dame de grande qualité, qui jouoit avec eux, l'empêchoit de faire pis.

Revenons aux galanteries. On disoit que madame de Rohan, la douairière, pour se rendre le président de Maisons favorable en l'affaire de Tancrède (2), avoit fait le maquerellage de lui et de la petite présidente; mais, ce qui la décria le plus, ce fut que Bouteville (3), jeune garçon de vingt ans, pria M. de Châ-

---

(1) Je me souviens que le mari disoit partout qu'il n'y avoit pas une femme au monde qui jouât si bien ni si heureusement; c'est qu'elle trompoit. (T.)

(2) *Voyez* plus haut, t. 3, p. 74, les détails du procès auquel donna lieu la naissance de Tancrède.

(3) François-Henri de Montmorenci-Bouteville, depuis duc et maréchal de Luxembourg.

tillon (1), son beau-frère, de parler pour lui à la belle qu'il en étoit amoureux, mais qu'il ne savoit comme s'y prendre. Châtillon lui parle : elle lui dit que s'il parloit pour lui, elle verroit ce qu'elle auroit à faire ; et sur l'heure ils lièrent la partie pour se trouver chez une certaine femme. Il y fut ; mais ce qu'il fit ne valoit pas la peine de donner un rendez-vous ; car il n'en fit pas plus que s'il eût été le plus pressé du monde, et que le mari eût heurté à la porte. Châtillon fut si discret, que M. le Prince sut toute l'histoire ; et un matin que tous ses *petits maîtres* (2) étoient à son lever, à Châtillon près, il leur dit sérieusement qu'il étoit arrivé un grand malheur au pauvre Châtillon, et qu'il falloit que ses amis en cette occasion lui témoignassent leur tendresse. Chacun croyoit qu'il eût été chassé de la cour. Après les avoir tenus un peu en suspens : « C'est, dit-il, qu'il a eu madame Tambonneau tout « une après-dînée, et ne lui a jamais su faire qu'une « pauvre fois. » Cela se sut partout. Elle en pensa enrager, et un jour, en présence de Ruvigny, alors marié, elle vouloit engager Roquelaure (3), lui qui a

(1) Gaspard de Coligny, duc de Châtillon, blessé mortellement à l'attaque de Charenton, le 9 février 1649.

(2) On appeloit ainsi les jeunes seigneurs du parti des princes, parce qu'ils cherchoient à se rendre *maîtres* de l'État. Le passage de Tallemant confirme ce que dit Voltaire sur l'origine de cette expression dans le chapitre du *Siècle de Louis* XIV, intitulé : *Guerre civile*. On a dit aussi que c'étoient les jeunes amis du duc Mazarin, grand-maître de l'artillerie de France, qui les premiers avoient été qualifiés de *petits-maîtres*. Mais ici l'expression est employée bien avant la mort du cardinal Mazarin, qui précéda l'élévation du duc de La Meilleraye à cette charge.

(3) Gaston, duc de Roquelaure, mourut en 1683. Ses bouffonneries l'ont rendu célèbre.

fait pis que cela, à se battre contre Châtillon. Il s'excusa en disant qu'il étoit son ami, et dit à Ruvigny en sortant : « Cette femme est folle. A ce compte-là il y « en a plus de douze qui sont obligés à se battre « comme moi. » Roquelaure couchoit avec elle par rencontre, mais il ne s'y attachoit que médiocrement ; et, pour vous dire le vrai, quoiqu'elle n'eût que trente ans tout au plus, en moins de rien le visage lui devint usé : il n'y avoit plus que la propreté et la gorge qui la maintiut. Un jour que Miossens alla chez elle, elle mit vite une coiffe sur ses tétons ; il sort, et Roquelaure entre avec une dame. Elle ôte cette coiffe en disant : « J'avois mis cela, car je crains ces Gascons. — Hé ! « lui dit cette dame, est-ce que celui-ci ne l'est pas ?— « Non, répondit-elle, il n'est point Gascon pour « moi. »

Tambonneau alla ensuite à Bourbon, et voulut obliger Roquemont, son frère, conseiller au Parlement, à prendre garde à sa femme ; l'autre, qui autrefois avoit averti le président de ce qu'à son avis il falloit faire, sans qu'il en eût rien fait, lui dit tout franc qu'il ne prendroit point ce soin-là. L'affaire de Châtillon avoit été assurément jusqu'aux oreilles du mari, et on m'a assuré que pour montrer à sa femme ce qu'il étoit capable de faire en sa fureur, il tua en sa présence un petit cheval qu'il aimoit fort. Cela ne fit pourtant pas grand peur à la présidente. En revenant de Bourbon, il passa à Châtillon, car il étoit un peu épris de madame de Châtillon (1) ; peut-être trouvoit-il que

---

(1) Élisabeth-Angélique de Montmorenci, duchesse de Châtillon ; elle se remaria au duc de Mecklembourg, et mourut en 1695.

c'étoit le plus beau moyen de se venger du mari. Il lui rendit bien des soins, lui donna la collation et les violons chez lui; mais je doute fort qu'il se soit vengé.

Il prenoit quelquefois des fantaisies à cet homme de s'étendre sur les louanges de sa femme. A table, devant dix personnes, il dit qu'il ne voyoit point de femme plus aimable qu'elle, qu'elle étoit propre, bien faite, bonne robe (1), galante, agréable, et que s'il n'avoit été son mari, il auroit été son amant. La pauvre chrétienne s'en déferra. Une autre fois, comme on parloit de je ne sais quelle femme qui donnoit un peu de peine à son mari : « Qu'on me la donne, dit-il, « je l'arrangerai bien. Vous voyez comme j'ai rangé « la mienne. » Cet homme passoit ainsi du blanc au noir. Un jour il étoit content de sa femme, il en faisoit l'éloge; il disoit : « Laissez faire ma petite femme. « Puisqu'elle s'en mêle, cela vaut fait. » Une autre fois il étoit mal édifié.

Le désordre des prêts étant venu (2), le président étoit fort embarrassé; il le fut bien encore davantage au blocus de Paris. Il venoit tous les jours me rompre la tête, à faute d'autres, car j'étois son voisin; il disoit les plus grandes impertinences qu'on pouvoit dire. « Je souhaite, disoit-il, que tout le monde s'entretue « dans la ville. J'irai au-devant de M. le Prince; s'il

---

(1) Expression empruntée de la langue italienne, qui semble fort extraordinaire dans la bouche d'un mari.

(2) Des prêts immenses avoient été faits au Roi, pour lesquels on avoit engagé plusieurs branches des revenus de l'État. La révocation des prêts ruina beaucoup de financiers. (Voyez les *Mémoires du cardinal de Retz*.)

« vient brûler le faubourg, j'en serai quitte pour ma
« maison. Je jouirai au moins du reste. » Il entendoit
que ses prêts fussent bien payés, qui étoit le principal.
« Hé quoi, sera-t-il dit que Michaud (1), fils de Jean,
« et petit-fils de Michaud, et arrière-petit-fils d'un au-
« tre Michaud, n'ait pas la charge de son bisaïeul?
« Mes amis de bonne chère, il faut donc vous dire
« adieu. Il faudra que ma femme vende son étui d'or
« et son écuelle d'or, car elle dit que l'argent n'est
« pas propre. » Il prônoit cela partout, et croyoit que

(1) Il s'appeloit *Michaud*. Louis XIV et madame de Montespan ont plaisanté sur ce nom dans un couplet, déjà indiqué dans la note du t. 4, p. 248. Le voici :

>Or, nous dites la Tambonne,
>La Tambonne Tambonneau,
>Pour l'appui de la couronne,
>Qui fit le marquis Michaud?
>Notre histoire peu sincère
>A toujours pris soin de taire,
>Qui fit le marquis Michaud,
>A Tambonne Tambonneau.

Le marquis de Mortemart, père de madame de Montespan, passoit pour avoir eu des relations intimes avec la présidente, ce qui donna lieu à cet autre couplet satirique :

>Mortemart, le faune,
>Aime la Tambonneau;
>Elle est un peu jaune,
>Mais il n'est pas trop beau;
>Dessus son c..l il pince,
>En lui disant : « M'amour,
> « A la cour,
> « L'esprit est mince
>Lorsqu'on n'agit pas comme le grand Saucourt. »

ces raisons-là étoient capables de convaincre tous les Frondeurs. Sa femme s'étoit sauvée déguisée en bavolette (1) à Saint-Germain; et elle étoit si aise de conter qu'elle avoit trouvé des gens à qui elle avoit dit qu'elle alloit voir son *père-grand!* A Saint-Germain, elle alla gaillardement loger chez Roquelaure, qui en faisoit mille contes, l'appeloit sa ménagère, et disoit aux gens : « Voulez-vous venir manger de la soupe de ma « ménagère? » Là, bien des gens tâtèrent de la présidente; on ne s'en cachoit point; on disoit : « Un tel « y coucha hier, un tel y couche ce soir. » Enfin le mari s'y retira aussi, et au retour, il disoit : « J'étois « fort bien à Saint-Germain; je ne manquois de rien « chez mon bon ami Roquelaure. »

La paix faite, M. le Prince y mangeoit fort souvent et les Bouillon aussi. Elle faisoit plus la belle que jamais. Une fois elle alla fort ajustée chez la maréchale de Guébriant; on ne faisoit que de se mettre à table, elle avoit dîné; la voilà qui commence à lever sa robe, pour montrer sa belle jupe, qui veut faire admirer comme ses manchettes étoient mises de bon air; car elle croyoit qu'il n'y avoit personne au monde qui les sût mettre comme elle, et même elle se piquoit de les mettre fort proprement, quoique madame Anne, sa *dueña*, fût une heure et demie à les ajuster; après elle alla au miroir, et à tout bout de champ elle disoit : « Pas trop sottes; ces yeux-là sont petits, à la vérité, « mais ils ont bien du feu. » Et elle parla une heure durant du feu de ses yeux. Quand Vardes eut assez

---

(1) *Bavolette*, jeune paysanne, dont le simple *bavolet* fait la coiffure.

mangé : « Madame, madame, lui dit-il, venez, venez,
« on vous donnera à cette heure tant d'œillades que
« vous voudrez. Nous voilà au dessert ; c'est le temps
« des douceurs ; approchez. »

Cependant les prêts alloient toujours fort mal ; le
président alla parler à d'Emery (¹), et lui dit : « Mais,
« monsieur, je n'ai point de bois. Où prendrai-je de
« l'argent pour en acheter ? Qui enverra au marché
« pour moi ? Je suis résolu de demeurer céans ; il faut
« bien que vous me chauffiez et que vous me nourris-
« siez. » D'Emery, alors malade de la maladie dont il
mourut, après avoir eu bien de la patience, lui dit que
si ses valets-de-chambre ne le pouvoient mettre dehors, il feroit venir ses palefreniers. Tambonneau outré vouloit aller au lit, on ne sait pourquoi faire ; mais
on se mit entre deux, et on le fit sortir. Le maréchal
de Grammont lui envoya un gentilhomme pour le prier
de s'accommoder avec le président ; il répondit qu'il
ne se soucioit point de Tambonneau, ni des messages
qu'on lui faisoit faire sur cela. En effet, le maréchal
eût bien pu lui en parler lui-même.

Dans le chagrin où étoit le président, il étoit plus
méchant à ses valets que par le passé, quoiqu'il l'eût
été honnêtement, et aux ouvriers aussi. Il est fort propre chez lui, mais assez malpropre sur sa personne.
Feu M. de Nemours, l'hiver, alla chez lui un soir ; ses
pages charbonnèrent tout le vestibule avec leurs flambeaux. Tambonneau voit cela en le conduisant, il appelle son maître-d'hôtel. « La Fontaine, pourquoi
« n'avez-vous pas battu ces coquins-là ? — Monsieur,

(¹) Le surintendant des finances.

« on ne bat pas ainsi les gens : ils mouroient de froid;
« ils ne sont pas de fer. Si vous eussiez voulu qu'on
« leur donnât un fagot, ils n'auroient pas fait cela. »
Lui, enragé, saute à La Fontaine; La Fontaine, grand
et fort, et assez hardi, le saisit à la gorge. « Monsieur,
« lui dit-il, si vous me frappez, je vous étranglerai.
« Vous m'avez promis, quand je suis venu à votre ser-
« vice, de ne me pas toucher. » Le président lâche
prise, crie qu'on ferme les portes, et qu'on aille
quérir le bailli. La Fontaine se barricade dans sa
chambre, charge ses pistolets, et, le bailli étant venu,
il dit ses raisons qui ne furent point trouvées mauvaises. Enfin, il fallut capituler; il sort sur l'heure. Le
lendemain, sur ce qu'on lui avoit refusé ses gages, il
envoie un exploit. On le paie. Ce La Fontaine disoit
qu'on faisoit chez eux de certaines pommes à la com-
pote, qu'on appeloit des *pommes de chagrin*, à cause
qu'en ce temps-là M. le président étoit fort chagrin.
En ce temps-là la pauvre présidente étoit bien embarrassée à cacher les coiffeuses, et les créanciers de peur
que son mari ne les vît.

Quand M. le Prince et le cardinal commencèrent à
se brouiller, Tambonneau faisoit l'homme d'importance, disoit qu'il s'étoit entremis de les accommoder,
qu'il avoit parlé plusieurs fois au cardinal; « mais,
« disoit-il, il ne m'a pas voulu croire, et c'étoit pour
« son bien ce que j'en faisois. »

Il crut, dans la bonne opinion qu'il avoit de l'a-
dresse de sa femme, qu'elle feroit si bien auprès de la
Reine qu'il seroit payé de ses prêts : cette femme n'en
bougeoit plus, et madame Pilou l'appeloit *le Barbet
de la Reine*. « Hélas! dit-elle, la pauvre femme ne

« voit-elle pas que tout cela ne fait que lui alonger
« le nez (¹), et l'acamardir à son mari? » Quand M. le
Prince fut arrêté, elle et son mari s'empressèrent terriblement autour de madame la Princesse la mère,
et elle fut même à Châtillon (²), où on ne la demandoit
point (³); et quand madame de Bouillon fut mise à la
Bastille, elle alla s'y enfermer pour huit jours, dès
qu'on eut permission de la voir. Madame de Bouillon
se moquoit d'elle, et a conté qu'une fois elle l'avoit
trouvée au lit avec un ruban couleur de feu comme
une ceinture, un au col, un à chaque bras, coiffée
par La Prime, avec bien des rubans et une cornette
par-dessus.

Tambonneau devint amoureux d'une fille chez qui
il alloit bien des jeunes Frondeurs. Lui, qui craignoit
de se brouiller à la cour, envoyoit toujours voir qui y
étoit, avant que d'y aller; mais finement il laissoit son
carrosse à la porte. Un jour qu'il y étoit, Bachaumont
y fut; dès qu'il le sut: « Ah mon Dieu! dit-il, made-
« moiselle, cachez moi. — Monsieur, je n'ai point de
« lieu pour cela, et il n'y a qu'un escalier. » Le président laisse son argent, tant il eut hâte de partir, se bride
le nez de son manteau, et passe tout contre Bachaumont; Bachaumont se met à crier : « Je ne vois pas
« M. le président Tambonneau, au moins, je ne le
« vois pas. » Jeannin (⁴) fut surpris par Tambonneau,
caché sous une table dont le tapis étoit à housse; le

(¹) Elle l'avoit pointu. (T.)

(²) On lit *Châtillon* au manuscrit, mais ce doit être *Chantilly*.

(³) Elle crut que cela ne se sauroit point, car ce voyage pouvoit nuire à son mari. (T.)

(⁴) Jeannin de Castille, trésorier de l'Épargne.

galant lui dit : « Prenez garde à ce que vous ferez, « j'ai deux hommes là dehors qui m'ont vu entrer « céans, et qui feront du bruit. » Il le laissa aller. Cette fille disoit qu'elle lui gagnoit son argent bien aisément : elle savoit son humeur qui est de se prendre par les pieds, car il dit qu'une personne bien chaussée ne sauroit être laide; elle se chausse proprement et montroit un de ses souliers ; il y jetoit aussitôt la vue, et elle le trompoit en jouant au piquet.

Toutes choses pacifiées, le président alloit chez Ninon pour faire d'autant plus l'homme de cour. Ninon s'en moquoit fort. Il y avoit je ne sais quelle petite Charpentier [1] avec elle à qui Tambonneau faisoit les doux yeux, et il lui envoyoit du cidre ; elle lui disoit : « Président, envoie-moi bien du cidre, et ne viens « point, car tu pues trop fort. » Il prit envie à la présidente d'entendre Ninon jouer du luth; mais comment faire? « Je veux, disoit-elle, qu'il y ait une tapisserie « entre deux. — Voire, dit le mari sérieusement, ma « petite femme, je vous assure qu'elle est aussi modeste « qu'une autre personne; et puis elle a, pensez-vous, « une dame Anne, tout aussi pru de que pourroit être la « vôtre. » Ninon fait ce conte-là à crever de rire; car cette madame Anne étoit la m........ de la présidente.

Le carême de 1653, ils s'amusèrent de faire un ordinaire de viande à huit livres par tête. Il y avoit certain nombre de personnes qui en étoient. Elle alloit seule avec un homme, et disoit qu'on lui avoit appris

---

[1] Cette petite fille avoit été trois mois chez Ninon, sans dire un mot; un jour quelqu'un parloit d'historiens, elle va dire : « Pour moi, « j'aime fort *Rodote*. » (T.)

à Saint-Germain à ne point *façonner*. Un batelier a dit qu'il l'avoit menée baigner toute seule avec des hommes.

Son fils, à dix-sept ans, eut la petite vérole : elle l'assista avec un soin étrange ; il pensa mourir : elle étoit désespérée. Madame de Bouillon, pour la consoler, l'alla voir, quoiqu'elle eût tant d'enfants. C'étoit dans sa grande affliction de la mort de son mari qu'elle affectoit de voir les gens tristes. Après cela la présidente dansoit toutes les petites danses : on fit des vaudevilles pour se moquer d'elle. Le mari disoit : « Il n'y a pas de femme au monde qui paroisse « si jeune ; si son fils la prenoit au bal, on diroit : Voilà « le frère et la sœur. »

Elle a renoncé depuis quatre ans à toute galanterie, et ne se soucie plus, à ce qu'elle dit, que de jouer et d'être brave. Le mari, qui avoit juré, puisqu'on ne le payoit pas, de prendre du bien où il en trouveroit, n'y manqua pas ; et, se voyant second président, il fit bien des siennes. Nous verrons, dans les *Mémoires de la Régence*, le procès que lui fit Nicolay, en 1655.

La présidente eut la petite-vérole, il y a trois ans ; tous ceux à qui je le disois, moi qui étois encore son voisin, me rioient au nez et me disoient : « Vous vous « moquez, c'est la grosse. » Ruvigny lui fait la guerre qu'elle est amoureuse de son fils. Ils ont fait bien de la dépense pour ce garçon ; ils l'ont mis dans le grand monde, et croient en avoir fait une merveille. A la vérité, il est bien fait, il danse bien, il est propre ; mais il lui ont donné une présomption enragée qui n'est fondée sur rien. Cet homme, cette femme et ce garçon se cajolent à crever de rire ; car la présidente a aussi

pris ce style-là : elle a une complaisance aveugle pour lui, jusqu'à lui mettre Margot dans son lit, s'il le vouloit. Elle s'avisa de cela pour se conserver la liberté de coqueter, car il a eu autrefois de furieuses jalousies, et depuis elle a continué pour l'empêcher de faire quelque chose d'extraordinaire sur le chapitre de la braverie ; car ç'a été et c'est encore la passion qui, après la galanterie, a eu le plus de pouvoir sur son esprit.

Tambonneau doit cent mille écus de reste de la tutelle des petits Boyer, ses beaux-frères, et on l'accuse de les avoir pillés autant qu'il a pu. En 1665, il s'est excusé de mettre au commerce, comme le reste de la chambre ; il a été assez mal avisé pour reprêter de nouveau au Roi du temps de M. Fouquet. M. Colbert, quand il apprit cela, dit : « Ah ! je croyois que « 1648 l'auroit rendu sage : » c'est l'année de la révocation des prêts.

MADAME DE TALOET [1].

Madame de Taloet est fille d'un M. Du Levier, homme de condition, qui étoit conseiller au parlement de Rennes, et dont la veuve s'étoit remariée à un gentilhomme qualifié, de Champagne, nommé M. de Vignory. Cette fille, qui avoit dix-sept mille livres de rente, fut mise entre les mains de M. de Taloet, son oncle paternel et son tuteur. Cet oncle la fit épouser à son fils, nonobstant les défenses du Parlement et les

[1] L'orthographe habituelle est *Talhouet*.

règles de droit. Madame de Vignory, enragée de cela, accuse cet homme de fausse monnoie, et lui fit bien de la peine; après elle trouve moyen de mettre une suivante auprès de sa fille, qui la gouverna si bien qu'elle lui fit avec le temps haïr son mari comme la peste. Il est vrai que Taloet lui en donna quelque sujet, car il vendit une charge de lieutenant aux gardes qu'il avoit, et se mit à entretenir une g.... qu'il faisoit appeler madame de Taloet. La suivante lui fit accroire qu'il ne demandoit qu'à en avoir des enfants pour l'étrangler ensuite. Quelques jours après qu'il fut arrivé à Rennes, elle lui demanda ce qu'il avoit fait de l'argent de cette charge. « Je n'ai pas accou- « tumé, lui dit-il, de vous en rendre compte. Il faut « donc que vous me rendiez compte aussi de ce que « vous avez dépensé depuis que je suis parti? — Ce « n'est pas de même, répliqua-t-elle, tout le bien vient « de moi. » Ensuite il lui propose d'aller à la campagne : elle n'y vouloit point entendre. « Vous vous mo- « quez, dit-il, il le faut bien. Nous partirons demain. » Elle alla se conseiller à sa confidente : toute la nuit elle feignit d'avoir le dévoiement. Au commencement il la suivit par soupçon; enfin il s'en lassa. Elle mit hors du logis ce qu'elle avoit de meilleur, et le matin, dès quatre heures, elle s'alla asseoir sur les degrés d'une église, parce qu'elle n'en avoit point trouvé encore d'ouvertes, et là elle se chaussa, car elle étoit venue nu-pieds; après elle fut demander retraite à deux conseillers de sa connoissance qui, n'ayant point de femme, ne la voulurent point recevoir. Elle étoit bien faite et jeune. Un d'eux lui conseilla de se retirer à Saint-Georges, qui est une religion de filles. Elle y va.

Le mari ne savoit ce qu'elle étoit devenue; il chercha tant qu'enfin il la découvrit; à travers la grille et le voile, il lui demande pardon; il se soumet à toutes choses imaginables pour obtenir d'elle qu'elle souffrît qu'il la vît seulement; elle ne le voulut jamais. Cela mit tout le monde contre elle. Elle lui envoie un exploit, disant qu'il l'avoit épousée contre les défenses du Parlement, et avec une dispense qui étoit nulle, car ils sont cousins-germains; elle le poursuit : l'affaire est évoquée à Paris. Elle avoit eu six enfants; cela n'empêcha pas qu'elle ne continuât. Elle n'avoit point d'argent, il jouissoit de tout. Il lui fait offrir cent pistoles, pourvu qu'elle daignât les prendre de sa main, consentant qu'elle s'en servît contre lui. Elle ne voulut jamais lui avoir cette obligation. Elle eut la petite-vérole qui ne l'a pas embellie; il lui fit dire que si elle le trouvoit bon, il l'iroit assister, et qu'il l'aimoit autant que jamais. Elle fut toujours inexorable. Durant sa maladie, elle eut une étrange affliction; car sa mère, cette madame de Vignory, qui est veuve pour la seconde fois, eut la tête coupée à Rennes avec sa fille du second lit, et voici pourquoi. Madame de Vignory avoit eu connoissance d'un garçon bien fait, *qu'on appelle Bussy* (1): Il étoit d'honnête naissance de devers Moulins, il avoit du bien passablement. D'abord il suivit le barreau à Paris, et après il fut commis de M. de Noyers. Elle le maria avec sa fille du second lit, parce qu'il lui prêta vingt mille livres, dont elle avoit besoin. Elle avoit cru peut-

---

(1) Ces trois mots, en caractères italiques, sont biffés au manuscrit autographe de Tallemant.

être qu'ayant été avocat, et ayant habitude chez M. de Noyers, il débrouilleroit les affaires de la maison. Ce garçon, en tout, pouvoit jouir de six à sept mille livres de rente avec sa femme ; le reste étoit fort embarrassé. On ne laissa pas de l'appeler M. le marquis de Bussy. Il s'étoit marié à condition de prendre le nom et les armes de sa femme, et qu'il donneroit je ne sais combien à la belle-mère. Il ne lui tint pas ce qu'il lui avoit promis. Elle, pour s'en venger, gagne sa fille, que cet homme aimoit tendrement : elles lui font donner un coup d'arquebuse à une huée (1) qu'on fit pour prendre des loups, en Bretagne, où ils étoient pour quelques affaires ; peut-être y avoient-ils du bien. Et comme il n'étoit pas blessé à mort, la belle-mère voulut obliger le chirurgien à empoisonner la plaie. Celui-ci y mit du sucre au lieu d'arsenic, puis se sauva. La vieille persuade à sa fille d'étrangler son mari, et après elle va à une grande dévotion de Bretagne, qu'on appelle Saint-Anne (2). La fille avec sa femme-de-chambre l'étranglent. Voilà la mère et la fille en prison : elles ont des lettres évocatoires ; au lieu de les faire signifier, elles se laissent cajoler aux juges, qui leur firent dire qu'elles n'avoient rien à craindre. En effet, ils n'avoient point dessein de les condamner ; mais le rapporteur conclut à la mort, les autres eurent honte ; cela passa tout d'une voix ; il n'y avoit point de preuves contre la mère. La fille mourut en philosophe, et sans penser à l'autre

---

(1) Une *huée*, ou une chasse, ainsi appelée à cause des cris que poussent les rabatteurs pour obliger les loups ou les sangliers à se jeter du côté des chasseurs. (*Dict. de Trévoux.*)

(2) Auprès d'Auray, à quelques lieues de Vannes.

vie. Elles furent condamnées lorsqu'elles s'y attendoient le moins. Cela est assez ordinaire en Bretagne; il y a beaucoup d'histoires de femmes qui ont fait tuer leurs maris. La mère fit une fin fort chrétienne, car elle écrivit à sa fille de Taloet, à Paris, pour l'exhorter à mettre sa conscience en repos sur l'affaire qu'elle avoit contre son mari ; cela vouloit dire que, si elle ne croyoit point être sa femme, elle allât jusqu'au bout. Elle ne put rien obtenir qu'un sequestre, où il fut permis à son mari de la voir : elle fut mise à la Propagation de la foi. Un gentilhomme nommé La Haye d'Airon l'accompagna à Paris. On disoit qu'elle lui avoit promis de l'épouser quand elle seroit démariée. Elle étoit riche, comme j'ai dit, et pouvoit beaucoup prétendre de la reddition de compte. Elle perdit pour la dissolution, mais elle gagna pour la séparation de corps et de bien. Une comédienne que son mari entretenoit les accommoda depuis.

BRIZARDIÈRE.

Brizardière étoit un sergent royal de Nantes fort employé et qui dépensoit extraordinairement pour un homme comme lui. Vous allez voir d'où cela venoit. Cet homme, déjà âgé, se mêloit de dire la bonne aventure aux femmes, et d'une façon inouie, car il leur disoit, quand il trouvoit quelque difficulté à ce qu'elles souhaitoient : « Vous ne sauriez obtenir cela que par « un moyen que je vous enseignerai ; peut-être le

« trouverez-vous fâcheux, mais il est infaillible. » La curiosité les prenoit, et, par la confiance qu'elles avoient, elles s'y résolvoient. Voici ce que c'étoit : il les faisoit mettre toutes nues, et avec des verges il les fouettoit jusqu'au sang, puis se faisoit fouetter par elles tout de même, afin de mêler leur sang ensemble pour en faire je ne sais quel charme...... Dans Nantes, il n'osa s'y jouer ; mais sa réputation lui fit trouver des folles par toute la Bretagne, et principalement à Rennes. Il y a apparence qu'il y gagnoit ; car, comme je l'ai déjà remarqué, il dépensoit plus qu'un sergent ne pouvoit dépenser. Il fut découvert à Rennes par un huissier du Parlement, nommé Bohamont, qui le vit par un trou fesser deux fort belles filles qu'il avoit. Il rendit sa plainte ; on fit jeter des monitoires ; plusieurs demoiselles, suivantes et femmes-de-chambre vinrent à la révélation ; mais quand on voulut savoir qui étoient les fessées, elles ne le vouloient point dire. Le Parlement s'assembla, et là, ayant vu qu'il y avoit des présidentes et des conseillères en assez bon nombre, on se servit des deux filles de l'huissier et de la femme d'un menuisier, et sur cela on l'envoya aux galères. Il pensa être pendu. La présidente de Magnan, fort belle femme, étoit des fouettées ; outre ce que les autres avoient souffert, celle-ci se faisoit donner quinze coups par semaine, pour avoir une succession pour laquelle il falloit que trois personnes mourussent. Elle n'est pas riche. La présidente de Brie eut quarante-huit coups et en donna à Brizardière cinquante-deux ; une madame de Kerollin se fit fouetter pour trouver un bon tiercelet (elle faisoit la fausse-monnoie), c'est-à-dire un bon alliage. Mais le plus plaisant, ce fut made-

moiselle de Taloet; comme il la fouettoit rudement, c'étoit pour avoir un mari qui eût beaucoup de bien, elle crioit : « Hé, monsieur de La Brizardière, dou-« cement, doucement, j'aime mieux qu'il soit moins « riche. »

FALGUÉRAS.

Falguéras étoit commis de Menant ; il est marié avec la sœur d'un petit médecin huguenot, nommé Lagneau, qui est une espèce de médecin empirique. Il y a deux ans que, revenant de Languedoc, d'où il est, il apporta une lettre d'un tailleur adressante à un frère, pâtissier de son métier, qui étoit à Paris, mais dont il n'avoit eu aucune nouvelle il y avoit long-temps. Falguéras eut bien de la peine à trouver cet homme qui étoit pâtissier d'hostie, et travailloit en chambre dans la rue du Meurier (1), qui tend dans la rue Saint-Victor. Le pâtissier lui fit mille caresses, et voulut absolument qu'il déjeûnât avec lui. Falguéras dit en déjeûnant qu'il falloit mettre du sel et de la mie de pain sur je ne sais quelle grillade ; aussitôt le pâtissier, sa femme et ses filles s'entre-regardèrent et considérèrent la mine de l'homme, qui est noir et laid. Cela venoit de ce que leur fille aînée avoit un mal de langueur depuis quatre mois ; et, comme le peuple croit tou-

(1) La rue du Mûrier donne d'un côté dans la rue Saint-Victor, et de l'autre dans la rue Traversine.

jours qu'il y a quelque sort aux maux qu'il ne connoît pas, ils avoient été à je ne sais quelle devineresse qui, avec le grimoire, leur avoit mis dans la tête qu'elle feroit venir le sorcier du bout du monde, s'il y étoit, et que, pour marque, il demanderoit du sel. D'abord ils ne voulurent pas faire de bruit; mais ils lui parlèrent du mal de leur fille. Il leur conseille de la faire voir à Lagneau, qui lui ordonne je ne sais quelle décoction, dont Falguéras écrivit la recette. Depuis, ayant reçu une seconde lettre du tailleur, il y retourne; le père et la mère lui disent que cette drogue avoit fait bien du mal à leur fille, mais que s'il vouloit, il la guériroit bien. Il ne comprenoit point ce qu'ils vouloient dire, et il leur donna une pilule de Lagneau qu'il avoit sur lui. Cette fille l'avale. Or, comme le syndic des créanciers de Menant, nommé Blondel, logeoit dans la même rue, Falguéras, qui y alloit quelquefois, s'avisa un jour d'aller savoir des nouvelles de cette fille; le père n'y étoit point; la mère le reçoit fort aigrement, lui dit que cette pillule avoit pensé tuer sa fille, que cette pauvre enfant le voyoit toutes les nuits; mais que résolument il falloit qu'il la guérît; que c'étoit lui qui le jour de la Toussaint, dans la rue de Bussy, comme elle portoit un corbillon, lui donna de la main sur l'épaule, en lui disant qu'elle s'en repentiroit, qu'aussitôt elle entra dans une porte et vomit tout ce qu'elle avoit mangé. « Je prouverai, dit Fal« guéras, que j'étois ce jour-là en Languedoc.— Oh ! « vous êtes où vous voulez ; mais je savois bien que je « vous ferois venir. Vous avez fait semblant que c'é« toient des lettres de notre frère ; mais il est mort il « y a long-temps. » En disant cela, elle et ses filles se

saisissent de la porte; elle prend un bâton, et envoie quérir du secours. Il s'efforce de sortir et sort effectivement, non sans quelque horion; mais les autres locataires l'arrêtèrent dans la montée. On le jette dans une autre chambre; et, comme il se recommandoit à Dieu, car c'est un huguenot zélé, il voit un homme de la mine la plus farouche du monde, qui, le traitant de sorcier, lui dit : « J'ai porté les armes par toute l'Eu-« rope, moi. » Il croyoit que ce brutal l'alloit dévorer; mais il en fut quitte à bon marché, car la femme ayant dit à cet homme : « N'est-il pas vrai que vous « avez été ensorcelé trois fois? — Oui, dit-il. — Et « comment fîtes-vous pour vous guérir? — Je pris, « dit-il, le sorcier, et, le poignard à la main, je lui fis « défaire le sort. » Cela dit, il se retire. Cette femme sentoit quelque douleur à un bras, où Falguéras l'avoit prise pour la tirer de la porte. « Ah! traître, lui « dit-elle, si tu m'as ensorcelée comme ma fille, tu en « mourras. » Le prisonnier crie par la fenêtre à la servante de Blondel qu'il vit passer; mais elle se mit à hocher la tête, et lui dit : « Guérissez seulement cette « pauvre fille. Hélas! la pauvre madame Blondel est « bien malade, et sans doute ensorcelée comme elle. » Il avoit beau prendre Dieu à témoin et se soumettre aux plus cruelles peines de l'enfer, s'il se trouvoit qu'il fût coupable : « Les diables, lui disoient-ils, ne vous « feront point encore de mal : vous avez un pacte avec « eux; mais prenez garde qu'ils ne vous trompent comme « Gauffrédy [1], dont le terme fut avancé d'un an,

---

[1] Voir l'Historiette de ce curé, brûlé vif comme sorcier, tome 4, page 354.

« ayant été pris, pendu et brûlé à Aix. » Enfin un garçon apothicaire étant venu dans ce logis pour quérir quelques eaux à un distillateur qui y demeuroit, leur remontra leur folie, et fit délivrer ce pauvre homme qui a fait quatorze pages de minute de ce que je viens d'écrire, avec ce titre : *Journal et histoire d'une abominable accusation faite et découverte le vendredi 12 février 1655, à Falguéras, très-innocent par la femme et fille malade dans le côté droit de son ventre, âgée de treize à quatorze ans, prétendant lesdits mari, femme et fille, ladite fille avoir été ensorcelée par ledit Falguéras, le premier jour de novembre, fête de Toussaint, encore qu'il fût éloigné de deux cents lieues.*

COLLETET (1).

Guillaume Colletet, l'un de ces académiciens qu'on appeloit autrefois les Enfants de la pitié de Boisrobert (2), à qui pourtant il est échappé par endroits de bonnes choses, se maria poétiquement avec la servante de son père, qui étoit un procureur au Châtelet ; et ce qui est de plus étrange, c'est que cette fille n'avoit rien de joli, et lui n'étoit pas trop à son aise. Il en a eu un fils qui s'appelle Jean Colletet, digne fils d'un

---

(1) Colletet (Guillaume), né en 1598, mort en 1659.
(2) A l'Académie, il dit naïvement : « Je ne connoissois point ce mot-là, mais je le trouve bon, puisque ces messieurs-là le connoissent. » (T.)

tel homme, qui a peu de sens, mais qui aime fort à chopiner. Voici ce que j'en ai ouï dire de plus plaisant :

Un jour que cette femme étoit à Rungis (1), où il a je ne sais quel *tuguriolum,* on lui vint dire qu'elle étoit fort mal. En y allant, il fit son épitaphe, à telle fin que de raison. Ce n'est pas qu'il ne l'aimât tendrement, mais c'est qu'il est ainsi bâti. Elle n'en mourut pourtant pas, et il garda l'épitaphe encore quelques années. Elle trépassa justement durant le siége d'Aire (2); car dans une pièce où il console M. le chancelier sur la mort du marquis de Coislin, il dit :

> J'en dirois davantage,
> Mais Brunelle aux abois, etc.

Elle s'appelle Prunelle et étoit brune ; à cause de cela, il lui donna le nom de *Brunelle.* Voyez qu'il étoit bien nécessaire d'aller parler de sa femme à M. le chancelier.

Pour son fils, il l'a toujours pris pour quelque chose de merveilleux, et, dans l'élégie sur la naissance de M. le Dauphin, il l'offre à ce prince ; ce fils pourtant

---

(1) Petit village, sur la route de Choisy à Versailles, à trois lieues de Paris.

(2) Sa première femme mourut en 1641 ; elle s'appeloit Marie Prunelle. Voici cette épitaphe faite à l'avance par son mari :

> Quoiqu'un marbre taillé soit riche et précieux,
> Un plus riche tombeau Brunelle a dû prétendre ;
> Sitôt que son esprit s'en alla dans les cieux,
> Mon cœur fut le cercueil et l'urne de sa cendre.

(*Epigrammes du sieur Colletet*; Paris, 1653, in-12, p. 247, n° 447.)

n'est qu'un *dadais*. Un jour, en je ne sais quelle compagnie, il lui dit : « Jean Colletet, saluez ces dames. » Il les salua toutes, et puis il dit : « Mon père, j'ai fait. » Je ne sais quel moine, dans une traduction qu'il a faite de quelques pièces de mademoiselle Schurmann (1) parle des éloges qu'on a faits pour cette savante fille, et en voici un de Jean Colletet (2), fils de Guillaume, *facilement prince des poètes françois* (3). Cependant, comme nul n'est prophète en son pays, il est arrivé que ce Jean Colletet (4) ayant été pris par ceux de

---

(1) Anne-Marie Schurmann, fille très-savante. Elle était de Cologne. On a d'elle *Opuscula hebræa, græca, latina, gallica, prosaica et metrica*; Leyde, 1648, in-8º. En voilà plus qu'il n'en faut pour mettre en fuite les Amours; aussi mademoiselle Schurmann mourut-elle sans avoir été mariée, à l'âge d'environ soixante et dix ans.

(2) Le fils de Colletet, poète encore plus médiocre que son père, s'appeloit *François*. C'est du fils que Despréaux a dit dans sa première satire :

Tandis que Colletet, crotté jusqu'à l'échine,
S'en va chercher son pain de cuisine en cuisine, etc.

(3) C'est le *facile princeps* des Latins. (T.)

(4) Parlant de ce fils, Colletet dit dans le *Traité de la Poésie morale :* « Depuis plus de trois longues et tristes années, l'Espagne triomphe » d'une jeune liberté qui m'est si chère. » (T.) (*Traité de la poésie morale et sentencieuse*, par le sieur Colletet; Paris, 1658. In-12, p. 196.) Colletet adressa à M. de Ville, qui retenoit son fils prisonnier au château de Percheresse, un madrigal dans lequel il ne fait pas preuve de modestie. En voici la fin :

Capitaine pour capitaine,
Et général pour général,
Par un flux et reflux fatal,
Se prennent librement et se rendent sans peine,
Mais les poètes ravissants
Nous sont de si rares présents,

Luxembourg, il y a cinq ou six ans, comme il alloit à Cologne offrir son service au cardinal Mazarin. Le gouverneur du pays, et autres grands seigneurs germaniques, le prirent pour un si galant homme, un si grand poète et un si grand orateur, qu'après l'avoir régalé deux ans durant, bien loin de lui faire payer rançon, ils le reconduisirent tous jusqu'à la première place du roi de France. Cependant les pédants de Navarre, dès le carnaval suivant, lui firent faire des vers burlesques pour des intermèdes à une comédie à cent sous le cent, et on en disoit qu'ils pouvoient s'en faire relever, comme lésés d'outre moitié du juste prix.

Guillaume naturellement est enclin à l'amour, mais il est fidèle. Il ne pouvoit vivre sans femme, il épousa la servante de Brunelle, dont il a une fille qui est aujourd'hui la suivante de la troisième femme, qui étoit servante chez son frère le procureur. Il la débaucha et ne l'épousa qu'au bout d'un an. Elle est jolie et a de l'esprit : elle se nomme Claudine Le Nain. Ce qu'il y a de plus ridicule, c'est qu'il vouloit que son frère et sa belle-sœur allassent visiter leur servante, qui avoit vécu si scandaleusement avec lui, et pour leur faire dépit, il se ruinoit à la faire magnifique. Elle est fille d'un tailleur de pierre, qui, pour ne pas faire honte à son gendre, vint loger chez lui avec toute sa famille, et de ce moment-là ne fit qu'ivrogner.

> Qu'à peine on en voit deux dans le siècle où nous sommes ;
> Et puis, si l'on doit croire aux oracles des cieux,
> Mars ne veut pour captifs que les enfants des hommes,
> Et les poètes sont de la race des dieux.
> (*Épigrammes de Colletet*, p. 135.)

Une fois il fut à Meudon, avec sa femme et d'autres gens, où il salua M. Servien, et fit si bien qu'il lui fit entendre que sa femme étoit dans le jardin; M. Servien la voulut voir. Il racontoit cela et disoit : « Le bon-« homme, je pense, lui en veut conter; mais ma « femme est trop fine pour lui. » Ogier, le prédica-teur, à qui il dit cela une fois, se moquoit de lui; et, comme Colletet lui faisoit reproche de ce qu'on ne le voyoit plus : « Qu'irai-je faire chez vous, lui répon-« dit-il, avec l'abbé de Richelieu et je ne sais combien « de plumets? »

Dans un recueil d'épigrammes qu'il fit imprimer il y a quatre ans (1), il met les amours de Claudine tout du long : en un endroit, il la compare à Psyché et lui à Cupidon. Notez qu'il ressemble à Jodelet (2), et mon père, un jour que l'abbé (3) le mena dîner au logis, ne l'appela en rêvant, tandis qu'il fut là, que M. Jodelet. Il y a une préface à ce livre où il dit que pour monter à ce petit Parnasse, il n'a eu besoin que de son faible bidet et non point du puissant cheval Pé-gase (4).

En un endroit il y a pour titre à une épigramme : *Rencontre de l'Amour et de ma chère et belle Clau-*

---

(1) Les *Epigrammes* de Colletet portent la date de 1653; ainsi cette partie des Mémoires de Tallemant, de même que le commencement, ont été écrits en 1657.

(2) Farceur célèbre du temps. (*Voyez* son Historiette, t. 3 p. 42.)

(3) L'abbé François Tallemant, frère de l'auteur des Mémoires.

(4) Voici ce passage bizarre : « Pour monter sur ce petit Parnasse de « mes Muses, te dirai-je en riant que je n'ai eu besoin que des secours « de mon faible bidet, et non point du puissant cheval Pégase, dont je « ne me sers jamais que pour des courses plus longues et plus impor-« tantes? » (*Avis au lecteur* en tête des *Epigrammes.*)

dine *Le Nain, fille de Marie Soyer* (1). Ce pauvre homme s'imagine immortaliser tous ceux dont les noms seront dans ses ouvrages.

Il y a bien d'autres plaisants titres. En voici quelques-uns : *La belle Tulipe panachée dans mon jardin*, 1642 ; il met ainsi la date partout, tant il a peur de donner quelque jour de la peine aux grammairiens; *Sur mon Histoire des Poètes,* 1651 (2); *Sur le Retour de monseigneur le chancelier,* 9 *avril* 1651, où il lui dit :

> Les Bacchanales t'ont chassé,
> L'Agneau de Pâques te rappelle (3).

A monseigneur l'archevêque de Rouen, messire François de Harlay, sur l'Apollon d'argent qu'il m'a envoyé pour récompense de mon Hymne sur la pure Conception de la Vierge, l'an 1634 (4). Ne semble-t-il pas que la Vierge ait conçu seize cent trente-quatre ans après ses couches? *La plaie : sur l'entablement d'une vieille maison tombée sur la tête de l'autheur en passant dans la rue des Carneaux* (5)

---

(1) Cette épigramme, imitée de Clément Marot, est intitulée : *Rencontre d'Amour et de la belle Claudine* (page 178). On lit à la page 190 une autre pièce avec ce titre : *Le Triomphe de ma belle et chère Claudine Le Nain*. Tallemant paroît avoir confondu ces deux pièces.

(2) *L'Histoire* ou *la Vie des poètes françois*, par Colletet, existe en manuscrit dans la bibliothèque particulière du roi. C'est un ouvrage dont la publication donneroit des lumières sur une foule de points obscurs de notre histoire littéraire.

(3) *Epigramme*, page 9.

(4) *Ibid.* page 15. L'Hymne *Sur la Conception* se trouve dans les *Poésies diverses de Colletet*; Paris, Jean-Baptiste Loyson, 1656; in-12, page 455. Elle avoit déjà été imprimée dans les *Divertissements du sieur Colletet*, deuxième édition; Paris, 1633, in-8°.

(5) Colletet désigne par ce nom la rue des Bourdonnais. La maison

le 26 septembre 1652. Celle-ci est folle au dernier point.

>Maudites soient les avenues
>Du cimetière de Paris!
>Les grands rois et les grands esprits
>En devroient éviter les rues.
>O Ferronnerie, ô Carneaux,
>Si vous n'en êtes les bourreaux,
>Vous leur fournissez des retraites;
>N'est-ce pas sous vos sombres toits,
>Et qu'on assomme les poëtes,
>Et qu'on assassine les rois (1)?

Épitaphe de l'auteur par lui-même.

>Ici gît Colletet; s'il valut quelque chose,
>Apprends-le de ses vers, apprends-le de sa prose;
>Ou, si tu donnes plus au suffrage d'autrui,
>Vois ce que mille auteurs ont publié de lui.

Après il ajoute : *Le fils de l'auteur a fait autrefois un recueil des témoignages avantageux que les plus illustres auteurs de notre siècle, tant françois qu'é-*

---

de la *Couronne d'Or*, qu'on y voit encore aujourd'hui, s'appeloit alors les *Grands Carneaux.* (Voyez les *Mémoires du P. Berthod*, tome 48, p. 321 de la 2ᵉ série de la collection des Mémoires relatifs à l'histoire de France.) Les six corps des marchands y tenoient leurs assemblées. On l'aura appelée *rue des Carneaux* à cause des *créneaux* de la maison gothique qui tomboient alors en ruine. Cette rue aboutit dans celle de la Féronnerie, fameuse par le crime de Ravaillac.

(1) *Épigrammes*, page 29. Cette pièce est suivie d'une imprécation contre la même rue des *Carneaux*, dont les premiers vers confirment ce qui est dit dans la note précédente. Les voici :

>Vieux et lâches *voisins* d'une *Ferronnerie*,
>Où l'enfer acheva sa dernière furie;
>*Bâtiments ruineux*, détestables *Carneaux*,
>Foudres des beaux lauriers et des nobles cerveaux.

trangers, *ont rendu du sieur Colletet dans leurs divers ouvrages* (1). Notez que les auteurs sont gens que l'on ne lit point; et Patru, en lisant les Epigrammes de Guillaume, disoit : « Hélas! combien ce pauvre Guil- « laume loue d'auteurs que je ne connois point! »

Sur mon Apollon d'argent, en gage, 1651. *Du cardinal Infant, et du grand-maître de l'artillerie.*

  Dès que l'Infant te voit paroître,
  S'étonne-t-on s'il est si froid?
  Qu'est-ce qu'un clerc-d'armes pourroit
  Contre les foudres d'un grand-maître (2)?

Les pois verts, épigramme.

Recevez quatre francs avec ces quatre vers,
Pour le boisseau de pois dont vos greniers sont riches.
Mais comblez la mesure, afin que des pois verts,
O libéral ami, ne soient point des pois chiches (3).

Sur le livre de maître Adam, menuisier de Nevers, intitulé: LES CHEVILLES DU MENUISIER DE NEVERS.

Ennemi du repos et de l'oisiveté,
Maître Adam fait des vers et non pas des chevilles;
Pour attacher des noms à la postérité,
Des lauriers de Parnasse, il a fait des chevilles (4).

Pour sainte Ursule et ses compagnes.

Cette Ourse brille ici mieux que l'Ourse céleste;
Cette vierge est plus belle, et ses feux sont plus beaux;
Sept astres rendent l'une ardente et manifeste,
L'autre a pour l'éclairer onze mille flambeaux (5).

(1) *Épigrammes*, p. 73.
(2) *Ibid.*, p. 63.
(3) *Ibid.*, p. 224.
(4) *Ibid.*, p. 453.
(5) *Ibid.*, p. 455.

Des trois Vertus théologales à M. Payen, prieur de la Charité (1).

> Pour rendre la justice égale à la puissance,
> Payen eut son recours à la Divinité;
> Et, comme il eut la *foi* jointe avec *l'espérance*,
> Il ne pouvoit manquer d'avoir la *charité*.

Sur la prise d'Aire, il disoit :

> Et nous avons fait dénicher
> L'aigle d'Autriche de son *Aire* (2).

Notez qu'elle est au roi d'Espagne.
Il dit au chancelier :

> Vos sceaux n'abreuvent plus leur Muse ni la mienne (3).

A Agier, sur la mort de M. d'Avaux (4).

Il compare la perte de Michelle, sa servante, à celle de cet illustre.

> Je puis avec le temps trouver d'autres Michelles;
> Mais tu ne peux jamais trouver d'autre d'Avaux.

Après avoir gueusé tout le long d'un livre, il finit par ces deux sonnets :

Sur la maison de l'auteur qui étoit autrefois la maison de Ronsard au faubourg Saint-Marcel (1638) (5).

> Je ne vois rien ici qui ne flatte mes yeux;

---

(1) *Épigrammes*, p. 196. Les derniers mots de ce titre à M. Payen, etc., ne sont pas dans l'imprimé. Ils ont été ajoutés par Tallemant.

(2) *Ibid.*, p. 7. La ville d'Aire fut reprise presque aussitôt par les Espagnols, en 1641.

(3) Dans l'épigramme intitulée : *Sur mon Histoire des poëtes*, p. 13.

(4) Nous avons inutilement cherché cette pièce dans les Poésies de Colletet.

(5) *Épigrammes*, p. 471.

Cette cour (1) du Ballustre est gaie et magnifique;
Ces superbes lions, qui gardent ce portique,
Adoucissent pour moi leurs regards furieux.

Ce feuillage animé d'un vent délicieux (2),
Joint au chant des oiseaux sa tremblante musique,
Ce parterre de fleurs, par un secret magique,
Semble avoir dérobé les étoiles des cieux.

L'aimable promenoir de ces doubles allées (3),
Qui de profanes pas n'ont pas été foulées,
Garde encore, ô Ronsard, les vestiges des tiens !

Désir ambitieux d'une gloire infinie !
Je trouve bien ici mes pas avec les siens,
Et non pas dans mes vers sa force et son génie.

Voici ce qu'il dit ailleurs :

Je possède, il est vrai, des maisons à la ville,
Des jardins au faubourg, et des terres aux champs;
J'ai l'estime du peuple et la faveur des grands;
Et, comptant mes aïeux, j'en compte plus de mille, etc.

En un endroit, il dit que les tétons de Claudine sont des montagnes à la croupe jumelle (4). Une fois

(1) Elle a quatre pieds en carré. (T.)
(2) Un grand mûrier dont il vendoit les mûres. (T.)
(3) Les allées sont de quatre pieds chacune. (T.)
(4) Tallemant cite ici de mémoire ; il indique le vingt-cinquième sonnet des *Amours de Claudine* (*Poésies diverses*, p. 337), où on lit ces vers ridicules :

Son sein est mon Parnasse, où, sur sa double cime,
Je rêve et je produis tant d'ouvrages divers,
Que de leur nouveauté j'entretiens l'univers
Et confirme par eux ma gloire légitime....

Comment la tête n'eût-elle pas tourné au pauvre Colletet, quand Heinsius lui écrivoit: *Hæ tu profectò sapis, qui inter sororiantes Claudinæ papillus somniare mavis domi vigilans, et Musarum sacris ope-*

chez M. Conrart, devant bien des femmes, il alla dire : « Quand nous nous réveillons la nuit, Claudine et moi, « que pensez-vous que nous fassions ? » Ces femmes baissoient les yeux. « Nous lisons l'*Astrée*, » dit-il.

Cette Claudine fait mieux des vers que lui. En voici qui sont dans ce livre d'Epigrammes (1) :

> Cher et savant époux, seul objet de ma flamme,
> Toi qui m'as d'Apollon les secrets découverts,
> Comme Hymen t'abandonne et mon cœur et mon âme,
> Souffre que mon amour te donne encor ces vers.
> Quoique les traits hardis de ton docte pinceau
> Fassent voir mon portrait au Temple de Mémoire,
> J'en aime bien le peintre autant que le tableau,
> Et ton honneur m'est cher plus que ma propre gloire.

> Lorsque d'un vers flatteur les beaux esprits du temps,
>   Nomment mes yeux des astres éclatants
>   Et m'appellent reine des belles,
>   Ils devroient dire des fidelles ;
>   Car vous savez, mon cher époux,
>   Que, si mon amour a des ailes,
>   Ce n'est que pour voler à vous (2).

Or il courut un bruit que cette femme avoit des

---

rari per tam amœnos secessus, quam in molestis biverticis Parnassi senticetis dormire magnâ cum difficultate ! Istis licet valvis inscribas, hac itur ad astra. Parnassum certè quin domi habeas negare jam non potes. (*Epistola Nicolai Heinsii ad V. C. Gulielm. Colletetum*, dans les Poésies diverses de Colletet, p. 308.)

(1) La pièce citée par Tallemant n'est pas dans les *Épigrammes*, mais à la p. 367 des *Poésies diverses*. Le premier vers y est différent :

> *Colletet, mon mari*, seul objet de ma flamme, etc.

(2) *Voyez* aussi les Poésies diverses, p. 367. On y lit ainsi le second vers :

> Nomment mes yeux *doux et charmants*.

galants; on dit à Colletet que Bois-Robert avoit dit que sa femme lui servoit à vivre. Ce bonhomme fut si sot que d'aller en faire un éclaircissement à Bois-Robert, qui se moqua de lui et se mit à rire. Boileau (1) dit que c'est une honnête femme. A la vérité, son mari, qui n'aime que la crapule, souffre quiconque veut apporter de quoi goinfrer chez lui. Elle dit : « Je sais bien
« qu'on n'est pas obligé d'en juger charitablement, je
« suis toujours parmi des hommes ; M. Colletet me
« mène dîner et coucher en ville. Mais il m'a fait
« l'honneur de m'épouser, je veux avoir de la com-
« plaisance pour lui; je ferai des impromptus à table,
« parce qu'il les aime; je souffrirai les impertinents
« qu'il amène céans. Si je suis jamais veuve, alors on
« verra qui je suis. »

Or, elle est devenue veuve un an après, en 1659, au mois de février, et voici ce qu'elle fit sur la mort de son mari :

> Le cœur gros de soupirs, les yeux noyés de larmes,
> Plus triste que la mort, dont je sens les alarmes,
> Jusque dans le tombeau, je vous suis, cher époux.
> Comme je vous aimai d'une amour sans seconde,
> Et que je vous louai d'un langage assez doux,
> Pour ne plus rien aimer ni rien louer au monde,
> J'ensevelis mon cœur et ma plume avec vous (2).

(1) Gilles Boileau, frère aîné de Despréaux.

(2) Ces vers désabusèrent le public sur le talent de Claudine. Le mari eut la rare prévoyance de les faire au lit de mort, au nom de sa femme; Colletet mort, Claudine se tut : aussi, après l'avoir encensée, La Fontaine se vengea-t-il par des stances épigrammatiques :

> Les oracles ont cessé ;
> Colletet est trépassé ;
> Dès qu'il eut la bouche close,

Mais Boileau a bien changé de note depuis, et en voici la raison. Un jour elle faisoit la dolente, et elle dit que cela venoit de ce qu'elle avoit perdu un diamant de huit cents livres que M. Colletet lui avoit donné le jour de ses noces. « Si vous pouviez me prêter. — Je n'ai, lui « répondit-il, que trente pistoles pour aller à Tan- « ley, partageons-les, si vous voulez. — Ce n'est rien « que cela. » Lui ne poussa pas plus loin, et il n'y retourna pas depuis. Je crois que l'abbé Tallemant [1] en a tâté, mais non pas gratis, l'abbé de Richelieu aussi. Maintenant qu'elle est veuve, un de mes parents y dépense assez, et il n'est pas seul, car elle a bien du monde à nourrir. Elle disoit une fois : « Que la mul- « titude des valets est incommode ! Ma femme de charge « me ferre la mule (c'est sa mère); ma cuisinière fait « un feu enragé (c'est sa cousine); ma femme-de- « chambre a égaré un mouchoir (c'est sa sœur), et « mademoiselle (c'est la fille de son mari) a tout roussi « mon point de Venise. » Insensiblement elle se décria très-fort. On trouva que ce qu'elle avoit de vers étoit pitoyable, mais que ses galants les raccommodoient. Elle devint misérable jusqu'à demander l'aumône dans les allées reculées du Luxembourg : elle épousa un je ne sais qui, et gardoit toujours le nom de *veuve Colletet*; elle buvoit comme un Templier; et enfin elle mourut soûle dans l'hôtel, où elle creva pour avoir trop bu; et, comme elle ne fut malade que quelques heures, cela causa un plaisant effet; car, pour escro-

> Sa femme ne dit plus rien;
> Elle enterra vers et prose
> Avec le pauvre chrétien.

[1] François Tallemant, frère de l'auteur.

quer Furetière, trois ou quatre jours devant sa mort, elle alla lui demander de quoi enterrer sa mère qui se portoit bien, et, quand la mère vint lui demander de quoi faire enterrer sa fille : « Vous vous moquez, « lui dit-il, c'est vous qui êtes morte, et non pas « elle. »

EXTRAVAGANTS, VISIONNAIRES,

FANTASQUES, BIZARRES, ETC.

La mère (1) de M. de Longueville vouloit qu'on fît bien des façons pour la saigner. Un jour un chirurgien la saigna avant qu'elle eût pu tourner la tête; elle ne s'en voulut plus servir, et disoit que c'étoit un insolent de l'avoir saignée en sa présence.

M. Amyrault (2), professeur en théologie à Saumur, homme savant, s'est avisé de faire deux volumes de la morale d'Adam, devant le péché, où il dit que sa grande félicité étoit de nager.

Un nommé de Chambergeot, de la famille des Le Sau de Paris, portant les armes en Flandre, on le fit parrain d'un enfant dont le père s'appeloit M. Dieu; il nomma cet enfant Maur, afin qu'on pût dire *Maur-Dieu* sans jurer (3).

(1) Catherine de Gonzague-Clèves, duchesse de Longueville, morte en 1629.

(2) Moïse Amyrault, né en 1596, mort en 1664. La *Vie de François de La Noue*, Leyde, 1661, in-4°, est le seul ouvrage de lui qu'on puisse consulter avec quelque fruit.

(3) C'est comme le *Jarni-Cotton* du père Cotton.

Le père de cet homme-là fit faire son tombeau à Chambergeot : il se couchoit de temps en temps dans sa tombe pour voir s'il y seroit à son aise, et disoit aux ouvriers : « Encore un coup de ciseau ; cela me blesse « à l'épaule. »

Un autre fit mettre un petit verrou en dedans de sa bière, afin d'y être en sûreté. Le maréchal d'Ornano ne couchoit point avec aucune femme qu'il n'eût su auparavant son nom de baptême, de peur de profaner le nom de la Vierge ; par la même raison, le maréchal de Saint-Luc n'eût pas mangé de la viande le samedi pour sa vie ; mais il en mangeoit fort bien le vendredi.

Vignolles, président à la chambre de l'édit de Castres, alloit ici à Charenton sur un cheval de carrosse avec deux pages à pied derrière lui ; il sortoit de son auberge tous les soirs à huit heures, et disoit que c'étoit l'heure des duchesses.

Le feu cardinal de Retz [1], chef du Conseil, tint trois ans tous ses grands chevaux et tous ses coureurs, à Noisy, près Versailles, disant tous les jours : « J'y « irai demain. » Ses gens, pour les tenir en haleine, passoient au Pré-aux-Clercs, qui étoit alors la Voirie, et relançoient quelque chien qu'ils couroient jusqu'à Meudon. Le cardinal y voulut aller une fois. Le chien courut jusqu'à mi-chemin de Noisy, mais le cardinal n'y alla pas pour cela. J'ai ouï conter une chose de lui assez raisonnable. A Clairac, il racheta pour six pistoles une belle fille que des soldats emmenoient ;

---

[1] Henri de Gondi, évêque de Paris, dit *le cardinal de Retz*, arrière-grand-oncle du coadjuteur.

puis, comme elle eut témoigné qu'elle seroit bien aise d'être religieuse, il lui donna mille écus pour se mettre en religion à Toulouse, et ne lui toucha pas le bout du doigt.

Le maître-d'hôtel de mon beau-père (1) fessa une fois cruellement un laquais ; le lendemain on trouva écrit sur la porte du privé :

> Maître Chamart est un maître fesseur ;
> De maître Jean-Guillaume (2) il sera successeur.

Un huguenot, nommé de L'Ormoye, natif de Blois, étudiant en théologie à Saumur, eut fantaisie de se faire eunuque à la façon d'Origène ; on le sut et on l'en détourna. Enfin il fit un voyage à Paris, où, sans rien dire à personne, il se fit hongrer. De retour à Saumur, il devint amoureux de la fille de celui chez qui il étoit en pension, qu'il avoit vue auparavant un million de fois sans l'aimer. Il la demande et l'épouse. Je vous laisse à penser si un homme comme cela pouvoit faire bon ménage. Au bout de quelque temps il la bat ; elle s'en plaint ; lui alla jusqu'au bout, et fit rompre le mariage en exhibant ses pièces. Depuis cela il devint fou sans ressource.

Le père de ce garçon fut accordé avec une fille qu'il n'avoit point vue. Il la trouva laide et prit la cadette. L'aînée, au désespoir, se mit dans une nacelle au milieu d'un grand étang, et se laissa mourir de faim : on ne savoit ce qu'elle étoit devenue. La cadette en mou-

---

(1) Le financier Rambouillet.
(2) Le bourreau de Paris. (T.)

rut de chagrin au bout d'un an ; elle étoit mère de ce garçon.

Une dame de Bretagne, nommée madame de Crapado, après avoir épousé un garçon de rien, se fit toujours appeler madame de Crapado, et s'habitua à Saumur. Ils avoient assez de chevaux de selle, mais point de carrosse : elle le battoit ; il le lui rendoit : c'étoit une grande vieille *Albréda* (1). Tout le monde la fuyoit ; car elle vouloit boire, et avoit le vin dangereux : elle cassoit les verres, et battoit tout ce qu'elle trouvoit en son chemin. Une fois le voisin avoit fait comme une espèce de barricade de tonneaux, à une brèche d'un mur de jardin ; elle franchit cette barricade et lui dit : « De quoi vous avisez-vous de vous barricader contre « moi ? — Ah ! madame, lui dit cet homme, je ne l'ai « pas fait pour vous offenser ; mais, comme vous logez « dans un logis public (c'étoit une hôtellerie ; elle ne « loge point ailleurs), il y a tant de survenants que, etc. « Mais puisque vous voilà, goûtez, je vous prie, de « mon vin. » Les voilà les meilleurs amis du monde. Elle entra une fois dans un cabaret, où des cavaliers buvoient : il y en eut un qui lui dit : « Viens, viens, « mets-toi auprès de moi ; je sais bien que tu boiras « sagement, car je te donnerois de mon épée au tra-« vers du corps. » Elle fut la plus jolie enfant du monde. Elle avoit fait quelque méchant tour à un notaire, nommé Bourdon. Cet homme la bâtonna si rudement qu'il la laissa étendue sur le pavé. Elle ne lui en voulut point de mal ; au contraire, elle fit amitié avec lui, disant qu'elle lui savoit bon gré de ne se pas laisser gourmander.

(1) Comme s'il disoit que c'étoit une grande *haridelle*.

Le baron Du Puiset, homme riche et de qualité, avoit fait une ridicule pièce de théâtre. Pour la faire jouer aux comédiens, il les traita vingt fois, et donna même des habits aux comédiennes ; cela lui coûta trois mille livres. Les comédiens annonçoient sa pièce, mais n'osoient la jouer ; enfin les parents leur firent dire que s'ils la jouoient, ils les assommeroient de coups de bâton.

Un M. de Montsire avoit tant d'amitié pour les chevaux, et tant d'aversion pour les laquais, qu'il alloit quasi tous les jours vers quelque abreuvoir ; et quand il voyoit un laquais qui galopoit un cheval, il faisoit semblant de connoître son maître et lui donnoit un billet où il y avoit : « Monsieur, j'ai vu votre « laquais galopant votre cheval, chassez-le, etc. » Il avoit toujours de ces billets tout faits dans sa poche.

Feu M. de Sourdéac (1), de la maison de Rieux de Bretagne, et sa femme, se mirent dans la tête d'être à la Reine-mère dans la décadence de sa fortune, lui pour être d'intrigue, et elle pour avoir le plaisir d'entrer dans le carrosse d'une reine ; cependant ils dépensoient gros, et la suivirent à Bruxelles. Leur bien fut saisi ici. La Reine-mère s'ennuyoit d'eux à un point étrange. Cela les fit résoudre à s'accommoder et à revenir avec Monsieur (2). Le cardinal rétablit leur fils dans leurs biens. Ce fils a épousé depuis une

---

(1) Guy de Rieux, seigneur de Sourdéac, premier écuyer de Marie de Médicis, mourut en 1640. Il avoit épousé, en 1617, Louise de Vieux-Pont, baronne de Neufbourg, fille aînée et héritière de sa maison. Elle est morte en 1646. (*Voyez* Le père Anselme, tome 5, page 774.)

(2) Gaston, duc d'Orléans.

des deux héritières de Neufbourg (1) en Normandie, où il demeure; c'est un original. Il se fait courir par ses paysans, comme on court un cerf, et dit que c'est pour faire exercice; il a de l'inclination aux mécaniques; il travaille de la main admirablement : il n'y a pas un meilleur serrurier au monde. Il lui a pris une fantaisie de faire jouer chez lui une comédie en musique, et pour cela il a fait faire une salle qui lui coûte au moins dix mille écus. Tout ce qu'il fait pour le théâtre et pour les siéges et les galeries, s'il ne travailloit lui-même, lui reviendroit, dit-on, a plus de deux fois autant : il avoit pour cela fait faire une pièce par Corneille; elle s'appelle *les Amours de Médée* (2); mais ils n'ont pu convenir de prix. C'est un

(1) Tallemant se trompe. C'étoit le père qui avoit épousé l'héritière de la maison de Neufbourg. Alexandre de Rieux, marquis de Sourdéac, baron de Neufbourg, épousa Hélène de Clère, fille du baron de Beaumets.

(2) *Les Amours de Médée, ou la Toison d'or*, de Pierre Corneille, sont une tragédie à machines, en scènes entremêlées de chant; ce n'est pas encore l'opéra, mais un genre intermédiaire. Tallemant dit que le marquis de Sourdéac et Corneille ne purent pas convenir du prix, et à l'entendre, la pièce ne fut pas représentée. Tallemant écrivoit ceci en 1658 ou 1659. *La Toison d'or* fut jouée avec un grand succès en 1660. « Dans ce temps-là (1660), le marquis de Sourdéac, de l'illustre
« maison de Rieux, à qui l'on est redevable de la perfection des ma-
« chines propres aux opéras, fit connoître son génie par celles de *la*
« *Toison d'or*. Il fit représenter cette pièce dans son château de Neuf-
« bourg, en Normandie, et il prit le temps du mariage du Roi pour
« faire une réjouissance publique, dont il fit seul la dépense, et en
« régala la noblesse de la province. Outre ceux qui étoient nécessaires
« à l'exécution de ce dessein, qui furent entretenus plus de deux mois
« à Neufbourg à ses dépens, il logea et traita plus de cinq cents gentils-
« hommes de la province, pendant plusieurs représentations que la
« troupe royale du Marais donna de cette pièce. Depuis il voulut
« bien en gratifier cette troupe qui la donna au public sur son théâtre,

homme riche et qui n'a point d'enfants; hors cela, il est assez économe.

Il y a à Caen un bénéficier, nommé M. de Saint-Martin, d'honnête famille, riche d'environ six mille livres de rente, qui a l'honneur d'être un peu fou. Il a une vanité enragée, car non content d'avoir fait imprimer quelques livres, entre autres son *Voyage de Rome* et son *Voyage de Saint-Michel*, il s'avisa de faire dresser une croix à un endroit de la ville qui s'appelle *la Belle Croix*, et où apparemment il y en avoit une autrefois (1). Là il vouloit que madame de Caen (2), abbesse, fille de madame de Montbazon, mît ses armes écartelées avec les siennes, et lui disoit pour raison que les cardinaux en usoient ainsi à Rome avec les abbesses qui étoient de leurs amies. A ce voyage de Saint-Michel la coutume est que celui qui voit le premier le clocher est le Roi, et défraie les autres. Il n'y avoit personne de sa bande qui n'eût découvert le clocher il y avoit une demi-heure, quand il l'aperçut, mais on le vouloit faire donner dans le panneau, comme il fit, et il lui en coûta cinq cents écus.

Il fit encore mettre à l'entrée d'un faubourg une

« où le Roi, suivi de toute sa cour, le voulut voir, et Sa Majesté en fut
« très-satisfaite. » (*Histoire de l'Opéra*; Paris, 1753, in-8°, p. 23.) Le marquis de Sourdéac s'associa quelques années après avec l'abbé Perrin, et il fut un des fondateurs de l'opéra en France. « Il s'y ruina entiè-
« rement (dit Voltaire dans la préface de *la Toison d'or*), et mourut
« pauvre et malheureux pour avoir trop aimé les arts. »

(1) Cette croix, détruite par les huguenots, en 1562, fut rétablie par les soins de l'abbé Michel de Saint-Martin, au mois de mai 1651. (*Origines de Caen*, par Huet; Rouen, 1706, p. 114.)

(2) Marie-Éléonore de Rohan, abbesse de la Trinité de Caen, depuis abbesse de Malnoue.

statue de saint Michel et une de saint Martin, afin, disoit-il, qu'en arrivant on sût que c'étoit *Michel de Saint-Martin* qui les avoit fait mettre. « Mais, lui dit-on, « voilà qui est bien pour ceux qui viennent de Rouen; « mais, en venant de Bayeux, on trouvera que c'est « *Martin de Saint-Michel*, car on ne rencontre saint « Michel qu'après saint Martin (1). » Il se croit descendu de la côte de saint Louis; il a mis sur sa porte : *Non nobis sed reipublicæ nati sumus.*

Il s'imagine que son frère le veut tuer ; et un jour en se promenant dans un jardin avec une dame : « Les « murailles du jardin, lui dit-il, ne sont pas trop hau- « tes. » Il court, prend deux pistolets, et se promenoit comme cela avec elle. Un jour une religieuse fit à son goût plus de civilité à je ne sais quel curé qui prêchoit, qu'à lui. Ce n'étoit pas pourtant grand'chose, car elle n'avoit fait au parloir que s'approcher plus près de ce curé que de lui. Il lui écrivit une légende sérieuse, contenant les avantages qu'il avoit sur son rival par son bien, par sa naissance et par les livres qu'il avoit imprimés, et que d'ailleurs il ne prêchoit pas moins bien que l'autre. Il lui reprochoit de n'avoir pas eu d'attention à une messe qu'il dit dans leur église. Il y a un million de fadaises semblables (2). Ce galant homme a une perruque, et, au milieu de sa

(1) « Il avoit fait embellir, au mois d'avril 1653, le carrefour des Cor- « deliers, et au mois d'août de la même année celui du Bourg-l'Abbé, « qui est devant la porte de Bayeux, des images de saint Michel et « de saint Martin, ses patrons. » (*Origines de Caen*, p. 436.)

(2) Huet (*Origines de Caen*, p. 435), a donné une notice biographique sur Michel de Saint-Martin. C'est, dit-il, *une figure à deux visages.*

perruque, pour faire voir qu'il est prêtre, il a une couronne de satin gris (1). C'est un fou déjà âgé.

Un M. de Mauroy-Meunier avoit accoutumé de faire ses visites l'été, entre cinq et six heures du matin, et l'hiver à sept heures précises. Quand, à la Saint-Martin, il revenoit de Pommeuse, où il avoit une maison, il disoit : « L'année qui vient, j'irai à ma maison « un tel jour. » Et, plût-il des hallebardes, il y alloit ce jour-là. Il croyoit que dès qu'un homme étoit ministre ou surintendant, le Saint-Esprit l'inspiroit sur toutes choses, et il ne pouvoit souffrir qu'on le blâmât en quoi que ce fût.

Un auditeur des comptes, dont j'ai oublié le nom, avoit ordonné par son testament que les quatre Mendiants seroient à son enterrement, et que ces quatre ordres porteroient quatre gros cierges qu'il avoit dans son cabinet. Comme on fut dans l'église, tout-à-coup ces cierges crevèrent, et il en sortit des pétards qui firent un bruit épouvantable. Les moines et toute l'assistance crurent que c'étoit le diable qui emportoit l'âme du défunt. Regardez quelle vision de se préparer ainsi une farce pour après sa mort.

Il y a encore ici un huguenot de Pamiers, nommé Lanis. Un jour il demandoit à quelqu'un : « Connois- « sez-vous M. de Pellisson ? c'est un puissant es- « prit. » Cet homme étoit ici pour une brouillerie de

---

(1) Les réglements interdisoient aux ecclésiastiques l'usage des perruques; quand ils s'en servoient par des motifs d'infirmités, il falloit que la tonsure demeurât visible. Cependant beaucoup d'entre eux la couvroient avec un morceau d'étoffe. On trouve dans l'*Histoire des perruques* de Thiers, des relations de procès relatifs à ce point de discipline qui, aujourd'hui, nous paroîtroient bien ridicules.

religion, où il y avoit eu des coups rués pour l'affaire de Pamiers. Il se fourroit partout, et, par sa hardiesse, il obtenoit quelque chose. Un jour le Roi lui dit : « Je « veux faire quelque chose pour vous. » Le Roi, pour rire, lui donne un brevet de sergent de bataille; M. de Turenne le rencontre. « M. de Lanis, venez « servir dans mon armée. — Non, monsieur, je veux « servir en Catalogne, c'est le moyen de conserver ma « patrie. » Un jour il fit signer à M. de Turenne, à Ruvigny et aux autres, qu'après Ruvigny il n'y avoit personne en France plus capable d'être député général des églises réformées que lui, et ce certificat commençoit : *A tous ceux qui ces présentes*, etc. Il dit qu'il s'en va se marier, et qu'il y a une jeune fille en son pays qui l'attend il y a vingt ans.

Un huguenot, frère de madame de Champré, qu'on appeloit Despesses, du nom d'une ferme, se mit dans la tête une dévotion assez extraordinaire. Il se couchoit à dix heures sur son lit tout habillé, à onze il prioit une heure, reposoit, prioit et dormoit alternativement, jusqu'à deux heures du matin. Ce qu'il y avoit de meilleur, c'est qu'il donnoit beaucoup aux pauvres. A la campagne, une fois il fut obligé de coucher avec un capitaine huguenot, nommé Petitval, qui n'étoit pas tout-à-fait si dévot que lui ; avant que de se coucher, Despesses lui dit : « Ne voulez-vous pas que « nous fassions la prière ? — Oui. » Il se mit à la faire, mais d'une longueur étrange. Le lendemain, l'autre dit : « C'est à moi à la faire. » Et il se mit à dire *Notre Père*, et rien davantage. « Vous moquez-vous? dit « Despesses. — Ma foi, répondit l'autre, il me sem- « ble que nous priâmes bien hier Dieu pour deux fois. »

Cela me fait souvenir de Menjot, le médecin, et de son frère, qui, en leur enfance, ne sachant que faire, se mirent à prier Dieu pendant huit jours, et le lendemain ils ne vouloient plus prier.

Un jour à la campagne il s'étoit enfermé pour prier Dieu dans un cabinet, c'étoit le vendredi. Par malheur on serroit le beurre dans ce cabinet. La cuisinière n'osa l'interrompre, et on dîna quand il plut à Dieu. Il se mit aussi dans l'esprit qu'il avoit une chaleur pour laquelle il falloit manger beaucoup de potage, et que son estomac ne digéroit point le pain, s'il n'étoit trempé; de sorte qu'il avaloit une cuillerée de potage à mesure qu'il prenoit un morceau de viande. Menjot lui disoit : « Votre estomac est dans votre tête ; vous « rêvez. » Avec toutes ces belles visions, il se maria, et mourut bientôt après plus fou que jamais.

Il y a eu ici un certain fou qui alloit l'hiver sur le Pont-Neuf, avec un réchaud plein de feu, où il chauffoit toujours un fer comme ces fers de plombiers, et s'approchant des passants, il leur disoit : « Voulez-« vous que je vous mette ce fer chaud dans le c..? — « Coquin !... — Monsieur, répliquoit-il naïvement, je « ne force personne, je ne l'y mettrai pas, s'il ne vous « plaît. » On rioit de cela, et puis il demandoit quelque chose pour du charbon.

A Rome un *bel humor*, voyant beaucoup de monde dans une rue, jette son manteau et se met à courir de toute sa force : les autres courent après, croyant que c'étoit quelque malfaiteur, et l'attrapent. Lui, sans s'étonner, leur demande à qui ils en avoient. « Hé! « pourquoi courez-vous comme cela? lui dirent-ils.— « *Eh, eh*, répond-il, *ci è prammatica di non poter*

« *correre quando s'è mangiato maccaroni per smal-
« tirli* (1). »

Un certain homme de Reims, nommé Roland, s'avisa de vouloir faire peur aux gens; pour cela, après avoir fait semblant de partir pour aller à Paris, il s'arma de pied en cap, et, la pique à la main, se montra par la fenêtre de son grenier, où il faisoit bien du tintamarre. On croyoit qu'il fût parti; cela fit dire qu'il revenoit un esprit dans ce logis. On y court aussitôt. Quand on y alloit, on ne trouvoit personne, car il montoit sur les tuiles. Une fois il monta moins prestement, et on l'aperçut; depuis on ne l'appela plus que *Roland l'âme*.

Le comte de Grandpré buvoit à la santé de sa maîtresse dans un pistolet chargé, bandé et amorcé, dont il tenoit la détente; puis, après avoir achevé, il le lâchoit aussitôt, mais non pas dans la gueule, comme vous pouvez penser. D'autres ont fait pis; car ils boivent deux à la fois, et chacun tient la détente du pistolet de son camarade. Il y en a qui mettent une traînée de poudre tout autour du verre, sur une soucoupe, et y font mettre le feu en buvant.

Un nommé Dufour s'est fait appeler *Mitanour*, qui veut dire en arabe, un four.

L'abbé de Carrouges, en se promenant le long d'un étang, rêvoit combien il faudroit de sucre et de citrons pour en faire de la limonade; c'est comme le courtisan du temps de Henri II, qui disoit : « Je rêve com-

---

(1) « Il est ici défendu de courir, pour faciliter la digestion, quand
« on a mangé des macaronis. »

« bien rapporteroit de revenu, tous les ans, un colom-
« bier, dont chaque boulin (1) vaudroit autant que
« celui de madame de Valentinois (2). »

Le feu duc de Roanès (3) avoit un auteur, appelé
Du Verdier (4), à ses gages, et lui fit faire un *Royaume
de Sper*....., où il y avoit une rivière de Gon....., une
ville de Cazzopolis, un empereur Arsob......., un archevêque Vibre......., etc. Après il fit peindre toutes
les postures de l'Arétin, et y fit mettre les visages des
galants et des galantes de la cour (5), et, par malice,
ceux des dévots et des dévotes aux postures les plus
lascives. Le Pailleur (6) a vu ce livre ; et quand le duc

---

(1) Petites cases disposées autour d'un colombier, pour nicher les pigeons. (*Dict. de Trévoux.*)

(2) Diane de Poitiers, duchesse de Valentinois, maîtresse de Henri II.

(3) Louis Gouffier, duc de Roanès, né en 1575, mort en 1642.

(4) Antoine Du Verdier, seigneur de Vauprivas, mort en 1600. On ne le connoît guère aujourd'hui que par sa *Bibliothèque françoise*, dont Rigoley de Ruvigny a donné en 1772, une nouvelle édition où se trouve aussi la *Bibliothèque* de La Croix du Maine; on a aussi de lui ses *Diverses Leçons*. Il paroît qu'il avoit dans sa jeunesse composé des poésies qui sont perdues. Si elles ressembloient à l'ouvrage indiqué par Tallemant, on ne doit pas les regretter.

(5) Cette facétie a depuis été imitée par Bussy-Rabutin, dans le fameux livre d'*Heures*, auquel Boileau fait allusion dans ces vers de la huitième satire :

J'irois, par ma constance aux affronts endurci,
Me mettre au rang des *saints* qu'a célébrés Bussy.

(6) Le Pailleur demeuroit chez elle. (*Voyez* son article, t. 3 de ces *Mémoires*, p. 238.)

alla en Flandre, tout cela fut mis chez la maréchale de Thémines.

Une madame Du Mesnil-Hérouard ne trouva pas bon que par jeu on lui eût donné un coup de gant de daim par la tête; elle feint d'en avoir été blessée, se couche. Au bout de deux jours le lit lui fait mal à la tête; elle se fait porter à Paris; le chemin la fatigua; la voilà encore au lit. Elle y amasse des humeurs, et insensiblement elle y demeura dix-huit ans et y mourut.

Le vieux Gauthier (1), excellent joueur de luth, s'étant retiré en une maison qu'il avoit acquise auprès de Vienne en Dauphiné, L'Enclos (2) y alla exprès pour le voir. « Eh bien, comment te portes-tu? — A « ton service. » Voilà bien des embrassades; ils dînent et puis se vont promener. « Tu ne joues plus du « luth? lui dit L'Enclos. Pour moi, j'ai quitté là toute « cette vilainie. — Je n'en jouerois pas pour tous les « biens du monde, » répond Gauthier. Au retour, L'Enclos voit des luths. « C'est pour ces enfants, dit « Gauthier; ils s'y amusent. Il n'y a pas une corde « qui vaille. Tout cela est en pitoyable état. » L'Enclos ne put s'empêcher de les prendre; il trouve deux luths fort bien d'accord. « Hé, dit-il, telle pièce la « trouves-tu belle? » Il la joue. Gauthier lui dit : « Et celle-ci, que t'en semble? » Ils jouèrent trente-six heures sans boire ni manger.

Le baron de Vitaux, du Vexin, avoit des brouilleries avec tous les gentilshommes de son voisinage. Un

---

(1) Il est mort en 1653. (T.)
(2) C'étoit le père de Ninon de Lenclos. (Voyez *l'Historiette* de Ninon, t. 4 de ces *Mémoires*, p. 310.)

jour un jeune homme lui vint offrir son service. Vitaux lui dit : « J'ai des querelles, et je ne prends per-
« sonne sans l'avoir éprouvé auparavant.— Monsieur,
« je suis gentilhomme; vous verrez dans l'occasion ce
« que je saurai faire. — Ce n'est pas tout, répliqua le
« baron, je le veux voir tout-à-l'heure; défendez cette
« porte contre moi. » L'autre fit tout ce qu'il put pour
s'en dispenser; mais le baron mit aussitôt l'épée à la
main, et le menaça de le tuer; l'autre fut contraint
de se battre. Ils se blessèrent très-bien tous deux, et
ce gentilhomme fut toujours avec Vitaux jusqu'à sa
mort.

Vivans, gentilhomme gascon qui étoit à M. d'Orléans, fit faire un carrosse. Le peintre lui demanda s'il
vouloit une couronne. « Oui, et qu'elle soit des plus
« belles. » Le peintre dit : « Les fermées sont les plus
« belles. — Mettez-y-en donc une fermée (1). » Tout
le monde regardoit ce carrosse. Enfin on lui demanda
s'il rêvoit. « Que voulez-vous? dit-il, j'avois dit à ce
« coquin de peintre que j'en voulois des plus belles; il
« m'a mis celle-là. » Sa mère vint à mourir; il envoya
quérir un tailleur. » Mon maître, faites-moi un deuil,
« le plus grand deuil de la terre, la mère est morte. »
Ne sachant comment avoir le portrait de sa mère, on
lui dit qu'elle lui ressembloit. Il se fit peindre sans
barbe, avec une coiffure de femme. En Allemagne,
avec le cardinal de La Valette, comme on passoit le
Rhin en bateau, cet homme, tout à cheval, se met

---

(1) La couronne *fermée*, surmontant l'écusson des armes, n'appartient qu'aux souverains et même aux empereurs. C'est seulement depuis Charles VII que nos rois la portent fermée sur leur écusson.

sur le bout d'un bateau plein d'Allemands. Ils ne trouvèrent point cela bon; et, quand ils furent assez avant, ils le jetèrent dans l'eau. On eut bien de la peine à le sauver. Quand il fut à bord, il ne dit autre chose, sinon : « Au Dieu vivant! ces gens-là « sont bien brutaux. » Il fut tué depuis à la bataille de Rocroy.

MADAME DE SUPLICOURT.

C'est une dame de Picardie, bien faite, qu'on appelle vulgairement *la dame à la couleuvre*; voici pourquoi. Elle dit qu'étant recherchée par deux gentilshommes, son père préféra celui qui étoit le plus riche à celui qui étoit le mieux fait; que, quelque temps après, comme elle se promenoit dans son jardin, celui qui avoit été refusé vint prendre congé d'elle tout désespéré, et lui demanda pour toute grâce qu'elle lui permît de venir lui dire adieu quand il mourroit, parce qu'il étoit bien assuré de ne guère vivre après le déplaisir qu'il avoit reçu. Elle le lui permit. Il part, et peu de temps après elle devient veuve. Au bout d'un an, ou environ, dans le même endroit où ce malheureux amant avoit pris congé d'elle, elle entend une voix plaintive et à demi articulée, et voit une couleuvre autour d'un arbre : cela l'effraie, elle se retire. La nuit elle entend une voix qui se plaint de ce qu'elle ne tenoit pas ce qu'elle avoit promis; que c'étoit l'âme de ce misérable qui lui dit adieu dans le jardin, et que

le lendemain elle trouveroit sur ses habits un animal qu'elle devoit garder bien soigneusement, parce que, tandis qu'il seroit en vie, tous ceux qui la verroient auroient de l'inclination pour elle. Après qu'elle fut levée, elle trouva cette même couleuvre du jardin sur ses habits. Elle lui fit faire un cabinet plein de cyprès; il étoit tout plein de carquois renversés, de flambeaux éteints, de larmes et de têtes de mort (1); elle y passoit des journées entières. Elle portoit presque toujours sa couleuvre au bras; elle obligeoit ses amants à boire après la couleuvre; elle ne cachetoit ses lettres qu'avec un cachet où il y avoit une tête de mort entourée de deux couleuvres. L'abbé de Romilly (2), ce fou, qui fut si blessé en se battant en duel contre un de ses amis, et qui dit après qu'il avoit été blessé à la chasse par mégarde, en devint amoureux, lui fit faire un dessin de carrosse, où il devoit y avoir des couleuvres et des têtes de mort entaillées. Jaloux d'elle, il trouva moyen de lui donner un cocher qui étoit son espion. Ce cocher devint suspect au galant, et un soir que cet homme le reconduisoit, il le blessa à mort sur le pont de la Tournelle; il le vouloit jeter dans l'eau;

(1) Ces ornements symboliques étoient dans le goût du temps. On en voyoit autrefois un exemple remarquable sur la colonne de Catherine de Médicis, à l'hôtel de Soissons. On y avoit sculpté des couronnes, des fleurs de lys, des cornes d'abondance, des miroirs brisés, des lacs d'amour rompus, des C et des R entrelacés. (*Antiquités de Paris* de Sauval, t. 2, p. 218.) Ces ornements ont disparu quand on a restauré cette belle colonne, sur laquelle la Halle-au-Blé vient aujourd'hui s'appuyer.

(2) Il a déjà été question de cet abbé de Romilly dans l'Historiette de Sévigny, t. 4, p. 301. Conrart en parle aussi dans ses *Mémoires*, t. 48, p. 191 de la deuxième série de la *Collection des Mémoires relatifs à l'histoire de France*.

mais il survint du monde. Le pauvre cocher fut porté à l'Hôtel-Dieu, où il déposa contre l'abbé; mais madame de Romilly, grande dévote, et qui a bien du pouvoir à l'Hôtel-Dieu, fit tant que les confesseurs persuadèrent à ce cocher de se taire, et de pardonner. On dit que la couleuvre est morte depuis quelque temps.

MARVILLE (1).

Marville étoit le cadet de ce gros M. de La Loupe (2), de la maison d'Angennes, père de madame d'Olonne et de la maréchale de La Ferté. Il se donna à Monsieur, aujourd'hui M. d'Orléans. C'étoit un garçon d'esprit, mais d'un esprit assez extraordinaire. Mademoiselle (de Montpensier), étant encore fort jeune, eut envie de le voir; il trouvoit toujours quelque échappatoire; enfin elle le lui fit dire sérieusement. « Dites-lui, répondit-il, que son père m'a « trompé, et que je ne veux pas qu'elle me trompe « de même. C'étoit le plus joli garçon du monde; cela « fut cause que je m'attachai à lui. Vous voyez comme « il est devenu : j'attendrai qu'elle soit plus grande « pour voir si elle ne se démentira point (3). » Quand M. d'Orléans fut fait chef des conseils et des armées,

---

(1) Jacques d'Angennes, seigneur de Marville, né en 1606, chambellan de Gaston, duc d'Orléans.

(2) Charles d'Angennes, seigneur de La Loupe.

(3) Mademoiselle étoit fort jolie en sa petite jeunesse. (T.)

à la régence, quelqu'un dit à Marville, qui s'étoit retiré à la campagne : « Hé! pour l'amour de Dieu! « venez voir Monsieur; vous y trouverez bien du « changement. » Il y va; mais l'ayant aperçu de loin, avec sa main dans ses chausses, son chapeau en *gloriot*, et sifflant à son ordinaire : « Le voilà, dit-il à « son ami, tout aussi *fichu* que du temps du cardinal « de Richelieu; je ne le saluerai point. » Et en disant cela, il s'enfuit.

Il s'étoit marié, il y avoit fort peu, avec une veuve fort jolie et fort raisonnable, nommée madame d'Espinay (1), qui n'étoit pas dans une grandissime jeunesse, mais proportionnée à son âge. Je ne sais si le mariage y contribua, ou le séjour de la campagne, mais il devint plus chagrin que jamais : il lui prit une si forte aversion contre ceux qui disoient des paroles inutiles, qu'il avoit de la peine à s'empêcher de les quereller. Quand il venoit des gentilshommes du voisinage, il étoit toujours en mauvaise humeur, car les campagnards sont gens peu diserts; il étoit sur des épines, il enfonçoit son chapeau, et il étoit contraint de sortir : sa femme lui en faisoit des réprimandes. « Louez-moi plutôt, disoit-il, de ne les avoir point « battus. »

Etant malade de la maladie dont il mourut, dans son chagrin, il dit à sa femme : « Ma chère, je te prie, « conte-moi quelque chose. — Mais, monsieur, je ne « sais rien que vous ne sachiez.—Qu'importe; ce que « tu voudras. » Elle cherche et se met à lui conter ce

---

(1) Elle s'appeloit Françoise de Pommereuil. Leur mariage eut lieu en 1630.

qui lui vint à l'esprit. Il disoit toujours : « Et encore, » comme font les enfants quand on leur conte des contes ; enfin quand elle fut épuisée, au lieu de la remercier : « Jésus, lui dit-il, ma chère, les pauvres choses « que tu m'as dites ! Comment se peut-il faire que j'aie « pris une femme qui se soit mis tant de balivernes « dans la tête ? » Elle a conté cela elle-même, et elle en rioit la première.

LA VICOMTESSE DE L'ISLE.

La vicomtesse de L'Isle est de Basse-Bretagne. Elle n'est pas belle, mais elle est fort coquette, et danse admirablement bien, en un mot comme une *Basse-Brette* (1), car en ce pays-là elles sont grandes danseuses. Elle aima, en Bretagne, un de ses cousins-germains ; mais cette galanterie ne dura guère, car le pauvre garçon fut tué. La nuit de devant, la vicomtesse fit un songe assez étrange, car elle songea que son cher cousin étoit blessé à mort. Epouvantée de ce songe, elle va dès six heures du matin chez lui le prier de ne point sortir. Il se moqua d'elle, et dit qu'il avoit partie faite ; enfin pourtant, voyant qu'elle l'en pressoit et qu'elle lui demandoit cela en grâce, il lui promit de ne point sortir ; mais quand elle fut partie, il alla à cette promenade à laquelle il étoit engagé. Il y prit querelle et y fut blessé à mort.

(1) On les appelle ainsi dans le pays. (T.)

Quelque temps après, elle voulut venir à Paris : il y avoit du désordre entre son mari et elle, à cause d'une certaine suivante qui se mêloit de bien des choses. Le mari la vouloit chasser, et elle ne le vouloit pas; et, à cause de cela, elle demeuroit à Paris, et ne vouloit point retourner avec lui. On remarqua qu'en ce temps-là il n'y avoit que trois bons ménages dans toute la ville de Rennes. Elle étoit si folle de cette suivante, qu'elle se mit à la traiter de cousine, afin que le monde la considérât davantage. Enfin il a fallu que le mari se réduisît et qu'il vînt demeurer ici : elle l'appelle vulgairement *mari de L'Isle*. On dit qu'il ne trouve jamais qu'elle fasse assez de dépense, et qu'il l'attend à souper jusqu'à minuit. A la vérité elle a eu beaucoup de bien ; c'étoit une héritière de vingt mille livres de rente. Une de ses terres a un nom bien rébarbatif, elle s'appelle *Quinquangroigne*, tellement que quand elle boude, on l'appelle madame de *Quinquangroigne* (1).

Elle et madame de Montglas (2) eurent une grosse querelle, il y a quelques années, à cause de Bussy-Rabutin : Bussy la servoit et la quitta ; elle lui écrit une lettre douce : il la montre à madame de Montglas. La vicomtesse dit que madame de Montglas a montré cette lettre à tout le monde. Madame de Montglas irritée dit : « Je ne l'ai point montrée ; mais je m'en « vais la montrer. » Et elle la lit à quiconque veut l'entendre.

(1) Nous avons vu la gravure d'un château de ce nom, situé en Bretagne. Elle est dans un Recueil de vues de châteaux et de plans de bataille conservé à la Bibliothèque de Sainte-Geneviève.

(2) *Voyez* sur madame de Montglas la note du t. 4, p. 223.

PEIRARÈDE.

Peirarède est un pédant huguenot, natif de Bergerac, et d'assez bon lieu. Un *Jean de lettre,* pour l'ordinaire, est un animal mal idoine à tout autre chose. Celui-ci l'a bien fait voir en toutes rencontres; mais principalement en deux ou trois que voici. Il a une métairie auprès de Bergerac, qui, je crois, compose toute sa chevance (1). Il ouït dire qu'à Bordeaux, où se faisoient des provisions pour un embarquement, on vendoit fort cher le bœuf salé. Il coupe la gorge à ses bœufs, qui peut-être étoient assez vieux, les sale, et les met dans un bateau où il s'embarque aussi lui-même. Mais, par épargne, il n'y avoit pas mis assez de sel, et il ne fut pas plus tôt arrivé que son bœuf sentoit mauvais. Cependant, faute d'argent pour acheter d'autres bœufs, ses terres ne se labouroient pas, et il eut bien de la peine à revenir de cette perte. Une autrefois il ne fut pas meilleur marchand. Il avoit remarqué que les arbres de pressoir se vendoient fort bien à Bordeaux. Il fait abattre un petit bois de haute futaie qui étoit tout l'ornement de sa maison. Quand il fallut débiter son bois, il vit qu'en faisant les arbres de pressoir d'un demi-pied plus petits qu'à l'ordinaire, il y trouveroit bien du profit; il les fait donc plus petits

---

(1) *Chevance,* signifie les biens d'un homme et tout ce qu'il possède. (*Glossaire du droit françois* d'Eusèbe de Laurière; Paris, 1704, in-4°.)

et les fait porter à Bordeaux; mais personne n'en voulut.

Après tout cela, il alla pour s'achever faire un voyage en Angleterre et en Hollande, afin de conférer avec les critiques de ce pays-là; il mena avec lui un grand fils. Au retour il se vanta de l'avoir fort bien établi, et il se trouva qu'il l'avoit mis piquier dans un régiment. La Peirère (1), celui qui a fait le livre des *Préadamites,* le donna à Lozières (2). Nous étions voisins; j'ai cent fois trouvé cet impertinent disant des vers grecs à ma mère. L'abbé (3) ne le pouvoit souffrir, et se barricadoit contre lui. Enfin Lozières s'en défit. Notre homme s'amusa à montrer le latin à quelques gens, et entre autres à des conseillers au Parlement. Coulon en fut un, et il disoit que c'étoit un ingrat de l'avoir si mal reconnu, et qu'il l'avoit rendu digne d'un troisième. Depuis il présente des devises et des épigrammes à tout le monde, et, avec une familiarité admirable, s'il trouve qu'on fasse le poil à quelqu'un, il se le fait faire tout d'un train, et passe pour beau. Un animal comme cela étoit bien venu ici et à Fontainebleau chez la reine de Suède (4), et Balzac l'a *festiné,* et lui a écrit plusieurs fois. Voyez la belle cervelle de l'une, et l'avidité de louanges de l'autre!

(1) Isaac de La Peyrère, né en 1594, mort en 1676. Son livre des Préadamites a fait beaucoup de bruit. Il prétendoit qu'Adam n'étoit le père que des Israélites, et que la terre étoit habitée long-temps avant Adam.

(2) Lozières étoit un conseiller-clerc au Parlement de Paris, qui étoit parent de Tallemant. (*Voyez* plus haut, même volume, pag. 51.)

(3) L'abbé Tallemant, frère de l'auteur.

(4) Christine de Suède, à son voyage de 1658.

MADAME D'ABLÉGE

ET MADAME DE FRONTENAC.

Madame d'Ablége est fille unique d'un M. Chouaisne, garde des rôles du Conseil. Si je ne me trompe, d'Ablége, de la famille des Maupeou, conseiller au Parlement, la rechercha. Elle est bien faite et elle avoit du bien. Il se servit pour cela de Petit, de M. d'Émery [1] ; mais Petit, après que d'Ablége lui eut fait voir son bien, le voulut prendre pour lui, et fit en sorte que ce garçon crût que Chouaisne n'y vouloit pas entendre ; après il lui propose sa fille. D'Ablége accepte le parti. Petit en va parler à d'Émery ; Chabenas s'y trouve, qui changea de couleur. D'Émery, quand Petit fut sorti, lui demanda ce qu'il avoit. Chabenas lui avoua qu'il pensoit à la fille de Petit, et qu'il étoit sur le point de se déclarer ; d'Émery fait rappeler Petit, et fait l'affaire pour Chabenas. Petit s'excuse envers d'Ablége sur la nécessité d'obéir. D'Ablége reprend ses premières brisées, et se marie avec la fille de Chouaisne.

Or, on a découvert depuis que ce Chouaisne étoit amoureux de sa propre fille ; il voulut qu'elle logeât avec lui qui étoit veuf ; mais il devint bientôt jaloux de son gendre. Il arriva cent brouilleries entre eux.

---

[1] Le surintendant des finances.

Enfin il lui prit une telle rage, qu'un jour que d'A-blége et lui devoient passer par le bois de Boulogne, il fit mettre deux épées de même longueur dans le carrosse. Ce gendre croyoit que c'étoit de peur des voleurs; mais il fut bien étonné quand son beau-père voulut l'obliger à mettre l'épée à la main contre lui, sous je ne sais quel prétexte; cela le saisit de sorte que la fièvre chaude le prit, et dans ses rêveries, il croyoit toujours voir son beau-père l'épée à la main contre lui. Il mourut au bout de quelques jours. Sa femme ne veut plus demeurer avec Chouaisne, et se retire à Ablége, dans le Vexin françois, avec un petit garçon dont elle étoit accouchée depuis la mort de son mari. Là, elle fut enlevée, trois ou quatre mois après, et d'une façon bien rude. On dit que son propre père y avoit consenti pour se venger de ce qu'elle ne vouloit pas loger avec lui; ce fut un gentilhomme de Picardie, nommé Pardillan, assisté de Varicarville (1), et de Saint-Valery, gentilshommes du Vexin, ses oncles. Ils l'enlevèrent de l'église du village, où elle entendoit la messe, la lièrent sur un cheval; et, parce qu'elle n'avoit que des mules de chambre, ils les lui attachèrent par-dessous les pieds avec une serviette. En cet état ils la mènent dix lieues au grand trot, au bout desquelles ils rencontrèrent un carrosse; de là, ils la conduisirent au château de Dieppe, et lui font faire

---

(1) Varicarville, ou Valiquerville, étoit un gentilhomme attaché à Gaston d'Orléans, qui entra dans la conspiration ourdie contre le cardinal de Richelieu avec Montrésor, Saint-Ibal et autres. (Voyez la *Notice sur Montrésor*, à la tête de ses Mémoires, t. 54, p. 221 de la seconde série de la *Collection des Mémoires relatifs à l'histoire de France*.)

tout ce chemin-là sans manger. Dès qu'ils y furent arrivés, Montigny, le gouverneur, et sa femme, en sortirent. Je crois qu'ils ne vouloient point être compris dans ce rapt, et qu'ils avoient ordre de M. de Longueville d'en user ainsi. Les enleveurs vouloient être aussi maîtres de l'enfant; mais la nourrice, qui étoit hors de l'église avec son petit, s'étoit cachée, ou du moins avoit caché son enfant dans les herbes; ils le cherchèrent, mais ils ne le purent trouver.

A Dieppe, cette pauvre femme n'avoit pour la servir qu'une servante, qui étoit aux enleveurs. A toute heure, on lui tenoit le poignard sur la gorge; tantôt on la menaçoit de la reléguer dans l'île de Saint-Christophe, et quelquefois de la prostituer à la garnison; tout cela ne l'ébranla point; elle résista toujours, et dit qu'elle se tueroit si on lui faisoit violence. Les parents font députer un conseiller du Parlement de Paris; ce fut Sarrau. Il alla à Dieppe avec des archers; mais cela ne servit de rien. M. de Longueville protégeoit les ravisseurs. Enfin on présenta une lettre à la Reine, au nom de la ravie. Cette lettre fut imprimée; elle étoit de bon sens : on disoit qu'une de ses parentes, nommée mademoiselle d'Argouges, l'avoit faite. Il y avoit pourtant un endroit assez plaisant; cette affligée disoit *qu'elle étoit veuve d'un aimable mari, qui avoit des qualités qu'elle ne rencontreroit jamais.* C'étoit à dire qu'elle n'étoit pas autrement résolue à pleurer toujours le défunt. Les ravisseurs furent contraints de la rendre. Cette affaire-là nuisit à M. de Longueville, et la Reine le lui fit bien connoître, quand un parent du sieur Bourneuf, son trésorier, eut enlevé la fille de son carrossier; car elle

lui reprocha que ses gens ou ses amis faisoient toujours des violences, et il fallut rendre cette fille comme madame d'Ablége.

Depuis, cette madame d'Ablége a épousé un homme de quelque âge, nommé La Grange, sieur de Neufville. Voici comme la chose est arrivée, car il y a encore une histoire. Cet homme étoit fort riche, et n'avoit pour tout enfant qu'une fille; il la donna à élever à madame Boutillier, sa parente. Frontenac [1] la rechercha. Madame Boutillier dit au père, et lui soutint jusqu'à la fin qu'il pouvoit mieux marier sa fille, et que Frontenac, quoi qu'il dît, n'avoit que vingt mille livres de rente. Cet homme, qui n'avoit pas grande cervelle, laissa engager les choses, et sottement portoit des baisers à sa fille, de la part de son futur gendre. Madame Boutillier lui disoit : « Si vous promettez votre fille, ne « venez pas vous en dédire après. » Il n'y avoit plus qu'à aller au moustier, lorsque La Grange s'avisa de dire qu'il ne vouloit plus Frontenac pour son gendre. Sa fille lui dit : « Mon père, vous m'avez commandé de l'aimer; « j'y suis engagée, je n'en aurai point d'autre. » Voilà bien de l'embarras. Madame Boutillier lui conseille de dire à sa fille qu'elle choisît ou de retourner avec lui ou d'aller en religion. La fille aima mieux aller en religion; mais avant, elle s'alla marier secrètement étant chez son père, pour entrer à quelque jour de là en religion. Après ceux du parti de la fille dirent qu'elle étoit mariée. Voilà le père en fureur, qui dit : « Je n'ai que cinquante ans, je me remarierai; j'aurai

---

[1] Ce Frontenac étoit le père ou l'aïeul du gouverneur de Québec, mort en 1699. (Voyez les *Mémoires du duc de Saint-Simon*, édition de 1829, t. 2, p. 298.)

« douze enfants, elle n'aura que le bien de sa mère (1);
« je lui ôterai deux cent mille écus qu'elle pouvoit
« espérer de moi. » On se rapporta de tout cela au
premier président Molé; la fille lui écrit qu'elle n'est
point mariée. Depuis elle écrivit une lettre qui disoit :
« J'ai été forcée à parler contre ma conscience; je suis
« mariée. » Le premier président, averti outre cela
par Champlâtreux, de la part de sa fille, qu'elle étoit
mariée, et que tout ce qu'elle diroit au contraire seroit faux, le dit au père. Le père va à la grille; elle
nie d'avoir dit cela. Il lui fit écrire ce qu'il voulut, et
le porta au premier président, et le premier président
le paya de cette lettre qui disoit que la vérité étoit
que Frontenac étoit son mari, etc. De colère, le père
épousa madame d'Ablége, et Chouaisne disoit qu'il le
tueroit. Depuis tout s'accommoda. Je crois qu'il n'y
a point eu d'enfant du second lit : il est mort et a laissé
une fille (2). Nous en parlerons ailleurs.

(1) Quatre-vingt-quatre mille écus. (T.).
(2) Il y a ici de l'obscurité. Le sens de la phrase paroît être celui-ci :
Frontenac est mort et a laissé une fille.

ENFANTS DE QUI LES PÈRES ONT FAIT

EUX-MÊMES JUSTICE.

Doublet, charpentier du roi, homme à son aise, et fort estimé en son métier, avoit un fils extrêmement débauché, jusque là qu'il se trouva engagé avec des filoux en une méchante affaire, dont le crédit de son père le tira. Le bon homme lui fit ensuite toutes les remontrances imaginables, mais en vain. Ce garçon se met à voler sur les grands chemins. Le père, désespérant d'obtenir sa grâce une seconde fois, et craignant d'avoir le déplaisir de le voir rouer, prit une résolution assez étonnante. Un jour, ayant eu avis que ce garçon étoit à Louvres en Parisis, il monte à cheval avec deux pistolets à l'arçon de la selle, le trouve dans une hôtellerie, et, sans faire autrement de bruit, après l'avoir fait venir dans une chambre, il lui donne un coup de pistolet dans la tête. Il ne mourut pas sur l'heure; il eut le loisir de se confesser. Le père demande sa grâce et l'obtient. Elle fut entérinée au parlement.

Un gentilhomme de Champagne, dont j'ai oublié le nom, cassa les jambes à son fils avec des tenailles, voyant qu'il ne lui donnoit nulle marque d'amendement; après il gagne le chirurgien, qui le traita exprès; de sorte qu'il ne pouvoit se soutenir.

Un gentilhomme de la frontière de Lorraine, nommé

Neufvilly, s'aperçut qu'une de ses filles étoit grosse; il la presse de le lui avouer, et de qui c'étoit; elle lui dit que c'étoit de son cousin de Moyenville (c'étoit son cousin-germain), et sous promesse de mariage. Dans ces entrefaites, Moyenville entre dans la cour : le père, quoiqu'il l'aimât tendrement, court à lui, l'épée à la main, en lui faisant mille reproches. Moyenville le prie de se donner du temps, d'examiner la chose, et que s'il se trouvoit coupable, il se soumettoit à toutes choses. Pendant ce discours, un petit garçon entra, qui donna un billet à la demoiselle; elle étoit présente. Le père s'en aperçoit; il le veut avoir, il le veut prendre; il n'en peut arracher qu'un petit morceau, où il n'y avoit que des lettres à demi rompues. Le père la presse, et menace de la tuer. Elle avoue que le billet étoit du berger, et que c'étoit de lui qu'elle étoit grosse. Le gentilhomme, à ce mot, donne de l'épée dans le corps à sa fille, et, quoique ce coup eût percé la mère et l'enfant, elle eut pourtant la force de monter dans sa chambre. Elle vécut encore trois jours, et déclara en présence de témoins, et par-devant notaire, comme le tout s'étoit passé, et qu'elle méritoit pire traitement que celui qu'on lui avoit fait. Le père eut sa grâce.

VARIN (1).

Varin étoit faiseur de jetons de son métier ; Laffemas l'alloit faire pendre pour la fausse monnoie ; mais le cardinal de Richelieu ayant ouï parler que c'étoit un excellent artisan, voulut qu'on le sauvât : il ne fut que banni. On le rappela d'Angleterre, où il s'étoit retiré, quand on voulut travailler aux louis d'or et d'argent (2). Il change de religion, car il étoit huguenot; il fit fortune à la monnoie, et il est fort riche. On l'a accusé aussi d'avoir empoisonné le premier mari de sa femme, et on dit que la fille du premier lit étoit sa fille.

Cette fille, qui étoit bien faite, a eu une étrange destinée. Varin la voulut marier à un homme dont je n'ai pu savoir le nom. Elle y témoigna de la répugnance. Depuis il l'accorda à un auditeur des comptes, fils d'un vendeur de marée en titre d'office (3). Cette fille, voyant que cet homme étoit fort mal fait, pria son beau-père de lui donner plutôt le premier. Il dit qu'il étoit trop engagé. Le soir des noces, le marié, qui est fort ivrogne, s'enivra. Je pense que cela désespéra cette pauvre fille en deux jours qu'elle fut

---

(1) Jean Varin, né à Liége en 1604, mourut en 1692.

(2) On commença à fabriquer les louis d'or en 1640, et les louis d'argent en 1641. (*Traité historique des Monnoies de France*, par Le Blanc; Amsterdam, 1692, in-4°, p. 296 et 297.)

(3) De trois cent mille livres. (T.)

avec lui, car, pour un mal de garçon, il s'absenta aussitôt. Elle reconnut qu'il étoit bordelier et stupide, car, pour ivrogne, elle ne pouvoit pas l'ignorer; avec cela il n'avoit qu'une bonne jambe; l'autre étoit de bois, mais chaussée à l'ordinaire. On a dit que la veille des noces elle avoit voulu s'empoisonner, mais qu'elle ne put. Si cela est, elle savoit apparemment tous les défauts de cet homme. Au bout de huit ou dix jours elle en vint à bout. Le jour de devant, elle parut la plus gaie du monde. Ce fut avec du sublimé qu'elle mit dans ses œufs comme du sel. Après elle envoya quérir Varin ; mais c'étoit si tard qu'il n'y avoit plus de remède. Elle eut pourtant le loisir de se confesser. Chez lui, on a dit que ç'avoit été par mégarde; que le sublimé sert à la monnoie, et qu'elle le prit pour du sel (1).

(1) On trouve de grands détails sur cet événement dans une lettre de Guy-Patin du 22 décembre 1651. « Le 30 du mois de novembre passé, il arriva ici une chose bien étrange. M. Varin, qui a fait de si belle monnoie et de si belles médailles, avoit tout fraîchement marié une sienne belle-fille, âgée de vingt-cinq ans, moyennant vingt-cinq mille écus, à un correcteur des comptes, nommé Oulry, fils d'un riche marchand de marée. Il n'y avoit que dix jours qu'elle étoit épousée. On lui apporta un œuf frais pour son déjeûner; elle tira de la pochette de sa jupe une poudre qu'elle mit dans l'œuf, comme on y met d'ordinaire du sel; c'étoit du sublimé qu'elle avala ainsi dans l'œuf, dont elle mourut trois quarts d'heure après sans faire d'autre bruit, sinon qu'elle dit : « Il faut mourir, puisque l'avarice de mon père l'a « voulu. » On dit que c'est du mécontentement qu'elle avoit d'avoir épousé un homme boiteux, bossu et écrouelleux. Elle mourut dans le logis de son mari, près des halles, et fut enterrée le lendemain sans grande cérémonie. Les femmes de la halle, qui sont les muettes de Paris, mais qui ne laissent pas de babiller plus que tout le reste du monde, disent que cette pauvre femme est morte vierge et martyre, et que son mari n'a jamais couché avec elle. Elle eut horreur de lui dès le soir de ses noces, en voyant quatre hommes occupés à le désha-

LE MARQUIS D'ALLUYE

ET MADAME DE BOSSU.

Le marquis d'Alluye (1), fils aîné du marquis de Sourdis, alla, en 1644, en Hollande pour apprendre le métier de la guerre. Il passa avec La Tuillerie, am-

> biller, et à démonter son corps, comme à vis, et lui ôter une jambe d'acier qu'il avoit, et le reste du corps tout contrefait. Voyant ce bel appareil de noces, elle se mit à pleurer et se retira dans un cabinet, où elle demeura le reste de la nuit. Le lendemain ses parents ayant fait leur possible pour la remettre et la fléchir en quelque façon, sans en avoir rien pu obtenir, le mari, dont la présence étoit fort odieuse à cette nouvelle épouse, monta à cheval et s'en alla à Châlons, pour affaire d'importance, à ce qu'on dit. Néanmoins la vérité est qu'il n'a bougé de Paris, et que sa retraite n'a été que pour cacher l'imperfection de son corps. Enfin elle est morte, etc. (*Lettres de Guy-Patin*; Rotterdam, 1725, t. 1, p. 190.)
>
> On ne sera sans doute pas fâché de trouver ici le passage dans lequel Loret raconte cet événement à sa manière.
>
> > Il faut. . . . . . . que j'essaye
> > De vous dire une histoire vraye,
> > Mais histoire à causer chagrin ;
> > C'est de la fille de Varin,
> > Lequel Varin, vêtu de soye,
> > Est officier de la Monnoye,
> > Et grand fabricateur encor
> > De louis tant d'argent que d'or.
> > Cette fille, jeune et jolie,

(1) Paul d'Escoubleau, marquis d'Alluye et de Sourdis, épousa, en 1667, Benigne de Meaux Du Fouilloux, fille d'honneur de la Reine.

bassadeur de France, et il alla avec lui à Delft, voir la
comtesse de Bossu (1), qui se fait appeler madame de

> Par une incroyable folie,
> L'autre jour la mort se donna
> Dans un œuf qu'elle empoisonna.
> On avoit fait le mariage
> D'elle avec un certain visage
> Qui, n'ayant aucun agrément,
> Lui déplaisoit mortellement,
> Et devint pour lui si rebelle
> Qu'il ne pouvoit obtenir d'elle,
> Tant son cœur étoit inhumain,
> De seulement baiser sa main.
> Or, cette rigueur tyrannique
> Le rendit si mélancolique,
> Et même on peut dire si fou,
> Qu'il s'en alla on ne sait où,
> Sans qu'on ait eu depuis nouvelle
> De ce pauvre Jean de Nivelle.
> Varin sa fille gourmanda,
> La gronda, la réprimanda ;
> Or, soit que cette réprimande
> Lui coûtât tristesse trop grande,
> Ou que son cœur vînt à sentir
> Un juste et cuisant repentir
> De n'avoir pas été plus douce,
> Le Ciel, qui souvent se courrouce
> Quand douceur ni pitié l'on n'a,
> Au désespoir l'abandonna,
> Et la belle déconfortée,
> De monsieur Belzébut tentée,
> Par poison finit son destin
> Et décéda jeudi matin.

(Loret, *Muse historique*. Lettre du 3 décembre 1651.)

(1) Honorée de Glimes, fille de Geoffroi, comte de Grimbergues, veuve d'Albert-Maximilien de Hennin, comte de Bossu, épousa le duc de Guise, en 1641. Ce jeune seigneur s'étoit fait un jeu de cette galanterie, et il demanda la nullité de son mariage afin de pouvoir épouser made-

Guise. Il dit que cette femme le surprit plus qu'aucune qu'il ait jamais vue. Elle étoit de la plus belle taille du monde, la gorge belle, les bras beaux, tous les traits du visage bien proportionnés, le teint fort blanc, et les cheveux fort noirs.

L'ambassadeur s'en alla, mais le jeune homme ne s'en alla point; il avoit alors le teint aussi beau que madame de Bossu, jeune de dix-huit à dix-neuf ans, la tête belle, et aussi bien dansant que personne de la cour. Il y retourne, et insensiblement il se mit bien avec elle. Elle lui conseilla, pour faire durer leur commerce, de s'en aller à La Haye, et de la venir voir le plus souvent et le plus secrètement qu'il pourroit. Il a dit à un homme de qui je le tiens qu'il avoit eu de grandes privautés avec elle; mais il ne tranche pas le mot. Il y alloit de nuit; mais au bout de quelques mois il eut la petite-vérole. Elle lui envoya tous les régals dont elle put s'aviser; mais il étoit au désespoir quand il songeoit que, s'il étoit gâté, elle ne l'aimeroit plus. Le voilà guéri sans difficulté, mais il n'a plus de teint du tout. Elle le pria de l'aller voir. Il refusa trois ou quatre fois; elle le lui commanda absolument; il y alla encore tout rouge; elle le reçut comme devant.

Ce fut en ce temps-là qu'elle commença à ne plus

---

moiselle de Pons. Marigny fait allusion à cette double circonstance dans sa lettre adressée à Gaston, duc d'Orléans, lorsqu'il dit : « Madame « de Guise conserve soigneusement toutes les gentillesses de mademoi- « selle de Grimbergues... Faites trouver à M. de Guise que le roi d'Es- « pagne demeure roi de Naples, et que madame de Guise demeure ce « que mademoiselle de Pons ne sauroit l'empêcher d'être. » (*Lettres de M. de Marigny*; La Haye, Antoine La Faille (Elzevir), 1655, petit in-12, p. 8.)

douter de la perfidie de M. de Guise. Trois mois devant que Alluye fût arrivé en Hollande, M. de Guise étoit revenu en France; elle n'en avoit aucunes nouvelles; elle s'en plaignoit sans cesse, et le marquis étoit témoin de tous ses regrets. Il avoue qu'elle a l'esprit un peu *roman*. Ils font dessein de passer tous deux en France : « Je me veux, disoit-elle, déguiser en homme, « et après me venger de ce déloyal. — Madame, lui « disoit le jeune marquis, servez-vous de moi pour « vous venger. — Je ne veux pas, lui disoit-elle, vous « hasarder contre un homme qui ne le mérite pas. » En ces entrefaites, le printemps vient; il fallut aller à l'armée; puis les allées et venues du cavalier n'étoient plus inconnues aux autres François; cela l'obligea, avec d'autres considérations, à revenir en France.

Ce M. le marquis se vante de savoir un secret pour entrer partout; on le défia d'entrer chez Saint-Germain-Beaupré, ou chez Fosseuse. Il fait ses tentatives. On dit que, pour le premier, il eut quelques galanteries avec sa femme; pour Fosseuse, il dit qu'il se mit fort bien avec lui, mais qu'il n'en conta point à madame.

LA DU RYER.

La Du Ryer étoit une pauvre fille, d'auprès de Mons en Hainaut, qui étoit assez jolie en sa jeunesse : elle se donna à Saint-Preuil, qui lui fit gagner dix ou douze mille livres, en une campagne, où elle fut vivandière. Elle épouse un nommé Du Ryer, et se met à tenir auberge ; elle étoit aussi un peu m.......... Un jour qu'elle demanda de l'argent à Saint-Preuil (1), il la battit. Au lieu de se fâcher de cela, elle lui alla demander pardon, et lui dit qu'elle étoit une impertinente de lui avoir demandé de l'argent, elle qui savoit bien qu'il n'en avoit pas. Quand il eut la tête coupée à Amiens, elle reçut sa tête dans son tablier, et lui fit faire un magnifique service à ses dépens (2).

Veuve de Du Ryer, elle se remaria à un homme dont elle n'a jamais porté le nom ; il étoit maître cuisinier à Saint-Cloud, où elle fit un cabaret magnifique.

(1) François de Jussac d'Ambleville, sieur de Saint-Preuil, maréchal de camp, gouverneur d'Arras, etc., décapité à Amiens, le 9 novembre 1641.

(2) Ce fait est consigné dans le *Journal* de Richelieu, sans que la Du Ryer y soit nommée. On y lit : « Une femme de Paris, qu'on dit avoir été « autrefois son hôtesse, monta sur l'échafaud avec un drap mortuaire, « dans lequel elle mit le corps et la tête ; mais comme on alloit déva- « ler ledit corps, la tête étant retombée sur l'échafaud, elle la prit et « la mit en sa robe ; et étant descendue, elle la mit dans ledit drap, avec « le corps qu'on mettoit dans un carrosse, etc. » (*Journal du cardinal de Richelieu*; Amsterdam, Abrah. Wolfgank, deuxième partie, page 187.)

Au commencement, les dames n'y vouloient point aller; elle avoit un jardin là auprès, où on leur portoit ce qu'elles avoient commandé; enfin on s'y apprivoisa.

Madame de Champré, à Saint-Cloud, chez la Du Ryer, durant un grand orage, regarda par curiosité par le trou de la serrure d'une chambre, et elle vit un homme et une femme qui se divertissoient. « Jésus ! « dit-elle, par le temps qu'il fait !.... (1). »

Un jour la Du Ryer ayant ouï dire qu'un gentilhomme, qui se venoit de battre en duel, étoit demeuré fort blessé assez près du pont de Saint-Cloud, elle y va, le fait emporter chez elle, le fait traiter, et quand il fut guéri, elle lui donne cinquante pistoles pour se retirer chez lui. Cet homme, au bout de quelque temps, la vient trouver, et lui présentant une bourse où il y avoit quatre cents pistoles : « Tenez, madame, « prenez; si ce n'est pas assez, je tâcherai d'en avoir « encore. » Elle lui dit qu'il se moquoit, lui fit bonne chère, et ne voulut jamais prendre que deux pistoles qu'elle jeta à ses gens, en leur disant : « Tenez, voilà « ce que monsieur vous donne. » Durant les troubles, un jour que le Conseil étoit à Saint-Cloud, M. Tubeuf ayant su qu'elle n'avoit rien voulu prendre pour la nourriture de leurs chevaux et de leurs gens, lui fit donner une ordonnance de cent écus, au lieu de quarante qu'on lui devoit. Elle en fut payée. Les gendar-

---

(1) On a vu, dans l'article de madame de Champré (tom. 4, p. 53 et suivantes), que cette dame étoit loin d'être scrupuleuse. L'anecdote qu'on vient de lire étoit placée dans le manuscrit de Tallemant, au chapitre des *Contes, naïvetés et bons mots;* elle se rattache naturellement à l'Historiette de la Du Ryer.

mes du Roi avoient fait quelque dépense chez elle; elle ne leur en fit payer que la moitié. « Ce n'est pas, « dit-elle, avec vous autres que je prétends m'enri- « chir. » Elle prit en amitié le baron Des Essarts, et lui demanda un de ses garçons à nourrir; il lui donna son second fils. Cette femme le faisoit élever comme un grand seigneur. Il étoit vêtu de toile d'argent si pesante, qu'il ne pouvoit porter sa robe. Elle le vouloit faire son héritier. Elle nourrissoit aussi une pauvre femme avec trois enfants. Elle alloit faire plus de profit que jamais, car elle avoit percé trois ou quatre maisons; il y eût eu quatre-vingts chambres meublées dont il y en eût eu de fort propres; mais elle mourut trop tôt (1).

Une pauvre fille, âgée de dix-huit ans, qui sert chez un banquier hollandois, nommé Van Ganghel, qui est huguenot, entretient, de ce qu'elle peut gagner, deux petits frères qu'elle a en métier; tous deux étant tombés malades, et ayant été portés à l'hôpital secret de ceux de la religion, car la fille et ses frères sont aussi huguenots, elle paya leur dépense, disant que, puisqu'elle avoit encore assez de reste pour cela, elle ne vouloit point être à la charge de l'Eglise, et qu'au pis-aller elle auroit toujours ses bras.

(1) En 1652. (T.)

GÉNÉROSITÉS.

M. de Mesmes, bisaïeul de M. d'Avaux, étant simple avocat, refusa de prendre la charge d'avocat-général que le roi François 1er lui donnoit, disant qu'il ne vouloit point prendre la charge d'un homme vivant : c'est qu'on l'ôtoit à un M. de Ruzé. Ruzé l'alla remercier, le genou en terre, et lui dit : « Je vous dois le bien et « l'honneur. — Levez-vous, lui dit-il, vous ne m'en « avez point d'obligation; je l'ai fait pour l'amour de « moi, et non pour l'amour de vous. » Le Roi conserva Ruzé dans sa charge, et donna à de Mesmes celle de lieutenant civil.

Des Fontaines-Bohart, ce secrétaire du Conseil que le cardinal de Richelieu tint si long-temps dans la Bastille, et qui n'en sortit que par la mort de celui qui l'y avoit fait mettre, étoit un vieux garçon riche. Il s'avisa un jour de faire porter secrètement deux cent mille livres chez un de ses bons amis, nommé Menjot (c'est un secrétaire du Roi, qui est encore jeune); apparemment il avoit intention de les lui donner ; mais il mourut subitement. Menjot aussi déclara qu'il y avoit deux cent mille livres chez lui qui appartenoient à Des Fontaines. Le cadet de cet homme est mort tout de même depuis peu, en juillet 1658.

Henri III envoya Benoise, secrétaire du cabinet,

dire à Montelon (1), ancien avocat, qu'il se rendît au Louvre dans deux heures pour recevoir les sceaux. « Moi, monsieur ? — Oui, vous. — Mais c'est bien « peu de temps pour y penser. Voilà un procès qui a « sept sacs ; il m'en reste encore trois à lire, je les « voudrois bien achever. » Il assemble sa famille pour voir s'il devoit accepter les sceaux. On le lui conseilla. À trois heures de là, Benoise le vint prendre. Au Louvre, il salue je ne sais quel seigneur, au lieu du Roi. Le Roi lui dit : « Bon homme, un bon sujet doit « toujours connoître le visage de son prince. Je vous « ai envoyé quérir, parce qu'on m'a dit du bien de « vous. » Ce M. de Montelon rendit les sceaux à Henri IV, parce qu'il étoit huguenot, et après il se retira à la campagne. Il y avoit déjà eu un autre garde-des-sceaux de ce nom-là, pour avoir hardiment soutenu Charles de Bourbon, absent, en présence du Roi (2).

Un marchand de soie, nommé Hervé, père de M. Hervé, conseiller au Parlement, étant un jour à sa boutique avec quelques autres marchands, il passa un petit garçon de quatorze à quinze ans, qui avoit peut-être pour quatre livres de marchandises dans une

---

(1) François de Montholon, seigneur d'Aubervilliers, avocat au Parlement, garde-des-sceaux de France, par lettres du 6 septembre 1588. Il étoit fils du garde-des-sceaux de Montholon, décédé en 1543. Ce nom est écrit *Montelon* sur les anciens registres du Parlement.

(2) François de Montholon s'étoit rendu célèbre en 1522 et 1523 par ses plaidoyers pour le connétable Charles de Bourbon, contre Louise de Savoie, mère de François Iᵉʳ. Ce prince, qui avoit entendu ses plaidoyers sans être vu, le désigna dès-lors pour être son avocat-général, mais il ne le revêtit de ses fonctions qu'en 1532. Pendant le procès du chancelier Poyet, en 1542, Montholon fut nommé garde-des-sceaux.

balle. Ce petit garçon leur dit en riant : « Messieurs,
« qui est-ce de vous qui me veut prêter quelque chose
« sur ma bonne mine ? J'ai bonne envie de faire for-
« tune. » Ce M. Hervé trouva ce garçon à sa fantaisie,
il lui prête dix écus, et lui fit en riant promettre, foi
de marchand, qu'il lui tiendroit compte du profit moitié par moitié. Ce garçon s'en va. Au bout de quinze
ans, comme Hervé dînoit, on lui vint dire qu'un
homme bien vêtu le demandoit; il dit : « Montrez-lui
« telles étoffes qu'il voudra. — Il veut vous parler. »
Hervé se lève; l'autre lui en fait excuse, et lui demande
s'il ne se souvenoit point d'un petit garçon auquel il
avoit prêté dix écus, etc. « Non. » L'autre lui dit tant
de circonstances, qu'enfin il l'en fit ressouvenir.
« Monsieur, c'est moi. Voilà mes livres ; vous ver-
« rez ce que j'achetai ici, où je fus ensuite, comme je
« m'embarquai et allai en Espagne, puis aux Indes ; il
« y a près de cinquante mille écus de profit pour
« vous. » Hervé répondit qu'il ne pouvoit les prendre
en conscience, parce qu'il avoit eu l'intention de lui
donner ces dix écus. L'autre lui envoya le lendemain
deux crocheteurs chargés de vaisselle d'argent.

On conte une chose assez semblable de quelqu'un de la maison Du Plessis-Mornay ; mais au
lieu de la moitié du profit, on ne lui offrit qu'un
diamant d'assez grand prix, qu'il substitua de mâle en
mâle.

Mesdemoiselles de La Nocle étoient deux filles de
condition, et héritières. La cadette étant accordée
avec Saint-André-Montbrun, sa sœur aînée vint à
mourir; la voilà un grand parti. Saint-André n'espéroit plus de l'épouser. Elle fut généreuse, et lui tint

ce qu'elle lui avoit promis. Elle ne s'en est pas repentie, car il a fait fortune.

Un cadet de la maison d'Angennes, de la branche de Rambouillet, accordé avec une demoiselle Cotereau, de Tours, fille du feu président du présidial, qui étoit de bonne famille, étant devenu l'aîné, la mère de la fille lui dit : « Monsieur, à cette heure vous au« rez des pensées plus relevées. — Non, mademoi« selle, répondit-il, je tiendrai ce que j'ai promis. » Il l'épousa. C'est d'elle qu'est venue la terre de Maintenon. On l'acheta de son mariage (1).

M. de Mouy, de la maison de Lorraine (2), éperdument amoureux et jouissant de la fille de Galean, l'un de ses gentilshommes, la vouloit épouser ; elle ne le voulut pas et lui dit : « Cela vous feroit tort de vous « mésallier. »

Une fille de Maupeou, l'intendant des finances, ayant été accordée avec un M. d'Amours, cet homme eut la petite vérole, et perdit la vue ; elle ne laissa pas de l'épouser et vécut fort bien avec lui.

Feu Suif, ce fameux chirurgien, traita un homme fort riche d'un mal fort dangereux. Cet homme guéri envoya sa femme chez Suif, avec une somme considérable en or. « Jésus ! madame, dit le bon homme, en

---

(1) Jean Cotereau, dans le Père Anselme, est qualifié *seigneur de Maintenon, trésorier et surintendant-général des finances de France*. Sa fille Isabeau Cotereau épousa, le 13 février 1526, Jacques d'Angennes, seigneur de Rambouillet, capitaine des gardes des rois François 1er, Henri II, François II et Charles IX. Elle apporta en mariage les seigneuries de Maintenon, de Meslay, de Nogent-le-Roi et de Montlouet. (*Histoire généalogique de France*, t. 2, p. 425.)

(2) Il s'agit ici d'un marquis *de Moy*; cette branche descendoit des ducs de Mercœur.

« voilà très-bien. » Il prit trente pistoles, et trois pour son garçon, à qui elle en vouloit donner douze, et, quoi qu'elle fît, il n'en voulut jamais prendre davantage. Au voyage qu'il fit en Savoie pour Madame (1), il ne voulut jamais prendre un sou de tous ceux qu'il traita, disant que ce n'étoit pas pour eux qu'il faisoit le voyage. Madame lui donna quarante mille livres.

M. de Berzeau, fils et frère de conseillers au Parlement, étant assez mal, envoya dire à Joly, alors chanoine de Verdun, aujourd'hui curé de Saint-Nicolas (2), homme fort né à la prédication, que, sur sa réputation, il lui donnoit la trésorerie de Beauvais, et lui offroit cinq cents écus qu'il falloit pour envoyer à Rome, en cas qu'il ne les eût pas. Joly répondit : « Je « ne connois point M. de Berzeau, je vous demande « trois jours; il faut prier Dieu afin qu'il nous inspire. « — Monsieur, il n'y a point de temps à perdre ; dites « oui ou non. » Voilà l'affaire conclue ; les provisions viennent; M. de Berzeau guérit; Joly le va trouver, dit qu'il lui rapportoit ses provisions, mais qu'il le prioit de lui rendre les cinq cents écus. Berzeau dit qu'il lui avoit donné cette trésorerie de bon cœur, et ne la voulut jamais reprendre. Il est vrai qu'il est à son aise. Il se trouva une nullité aux provisions ; car n'étant point chanoine de Beauvais, il falloit avoir des lettres de chanoine *ad effectum* pour posséder une dignité de cette église. Joly va retrouver M. de Ber-

---

(1) Christine de France, fille de Henri IV, duchesse de Savoie.

(2) Claude Joly, alors curé de Saint-Nicolas-des-Champs, à Paris, assista le cardinal Mazarin dans ses derniers moments. Il fut ensuite nommé successivement aux évêchés de Saint-Paul de Léon et d'Agen. On a de lui des prônes estimés. Il mourut à Agen en 1678.

zeau, lui dit qu'il sembloit que Dieu eût fait naître cette difficulté exprès, qu'il le prioit de reprendre son bénéfice. Berzeau persista, et on fit venir de Rome ce qu'il falloit. Nous verrons dans les *Mémoires de la Régence* que ce Joly est un grand comédien.

J'ai ouï conter qu'une simple servante de Seine, laide et mal bâtie, voyant que son maître étoit condamné aux galères et mené à Marseille, y alla de deux cents lieues de loin, et là se mit à travailler, en sorte que, de ce qu'elle gagnoit, elle y nourrit son maître tant qu'il y fut.

M. de Gèvres (*Potier*), secrétaire d'État, père de M. de Tresmes, quoique assez intéressé d'ailleurs, ne laissa pas de faire une action généreuse. Il y avoit un vieux gentilhomme auprès de Tresmes, qui, pressé par ses créanciers, alla offrir sa terre à M. de Gèvres. M. de Gèvres lui demanda ce qui l'obligeoit à vendre une terre où il avoit toujours vécu, qu'il avoit pitié de lui, et qu'il lui vouloit acheter sa terre, à condition de l'en laisser jouir tout le reste de ses jours. En effet, il paya les créanciers et n'eut le reste qu'après la mort du gentilhomme.

Un M. de Villefrit, frère d'un conseiller au Parlement, nommé Bournonville, étoit amoureux de mademoiselle d'Elbène, sa cousine; mais, comme cette fille n'avoit guère de bien, et qu'il n'en avoit pas assez pour la mettre à son aise, il ne voulut pas l'épouser. Bournonville meurt sans enfants; Villefrit, héritier, épouse mademoiselle d'Elbène. Il en a été bien récompensé; car le frère de cette fille fut assassiné peu de temps après, et elle est devenue héritière.

Madame de Rambouillet m'a conté une historiette arrivée de notre siècle; mais, par malheur, elle a oublié les noms. Un François, chevalier de Malte, avoit un esclave africain qu'il avoit pris en mer; il le maltraitoit étrangement, jusque-là qu'un de ses neveux, aussi chevalier, touché de compassion envers ce pauvre homme, résolut de le tirer de cette misère; et, pour cet effet, jouant un jour avec son oncle, il le pria de lui jouer cet esclave, et il le gagna. L'esclave, qui avoit déjà, en plusieurs rencontres, ressenti des effets de l'humanité de ce jeune homme, fut ravi de l'avoir pour maître, et se met à travailler si assidument, que, tous les jours, il rapportoit assez d'argent de ses journées pour faire une somme considérable au bout de l'an. Le chevalier n'en voulut jamais rien prendre; mais l'esclave, aussi généreux que lui, mettoit cet argent à part pour le conserver à son maître : en effet, une fois que le chevalier avoit perdu tout son argent, il apporta tout ce qu'il avoit gagné depuis qu'il étoit à lui; le chevalier, surpris de cette reconnoissance, donne la liberté à l'esclave, qui se retire incontinent en Afrique. Au bout de quelques années on vit arriver à Malte une frégate, dont les mâts et les antennes étoient toutes pleines de banderoles et les mariniers proprement vêtus. Elle étoit chargée de présents que cet esclave envoyoit à son maître; car cet homme, s'étant mis à trafiquer, avoit fait quelque fortune, et n'avoit pas voulu manquer à reconnoître la générosité du chevalier, dès qu'il avoit été en état de le faire. Au bout de dix ans, ce chevalier, pris sur mer, est mené à Alger; il est reconnu par l'esclave qui l'achète et le fait conduire dans une

maison magnifiquement meublée. Je vous laisse à penser s'il fut surpris de se voir en un si beau lieu; mais il le fut bien davantage quand il vit son cher esclave à ses pieds, qui lui baisoit les mains, et lui protestoit qu'il recevoit la plus grande joie qu'il eût reçu de sa vie. Non content de cela, il le voulut servir lui-même, disant que c'étoit son bon maître, et qu'il ne pouvoit souffrir qu'autre que lui en approchât. Il lui conta ensuite que, depuis les présents qu'il lui avoit envoyés à Malte, sa fortune s'étoit de beaucoup augmentée et qu'il avoit beaucoup de pouvoir dans Alger; après il renvoya le chevalier à Malte, avec une infinité de présents.

MADAME DE MIRAMION (1).

Madame de Miramion est fille d'un des Bonneaux de Tours, intéressés aux Gabelles et à bien d'autres affaires; elle étoit veuve de Miramion, conseiller au Parlement, fort riche, dont elle avoit une fille. Bussy-Rabutin, sans considérer qu'elle étoit comme accordée avec Caumartin, se laissa enjôler par un Père de la Mercy, nommé le Père Clément, confesseur de la

---

(1) Marie Bonneau, veuve de Jean-Jacques de Beauharnais, seigneur de Miramion. Elle a fondé les filles de la Sainte-Famille, qui, réunies à celles de Sainte-Geneviève, furent appelées *Miramionnes*. Elle mourut au mois de mars 1696. « Pour madame de Miramion, cette mère « de l'Église, écrivoit madame de Sévigné, le 29 mars 1696, ce sera une « perte publique. »

dame (1). Ce moine lui fit accroire que madame de Miramion l'avoit vu plusieurs fois à l'église, qu'elle l'avoit trouvé à son gré, et que sans ses parents qui vouloient qu'elle épousât un homme de robe, elle l'épouseroit volontiers, et que même elle se laisseroit enlever. Le moine cependant demandoit tantôt cinquante, tantôt cent pistoles, pour gagner celui-ci et celui-là, et enfin il en tira jusqu'à deux mille écus. Le moine avertit le cavalier que la dame devoit aller un tel jour faire dire une messe à Notre-Dame-de-Boulogne (2). Au retour, dans le bois les enleveurs l'arrêtèrent; Bussy n'y étoit pas; c'étoit un nommé Du Boccage (3). Madame de Miramion, la belle-mère, eut le courage de prendre l'épée du meneur de sa belle-fille, et blessa au bras le premier qui se présenta à elle. On leur fait faire bien des tours, et une fois qu'il falloit passer dans un village, on baissa les portières : avec des couteaux elles coupèrent les cuirs; mais le village étoit passé avant que cela fût fait. On les mena dans la forêt de Livry, où on laissa la belle-mère (4). On la conduit

(1) Bussy-Rabutin raconte cet événement dans ses Mémoires; il dit qu'il avoit été engagé par le *confesseur* de madame de Miramion à l'enlever; ce point a été vérifié sur le manuscrit de ces Mémoires qui a été décrit par M. Monmerqué dans sa *Notice bibliographique des différentes éditions des lettres de madame de Sévigné*; Paris, 1818, t. 1, p. 43. Ce manuscrit est de l'écriture du comte de Langhac, petit-fils de Bussy. Dans les Mémoires imprimés on a fait disparoître les traces du Père de la Mercy.

(2) C'étoit au Mont-Valérien.

(3) Bussy dit positivement qu'il y étoit, accompagné de son frère de Rabutin, et autres gentilshommes. (Voyez les *Mémoires de Bussy Rabutin*, Amsterdam, 1731, t. 1, p, 160.)

(4) « Nous traversâmes la plaine Saint-Denis, et nous entrâmes dans « la forêt de Livry; comme la dame crioit fort, et que je crus que c'é-

seule dans un château à trois lieues de Sens (1). Là elle fit l'endiablée, quoique Bussy, pour la fléchir, vînt à elle à genoux dès l'entrée de la salle. Dès qu'on en eut avis à Paris, on mit bien du monde en campagne, et tous les archers des Gabelles alloient investir le château, quand Bussy la laissa aller, après lui avoir protesté qu'il n'y avoit que le moine de coupable. Le drôle se sauva. Elle poursuivit; mais enfin tout s'accommoda (2). Elle a avoué que le moine lui avoit parlé d'amour, et qu'aussitôt elle prit un autre confesseur. Caumartin ne l'épousa point. Je crois que dès ce temps-là elle commençoit à être dévote. Elle l'est à un point étrange et elle fait de grandes charités. Sa fille aura quarante mille écus de bien (3). Elle la fait nourrir dans un couvent.

« toit la présence de sa belle-mère qui l'obligeoit d'en user ainsi, je fis
« mettre pied à terre dans le bois à cette belle-mère, et je ne laissai
« qu'une demoiselle avec la veuve dans le carrosse, et un laquais sur le
« derrière; mais la dame ne fit pas moins de bruit après cela, et je re-
« connus alors que je m'étois trompé. » (*Ibid.*, p. 161.)

(1) Au château de Launay, près de Sens. C'étoit une commanderie de Malte que possédoit Hugues de Rabutin, grand-prieur de France, celui à l'occasion duquel madame de Sévigné écrivoit à son cousin, le 28 décembre 1681 : « Cela me fait souvenir de ce que vous disoit votre « oncle, le grand-prieur de France, en mourant. — Il disoit que j'ai « l'attrition. — Il en parloit comme d'une crise. »

(2) Bussy avoit mis le duc d'Enghien dans ses intérêts.

(3) Mademoiselle de Miramion épousa le président de Nesmond. (Voyez les *Mémoires de Conrart*, deuxième série de la Collection des Mémoires relatifs à l'histoire de France, t. 48, p. 271.)

JOUEURS.

Un homme perdant chez la Blondeau, qui tenoit académie à la Place-Royale, tout d'un coup descend en bas, et revient avec une échelle, l'appuie contre la tapisserie, et, avec des ciseaux, se met à couper le nez à une reine Esther, qui y étoit, en disant : « Mor- « dieu ! il y a deux heures que ce chien de nez me « porte malheur. » Un autre donna un écu à son laquais pour aller jurer cinq ou six bonnes fois pour lui.

La Chaisnée-Montmor, en jouant à la paume, jeta dans la grille, balles, corbillon, raquette, habits, et s'y jeta après.

Il y a vingt-six ou vingt-sept ans qu'un Espagnol, nommé Pimentel, escroqua tout l'argent du jeu par une fourberie bien préméditée : il acheta tout ce qu'il trouva de dez en Flandres, d'où ils viennent à Paris ; puis il en fit faire une grande quantité, de façon qu'on ne remarquoit point la tromperie, et que ce n'étoit que par la suite du jeu, et par la connoissance qu'il en avoit lui seul, qu'on en pouvoit tirer avantage ; après, par gens interposés, il fit acheter, en donnant un peu plus qu'ils ne valoient, tout ce qu'il y avoit de dez à Paris ; les marchands en firent venir de Flandre. Ainsi voilà Paris tout plein de dez de Pimentel ; il vient et gagne tout l'argent des joueurs. Il fait assez de libéralités, à la mode d'Espagne, à ceux qui les

voyoient jouer (1). Quand il fut à Venise, où il alla au sortir d'ici, il écrivit sa finesse, et se moqua fort de nos gens. A cette heure tout le monde apprend à piper, sous prétexte que ce n'est que pour se défendre des pipeurs.

Il y a eu autrefois à Paris une femme nommée madame Dreux (2), dont le mari étoit conseiller au Parlement; c'étoit une enragée de joueuse. Un jour ce pauvre homme ne trouva ni lit ni tapisserie dans la chambre de sa femme; elle avoit tout joué. Il se met en colère, et dit qu'il ne vouloit plus qu'elle jouât. Elle laisse passer deux jours, puis elle lui dit : « Est-« ce tout de bon? car il y a deux jours que je n'ai « joué, et je sèche, car je ne saurois vivre comme « cela. Si vous ne voulez pas que je joue, il faut que je « sorte de céans. Que me voulez-vous donner de pen-« sion? » Ils s'accordèrent; depuis elle s'en repentit tout à loisir.

Un conseiller au Parlement, nommé Dorat, celui chez qui les violons furent battus, a une femme qui est si ardente au jeu qu'elle fit tout sous elle, ne pouvant se résoudre à quitter; mais tout le monde la quitta.

Gallet, élu à Chinon, avoit fait un grand gain au jeu; c'est lui qui a bâti l'hôtel de Sully; il s'étoit retiré avec douze cent mille livres de gain. Comme il faisoit bâtir l'hôtel de Sully, dans la rue Saint-Antoine, le petit La Lande le vint trouver et lui dit :

---

(1) Ils appellent cela *barato*. (T.)

(2) Marie Fagnier, femme de Pierre Dreux, conseiller au Parlement de Rennes, père de Thomas Dreux, dont le fils est devenu grand-maître des cérémonies de France.

« Vous êtes un bon homme; vous pourriez bâtir votre
« maison aux dépens des joueurs, et vous payez vos
« ouvriers de vos belles pistoles de poids; venez un
« peu chez la Blondeau. » Il l'y entraîna. D'abord, par
malheur pour lui, il gagna ; cela l'engagea; puis la
chance étant tournée, il perdit tout. Il a fait une
grande trahison à sa fille ; elle s'en fit religieuse, après
avoir changé de religion. Il lui demanda ses pierreries, puis lui en rendit de fausses au lieu de vraies ;
il les perdit après.

Voyant la fortune changer, Gallet donna cent mille
francs à garder à Habert-Montmor, maître des requêtes, sans en tirer aucune reconnoissance. Un jour,
comme il n'avoit plus que cela, il va trouver Montmor, et lui demande dix mille livres de ce qu'il avoit
à lui. « Moi, je n'ai rien à vous. — Hé ! je vous en-
« tends bien, c'est que vous ne voulez pas me les don-
« ner de peur que je ne joue encore; mais je vous
« promets que je ne jouerai que cela. — Vous rêvez,
« dit l'autre, mon pauvre monsieur Gallet, votre perte
« vous a troublé la cervelle. » En un mot il nia tout
franc d'avoir rien à lui.

Quand Montmor fut près d'expirer, il se confesse ;
point d'absolution s'il ne restitue. « Mais n'y auroit-il
« point d'invention ? » Le confesseur fut assez sot pour
lui dire qu'il faudroit que celui à qui appartenoient les
cent mille livres les lui donnât de bon cœur. Montmor
envoie quérir Gallet, qui croyoit déjà tenir son argent.
Montmor presse Gallet de le lui donner, qu'aussi bien
il ne tirera nulle utilité de sa damnation. Gallet fait ce
qu'il peut pour le toucher. Rien. Voyant cela, il le livre
à Satan, et, comme il s'échauffoit, Montmort appelle

ses gens qu'il avoit fait retirer, car il ne vouloit pas de témoins, et leur dit : « Emmenez M. Gallet, il est « fou. » Puis il mourut en cette belle disposition. Ce pauvre Gallet, quand il étoit riche, avoit toujours quelque remède dans le corps; depuis qu'il étoit gueux, il se portoit le mieux du monde (1).

---

(1) Le récit de Tallemant des Réaux, sur la construction de l'hôtel de Sully est confirmé par Jaillot. On y voit qu'un sieur Mesmes Gallet acheta, en 1624, deux maisons, rue Saint-Antoine, pour y construire un hôtel qu'il ne put achever; que sa fortune s'étant dérangée, l'hôtel fut saisi réellement et vendu en novembre 1627, à Jean Habert (de Montmor), sieur Du Mesnil. Cette belle propriété passa ensuite en différentes mains, et elle fut enfin acquise par le duc de Sully, au mois de février 1634. (*Recherches sur Paris*, par Jaillot, *quartier Saint-Antoine*, p. 35.) Gallet doit sa triste célébrité à la mention que Regnier en a faite dans sa quatorzième satire :

> Gallet a sa raison, et qui croira son dire,
> Le hasard, pour le moins, lui promet un empire, etc.

On voit, par ce qui précède, que Gallet perdit sa fortune au jeu; mais ce n'est pas sur un coup de dé, comme M. de Saint-Surin l'avoit pensé, que Gallet perdit le bel hôtel qu'il avoit fait construire. (Voyez le *Boileau* de Blaise; Paris, 1821, *note* de la page 186 du tome 1.)

MOURIOU.

Mouriou est d'Angers et y demeure, mais il est maître des comptes de la chambre de Nantes, et il va servir son semestre. Il fut amoureux, dix-huit ou vingt ans, de la femme qu'il a épousée en secondes noces. Un jour qu'ils se devoient marier, et qu'on étoit prêt d'aller au *moustier*, cette femme, appelée mademoiselle Liquet, dit que résolument il n'en seroit rien, qu'on avoit dit que cet homme avoit été bien avec elle, et qu'elle ne vouloit pas qu'on pût dire que c'étoit pour couvrir son honneur qu'elle l'épousoit, et par cette belle raison ne voulut point passer outre. Quelque temps après, un ami commun, qui vouloit faire ce mariage, manda au galant qu'il se trouvât un tel jour à La Barbottière, maison de mademoiselle Liquet ; il s'y rendit en même temps que les autres. « Que venez-vous faire ici ? lui « dit-elle, je vous avois défendu de me voir ; retournez- « vous-en. » Il remonte à cheval, sans rien dire. Elle fut touchée de cette obéissance aveugle, et lui cria : « Descendez, descendez, si on ne vous peut donner « une chambre, on vous mettra au grenier. » Le lendemain, on alla se promener à une maison ; Mouriou étoit à cheval. Pour le faire mettre à la portière, auprès de sa maîtresse, cet ami, qui s'y étoit mis exprès, feignit que la tête lui tournoit, et il fit mettre notre homme en sa place. Mouriou conte des douceurs à la demoiselle. « Je vous défends, lui dit-elle, en haussant

« la voix, de me plus tenir de semblables discours. »
Deux jours après, elle se met à compter avec son fermier, mais elle n'en pouvoit venir à bout. « Ma cou-
« sine, dit le *mourant* (1), car elle étoit proche parente
« de sa première femme, si vous vouliez, j'aurois bien-
« tôt fait ce compte-là? — Voyons, dit-elle, car vous
« faites fort l'habile homme. » Il eut bientôt fait le
compte. « Allez, dit-elle, en lui prenant la main, puis-
« que vous avez si bien fait ce compte-là, vous le ferez
« toute votre vie; allons-nous marier. » Dès le lendemain ils se firent épouser par un vicaire d'une chapelle qui est dans une île de la rivière de Loire, vis-à-vis de La Barbottière. On en fit ce couplet à Angers.

>   A la noce de Jeanne (2),
>   La belle Marion (3)
>   Avoit robe de panne,
>   Et l'abbé Du Buron (4),
>   Simounet le notaire,
>   Et l'eunuque vicaire (5),
>   Et la louche Gérard,
>   Sont témoins du mystère,
>   Que firent au Bruhard (6),
>   Jeanne et son vieux penard (7).

Les Angevins sont mordants; ils avoient déjà fait

---

(1) *L'amoureux transi.*

(2) Elle s'appelle Jeanne, et il y avoit une chanson du Pont-Neuf qui commençoit comme cela. (T.)

(3) Fille de Mouriou. (T.)

(4) Son fils. (T.)

(5) Le prêtre étoit châtré.

(6) Nom de l'île. (T.)

(7) Il avoit soixante ans, et elle cinquante. (T.)

un couplet contre le bâtiment que Mouriou avoit fait à la campagne.

> Puisque ton architecture,
> De lanterne a la figure,
> Il faut par raison conclure
> Qu'un *lanternier* (¹) loge là ;
> Alleluia ! Alleluia !

DUELS ET ACCOMMODEMENTS.

Il y avoit trois frères nommés Binau ; ils avoient tous quelque attachement au maréchal de Saint-Luc ; le plus jeune des trois avoit été nourri son page ; c'étoit un fort brave garçon. Le second étoit brave aussi ; mais c'étoit un enragé ; il se mit en fantaisie de se battre contre son cadet, et, quoi que l'autre pût faire, il lui dit tant de fois que c'étoit un poltron, et qu'il falloit en désabuser le monde, que ce garçon se mit un jour en colère, et à la chaude se bat. Il désarma ce fou, et lui fit promettre de ne dire jamais à personne qu'ils se fussent battus, que cela étoit honteux. Ce diable l'alla conter à tout le monde.

A Metz, car l'aîné des trois, s'étant donné au cardinal de La Valette, y avoit attiré le deuxième, ce fou querelle mal à propos un brave homme, nommé La Fuye ; l'aîné lui dit qu'il vouloit qu'il embrassât La Fuye ; en effet, l'ayant trouvé dans la place, il les

(¹) *Lanternier*, homme qui ne sait pas prendre un parti, que la moindre difficulté arrête. (*Dict. de Trévoux.*)

voulut faire embrasser; cet enragé avoit un bâton sous son manteau; et, comme La Fuye se baissoit, il lui en donna vingt coups. Binau se jette sur son frère, le foule aux pieds, et lui donne cent coups d'éperons par le visage et partout. Les autres, car ils n'étoient pas seuls, empêchèrent La Fuye de se venger. « Vous ne « savez ce que vous faites, leur dit-il, et je me battrai « contre vous tous. » En effet, il en appela quatre. Pour le fou, on le mit en prison, où il mourut depuis. Binau se mit en tous les devoirs imaginables; mais, quelque satisfaction qu'il fît, il fallut se battre contre La Fuye; son troisième frère le servoit qui y fut tué. La Fuye (c'étoit à coups de pistolets) donna dans le pommeau de la selle de Binau; Binau lui donna au travers du corps : aussitôt il chancelle et son cheval l'emportoit. Binau crioit : « La Fuye tourne, tourne, « tu fuis. » Il tomba et en mourut le jour même, et dit que le seul déplaisir qu'il eût en mourant, c'étoit de ce qu'on avoit dit qu'il fuyoit. C'est être bien délicat.

En 1652, Guilleragues (1), jeune garçon de bonne famille de Bordeaux (il est dans la place de Sarrazin auprès du prince de Conti), pria un brave, nommé Richard, d'appeler pour lui le comte de Marennes qui lui avoit fait une niche. Richard lui dit : « Mon cher, « il n'y a que quinze jours que je me fusse battu pour « deux liards; mais à cette heure, j'ai cinq cents pis-

---

(1) Le comte de La Vergne de Guilleragues, ambassadeur à Constantinople, en 1679. Il étoit habile courtisan. C'est à lui que Boileau adresse sa cinquième Épître, qui commence par ces vers :

Esprit né pour la cour et maître en l'art de plaire,
Guilleragues, qui sais et parler et te taire, etc.

« toles ; je te prie, laisse-les moi manger, après nous
« nous battrons tant que tu voudras ; mais voilà Pa-
« villon, mon camarade, qui n'a pas un quart d'écu ;
« adresse-toi à lui. » L'affaire fut accommodée.

Le baron d'Aspremont, de Champagne, se battit
quasi trois fois pour un jour. Le matin, il avoit tué un
homme, et fut blessé légèrement à la cuisse ; à midi il
se met à table chez M. d'Enghien, à qui il étoit : sa
plaie l'incommodoit ; il ne pouvoit manger ; il s'amusoit à jeter des boulettes de pain à un de ses amis ; il en
donna par malheur d'une par le front de je ne sais
quel brave, qui n'étoit que de ce jour-là dans la maison. Cet homme crut qu'on le mépriseroit s'il souffroit
cela ; il voulut s'en éclaircir. Aspremont lui répond
qu'il ne donnoit d'éclaircissement que l'épée à la main.
Ils vont au pré d'Auteuil ; là il donne un coup dans le
bras à l'autre, et le désarme. Au retour, le capitaine
des gardes de M. d'Enghien cherchoit un second ; il
prend Aspremont ; mais ils furent séparés comme ils
alloient au rendez-vous.

Il y a eu un chevalier d'Andrieux qui, à trente ans,
avoit tué en duel soixante-douze hommes, comme il
dit une fois à un brave contre qui il se battoit ; car
l'autre lui ayant dit : « Chevalier, tu seras le dixième
« que j'aurai tué. — Et toi, dit-il, le soixante-dou-
« zième. » En effet, le chevalier le tua. Quelquefois
il les faisoit renier Dieu, en leur promettant la vie,
puis il les égorgeoit, et cela pour avoir le plaisir, disoit-il, de tuer l'âme et le corps. Un jour il poursui-
voit une fille pour la violer, c'étoit dans un château ;
elle se jeta par la fenêtre et se tua. Il descend, et la
trouvant encore chaude...... Cela me fait souvenir

d'un homme de Tours qui avoit une femme fort travaillée du mal de mère, et quand cela lui prenoit, on couroit vite chercher le mari pour la soulager. Une fois on ne le trouva pas assez tôt; elle étoit morte quand il arriva. Hélas! ma pauvre femme, dit-il, il « faut....... tandis que tu es encore chaude. » Et il fit comme le chevalier d'Andrieux. Ce galant homme étoit filou avec cela; il eut la tête coupée.

Conac, gentilhomme saintongeois, plein d'esprit et de cœur, étant un jour au bal, dans la foule, fut pressé par le comte de Montrevel, qui alors étoit bien jeune. Conac, poussé par-derrière, repousse du derrière aussi; Montrevel lui donne un soufflet. Conac, avec le plus grand sang-froid du monde, dit ce vers:

Pour une moindre injure on passe l'Achéron,

appelle Montrevel; mais Montrevel le tua.

Voici un duel bien extraordinaire. Le comte de Carney, grand duelliste, fut tué, il y a sept ans, en duel par-derrière, et fut bien tué, quoiqu'il se battît à pied, car à cheval c'est une autre affaire. Le chevalier de Birague et lui se battoient; ils n'avoient que des couteaux. Carney, fort adroit, n'y avoit point d'avantage; il court pour prendre une estocade [1]; Birague lui crie: « Tourne le visage, ou je te tue. » L'autre court toujours et alloit prendre l'estocade; Birague lui donne dans les reins, et le tue.

Voici un duel un peu moins sanglant: Régnier, le satirique, mal satisfait de Maynard, le vient appeler en duel, qu'il étoit encore au lit; Maynard en fut si

---

[1] L'estocade étoit une longue épée. (*Dict. de Trévoux*.)

surpris et si éperdu, qu'il ne pouvoit trouver par où mettre son haut-de-chausses. Il a avoué depuis qu'il fut trois heures à s'habiller. Durant ce temps-là, Maynard avertit le comte de Clermont-Lodève de les venir séparer quand ils seroient sur le pré. Les voilà au rendez-vous. Le comte s'étoit caché. Maynard alongeoit tant qu'il pouvoit ; tantôt il soutenoit qu'une épée étoit plus courte que l'autre ; il fut une heure à faire tirer ses bottes ; les chaussons étoient trop étroits. Le comte rioit comme un fou. Enfin le comte paroît ; Maynard pourtant ne put dissimuler, il dit à Régnier qu'il lui demandoit pardon ; mais au comte il lui fit des reproches, et lui dit que pour peu qu'ils eussent été gens de cœur, ils eussent eu le loisir de se couper cent fois la gorge (1).

Ce comte, quand il a compagnie chez lui de gens qui lui plaisent, il les retient, ne les veut pas laisser partir, et ne les mène à la chasse que sur ses chevaux, de peur qu'ils ne s'en aillent ; moi, je m'en irois avec son cheval.

Un maître des comptes de Paris s'en sauva bien mieux que Maynard. Il alloit un jour à Meudon à cheval ; en passant par la plaine de Grenelle, trois hommes aussi, à cheval, l'abordent ; ils lui disent qu'à sa mine ils ne doutent pas qu'il ne soit gentilhomme. Il n'osa pas dire que non. Ils lui dirent qu'un de leurs gens ayant manqué, ils le prioient de servir de second à l'un d'eux. Il ne refusa pas, ni n'accepta pas ; mais ils l'emmenèrent. C'étoit pour se battre à pied. Quand

---

(1) Tallemant nous semble être le premier écrivain qui ait fait connoître cette anecdote. Les biographes de Régnier et de Maynard n'en font nulle mention.

ils furent tous descendus de cheval, il fit semblant d'aller pisser un peu à l'écart, puis il remonte vite sur sa bête, pique en leur criant : « A d'autres, à d'autres, « Messieurs, je ne suis pas si dupe. » Il étoit bien monté, et eut gagné la ville avant que les autres fussent à cheval. Ils l'appelèrent mille fois poltron ; mais il ne s'arrêta point pour cela. Pour faire le conte meilleur, on dit que le lendemain il conta son aventure à la Chambre, où il fut ordonné qu'à l'avenir, de peur de semblable accident, aucun maître des comptes ne se déguiseroit en gentilhomme.

Un gentilhomme huguenot, nommé Perponcher, qui est capitaine de Villiers-Cotterets sous le maréchal d'Estrées, commandant une fois les gendarmes de ce maréchal, dans un corps d'armée que M. d'Arpajon menoit en Lorraine, en je ne sais quelle bagarre qui arriva pour un logement, reçut d'un parent de M. d'Arpajon quelques coups de canne, dont on ne convenoit pas trop pourtant. Arpajon en voulut faire l'accommodement ; mais, le jour que cela se devoit faire, Perponcher fit trouver dans le logis du général tous ses gendarmes avec des pistolets sous leurs casaques ; et, quand on lui mit le bâton à la main, il en desserra une demi-douzaine de bons coups à celui qui lui faisoit satisfaction, et il n'en fut autre chose, car il étoit là le plus fort. On s'employa pour lui, et la chose demeura pour bille pareille (1).

Un gentilhomme mit le marché au poing à la femme d'un gentilhomme de ses amis. Cette femme fut

---

(1) Expression empruntée au jeu de billard, comme on diroit *à deux de jeu*, sans aucun avantage l'un sur l'autre.

assez sotte pour le dire à son mari ; le mari fait appeler l'autre. On les accommoda en riant, et voici comme on s'y prit : « Un tel a mis le marché au poing « à votre femme ; vous le lui avez mis après à lui, « *chou pour chou,* il faut s'embrasser. »

Une sœur de MM. Saintot, qui avoit été cajolée par d'assez honnêtes gens, fut mariée à un impertinent appelé Plevesendite : elle le méprisoit, et ils ne furent pas long-temps sans se quereller. Un jour il l'appela *coquette,* et elle l'appela *cocu.* Voilà bien de la rumeur au logis. Les parents, pour les remettre bien ensemble, s'avisèrent d'un expédient, et dirent qu'elle avoit cru que *cocu* étoit le masculin de *coquette.*

Un brave, dont on ne m'a su dire le nom, jouant seul à seul avec un autre, ils se querellèrent, et enfin il reçut un coup de bâton. L'offensé, qui étoit bien plus fort de corps que l'autre, va, ferme la porte au verrou, le prend (c'étoit l'hiver), le met dans le feu, et, le pied sur le ventre, il le faisoit griller. Le pauvre diable crioit les hauts cris. On veut y aller ; on trouve la porte fermée ; enfin on l'enfonce ; l'agresseur avoit déjà la peau grillée. On les accommoda après cela facilement.

MADAME THOMAS.

Mademoiselle Thomas étoit femme d'un commis de Nouveau (1); c'étoit une assez jolie personne, et fort coquette. Il y avoit furieusement de galants, soit garçons, soit gens mariés, autour d'elle : c'étoit une continuelle frérie (2) là-dedans. Les sottes femmes du quartier avoient leur part du poupelin (3), et n'en bougeoient. Cette femme avoit un frère qui, pour avoir donné un coup de poignard à son homme, avoit été fort en peine ; mais son père, nommé Du Bois, secrétaire du Roi, et valet-de-chambre de la Reine, l'en avoit tiré et après l'avoit enfermé à Saint-Lazare. Mademoiselle Thomas avoit, au bout de quelque temps, obtenu qu'il sortiroit, et l'avoit pris chez elle. Il couchoit dans sa propre chambre, soit faute de logement, ou pour ce que vous verrez ensuite. Ce garçon et cette femme se promenoient à l'Arsenal trois et quatre heures de suite ensemble (4) ; il étoit chagrin, et elle, après avoir bien ri, tout-à-coup disoit : « Ah ! mon « Dieu ! voilà ma mélancolie qui me reprend. » Ils couchoient ensemble, et apparemment quelque con-

---

(1) Nouveau étoit surintendant des postes. (*Voyez* plus haut, tome 4, p. 323, et note 1 de la même page.)

(2) *Frérie*, ou *frairie*, bombance.

(3) *Poupelin*, espèce de gâteau d'une pâtisserie délicate. (*Dict. de Trévoux.*) Comme on diroit aujourd'hui que ces femmes *avoient leur part du gâteau*.

(4) Ils étoient dans ce quartier-là. (T.)

fesseur avoit mis à cette femme la conscience en combustion.

Ce garçon devint tout sauvage, et un soir, après avoir parlé quelque temps au coin du feu à sa sœur, il lui donne deux coups de baïonnette, l'un dans la gorge, l'autre dans l'épaule, et, défaisant son pourpoint, il s'en donne après dans le cœur, et se jette sur un lit. La femme crie, mais foiblement. La servante accourt : on les trouve tous deux expirants. Le commissaire du quartier, qui étoit aussi un des galants de la dame, se trouva là par hasard, fit un procès-verbal, comme il falloit, pour étouffer l'affaire. Ils furent enterrés à Saint-Paul ; mais le curé ne voulut jamais mettre le garçon qu'avec les morts-nés. La veille, cette femme disoit à tout le monde : « Je n'ai plus guère à vivre ; donnez-moi un *de pro-« fundis*, quand je serai morte. » Et ce jour-là même elle avoit été deux heures à confesse.

On trouva dans la poche de ce garçon une lettre de quatre côtés adressante à sa sœur, où il disoit qu'il avoit été en Italie pour se défaire de sa passion, mais en vain. Il nommoit par leurs noms tous les galants de sa sœur, avouoit qu'il ne pouvoit souffrir qu'on la cajolât ; et qu'encore qu'il eût eu toutes les privautés imaginables avec elle, et qu'il ne pût douter qu'elle ne l'aimât mieux qu'eux, il ne pouvoit pourtant supporter qu'elle se laissât galantiser, et qu'il étoit persuadé que c'étoit plutôt par coquetterie qu'autrement qu'elle vouloit qu'il ne vécût plus avec elle, comme par le passé ; et, après avoir dit qu'il vouloit finir cette inquiétude, il concluoit : « Il faut, ma chère « sœur, que nous mourions tous deux à la fois. »

BOUCHARD (1).

Bouchard étoit fils d'un apothicaire de Paris, dont la femme avoit un fils de son premier mari, nommé Hullon. Ce Hullon avoit un bon prieuré de huit mille livres de rente, en Languedoc, nommé Casson. Bouchard, jaloux de son frère, et espérant qu'il lui résigneroit son bénéfice, conseilla à son père de l'empoisonner d'un poison lent. Le père n'y voulut point entendre. Au bout de quelques années, Bouchard s'en va à Rome, où il se disoit *seigneur de Fontenay*, parce que son père avoit je ne sais quelle chaumière dans Fontenay-aux-Roses (à deux lieues de Paris). Il n'y fut pas plus tôt qu'il s'habille autrement que ne font les bénéficiers françois. Il étoit quasi à l'espagnole, et portoit souvent une lunette sur le nez, à la mode des Italiens, parce qu'il avoit la vue courte, et il se donna au cardinal Barbarin pour gentilhomme *di belle lettere*. Il étoit fort laid, fort noir, logé dans la chancellerie avec Montreuil (2) l'académicien, qui étoit au cardinal Antoine. Ils prirent un valet à eux deux. Ce valet se mit dans la tête que Bouchard étoit sorcier ;

---

(1) Jean-Jacques Bouchard. Il se faisoit appeler de Fontenai de Sainte-Geniève. Il est mort vers l'année 1640.

(2) Jean de Montreuil, de l'Académie françoise. Il étoit alors à Rome, auprès du marquis de Fontenay-Mareuil, en qualité de secrétaire d'ambassade. Il ne faut pas le confondre avec son frère Mathieu, le poète, que l'on pourroit appeler *le madrigalier*.

il n'en avoit pas trop mal la mine, et disoit sans cesse à Montreuil qu'il ne le pouvoit souffrir. Enfin, un jour ce garçon, passant par Saint-Pierre, vit exorciser un prétendu possédé (cela se voit à toutes les fêtes en Italie); et, entendant que le prêtre, qui prononçoit du gosier, disoit : *Spirito buciardo*, au lieu de *bugiardo* (1), il prend sa course, et va dire à Montreuil qu'il avoit toujours bien cru que Bouchard étoit un sorcier, mais qu'il en étoit bien plus assuré que jamais, et qu'il ne vouloit plus demeurer avec cet homme. Il lui fallut donner congé.

Ce Bouchard se fit de l'Académie des *Humoristes*. Là on demanda un jour si la langue françoise étoit parvenue à un si haut point de perfection que l'italienne (2). Il prit l'affirmative et s'offrit, pour le prouver, de traduire en françois *la Conjuration de Fiesque*, de Mascardi, le plus célèbre auteur de ce temps-là. Jamais notre pauvre langue avant M. de Vaugelas, qui parle pour elle dans la préface de ses *Remarques* (3), n'avoit trouvé que de méchants défenseurs. On imprima cette traduction chez Camusat qui n'en voulut pas croire ses amis (4).

---

(1) *Menteur, affronteur.*

(2) Ces pauvres *Humoristes* se trompent bien. (T.) — Bouchard fait connoître cette circonstance dans l'épître dédicatoire de sa traduction. Notre langue étoit loin alors de ce que nos grands écrivains l'ont faite; mais l'irruption du mauvais goût qui nous envahit chaque jour de plus en plus, pourroit bien lui faire perdre tous les avantages qu'elle avoit conquis.

(3) La première édition des *Remarques* de Vaugelas *sur la langue françoise* est de 1647.

(4) L'ouvrage parut sous ce titre : *La Conjuration du comte de Fiesque, traduite de l'italien du seigneur Mascardi, par le sieur de Fontenai Sainte-Geneviève, dédiée à monseigneur l'éminentissime*

Or, par modestie, ce M. Bouchard n'avoit pas voulu mettre son vrai nom; mais il se faisoit appeler *Pyrostomo* (*Bouche-ard*) dans les vers à sa louange qu'il avoit mis au-devant de son livre; c'étoit une véritable *Panglossie*, comme celle de Peiresc (1); il y en avoit en toutes langues. C'est de lui que Balzac se moque sous le nom de *Jean-Jacques* dans ses Lettres familières à Chapelain.

Ce pauvre Bouchard marchanda tous les petits évêchés d'Italie l'un après l'autre, et ne fut pourtant jamais prélat. Il eut des coups de bâton pour s'être mêlé de dire quelque chose contre le maréchal d'Estrées, durant sa brouillerie avec le pape Urbain (2), et il mourut un an après. Il étoit en réputation de grand *bugiarone*.

cardinal duc de Richelieu, avec un Recueil de vers à la louange de son Éminence Ducale; à Paris, 1639, in-8°. Le volume porte au frontispice les armes du cardinal.

(1) Nicolas-Claude Fabre de Peiresc, conseiller au Parlement de Provence, l'un des hommes qui, au dix-septième siècle, ont fait faire le plus de progrès à la connoissance de l'antiquité et aux sciences naturelles. Il mourut le 24 juin 1637, et sa mort fut pleurée par une foule de savants. Bouchard prononça, à Rome, son éloge en latin, dans l'Académie des *Humoristes*. Cet hommage funèbre, accompagné de vers et de prose en quarante langues, fut imprimé au Vatican en 1638, sous le titre de *Panglossia*. La traduction de *la Conjuration de Fiesque* est précédée de vers en différentes langues, adressée au cardinal de Richelieu, dans lesquels l'éloge de Bouchard, sous le nom de *Pyrostome*, est fait si fréquemment, que sa vanité dut être satisfaite. Le discours de Bouchard a été réimprimé à la suite de la *Vie de Peiresc*, écrite en latin par Gassendi; La Haye, 1651, petit in-12.

(2) Cette brouillerie arriva en 1639. (*Voyez* l'Histoire de Louis XIII, par Le Vassor, t. 5, p. 649 et suivantes, édition in-4° de 1757.)

GENS TAILLÉS.

Marsilly, père de l'abbé de Marsilly, dont nous parlerons dans les *Mémoires de la Régence,* avoit la pierre (1). Il se résolut à se faire tailler; mais au lieu de se reposer devant l'opération, il alla tout le matin en grosses bottes, à son ordinaire, solliciter ses procès à cheval; il étoit naturellement chicaneur. Quand il fut de retour, il trouva qu'on l'attendoit. « Faut-il « ôter mes bottes ? dit-il (car il ne les quittoit jamais). « —Pensez que oui, lui répondit-on.—Voilà bien des « préparatifs; à quoi bon tout cela ? » Il ne voulut jamais se laisser lier les bras. Quand l'opération fut faite : « Je ne sache, dit-il, personne qui, par plaisir, « se laissât faire cela. » Le cinquième jour, il se creva de tripes; la fièvre le prend; le voilà bien mal. A force de lavements et de saignées, on le sauva. Jamais il ne dit autre raison, sinon : « J'avois envie de man- « ger des tripes. »

Un vieux gentilhomme de Poitou, nommé le baron de Belet, s'étoit fait tailler, et avoit crié comme un diable. Les chirurgiens, comme il demanda s'il avoit bien crié, lui dirent que non. Il le crut, et manda à M. de Longueville, qui avoit envoyé demander de ses nouvelles, qu'il se portoit bien, et qu'il n'avoit point crié.

(1) Il étoit l'Argus de madame de Roquelaure. (T.)

Collot [1] avoit taillé un gros moine. Au cinquième jour, la plaie se portant aussi bien qu'il se pouvoit pour le temps, ce frater a avis d'un bénéfice; il se fit faire un coussinet, qui avoit un trou à l'endroit de la plaie, et, assis comme une femme, il prend la poste, et s'en va à Rome. Le lendemain, Collot, allant pour panser son homme, voit le matelas de son lit sur la fenêtre. « Mon moine seroit-il mort? » dit-il. La garde lui conte l'histoire; il lève les épaules et dit : « Le pauvre homme sera mort ce soir. » A quatre mois de là, il trouve ce moine sur le Pont-Neuf qui le vint aborder; lui ne le reconnut point, parce qu'il le croyoit mort. Le moine lui dit qu'il s'étoit pansé tous les soirs, comme il avoit remarqué qu'on le pansoit, et qu'il avoit obtenu le bénéfice. « Ah! dit Collot, il
« n'y a qu'un moine qui puisse échapper d'une telle
« aventure. »

Le bonhomme Riolan [2], ce célèbre médecin, avoit déjà été taillé une fois, et quoiqu'il fût fort incommodé, il ne vouloit plus se faire tailler. Un jour sa femme fit cacher les chirurgiens, et comme le vieillard disoit : « Me voilà mieux; je pense que je sup-
« porterois bien l'opération. Je crois que je me ferois
« tailler si Collot étoit là » (il ne le croyoit pas si près). Collot sort. « Ah! je ne veux pas; ce sera pour une
« autre fois; je ne me suis point confessé; je renie

---

[1] Philippe Collot, célèbre lithotomiste, mourut en 1656. Son portrait a été gravé par Édelink.

[2] Jean Riolan, médecin célèbre, dont le père, aussi appelé Jean, avoit eu une grande réputation. On doit au fils la création du Jardin-des-Plantes médicinales, qui a pris tant d'accroissement sous le nom de *Jardin du Roi*.

« chresme, baptême. » Le voilà à jurer. « Tout cela
« tombera sur nous, dit Collot; nous serons damnés
« pour vous; mais vous serez taillé. » Ils le lient et le
taillent. Comme il se portoit assez bien, on lui dit :
« Confessez-vous à cette heure, si vous voulez. — Voire,
« dit-il, je me porte trop bien pour cela. »

GRAND'AMOUR RÉCOMPENSÉE.

Un jeune homme natif de Stockolm prit querelle, à
Stockolm même, avec un trompette du prince Charles,
aujourd'hui roi de Suède (1), et le tua. Le voilà en
prison dans le château; car, au Nord, il y a toujours
une prison dans le palais du prince. Il est condamné à
mort. Ce garçon étoit accordé avec une jeune veuve;
elle le fut voir durant le terme qu'on donne aux con-
damnés pour dire adieu à leurs amis. Il lui dit que le
seul regret qu'il avoit en mourant, c'étoit de ne l'avoir
pas épousée; mais que s'il pouvoit obtenir de la Reine
et d'elle de l'épouser et de consommer le mariage, il
mourroit content. Elle y consentit, et sur l'heure, il
présenta une requête aux juges, qui, après avoir fait
faire une consultation par les théologiens, avec le
consentement de la Reine, lui permirent de se marier.
La Reine eut la curiosité de voir quelle contenance
auroient ces deux mariés en une action si extraordi-

---

(1) Charles-Gustave, dixième du nom, monta au trône de Suède,
le 16 avril 1654, par l'effet de l'abdication de la reine Christine, sa
cousine.

naire, et, par une fenêtre qui répondoit dans la prison, elle se mit à les considérer, et trouva que ce garçon avoit un visage aussi gai que s'il n'eût point dû mourir. Pour lui, il reconnut la Reine à cette fenêtre, et lui fit tous les remercîments dont il put s'aviser, de la bonté qu'elle avoit eue de lui accorder ce qu'il avoit demandé. La Reine, touchée de sa constance, lui donne encore quatre jours, par-dessus les huit que la loi donne. Ce garçon consomma le mariage, et le terme de l'exécution approchoit quand des ambassadeurs de Moscovie, étant sur le point d'avoir leur audience de congé, furent priés de demander la grâce de ce jeune homme, ou bien la demandèrent d'eux-mêmes, en remontrant à la Reine que leur prince, qui étoit jeune et galant, seroit ravi d'avoir sauvé la vie à un homme qui savoit si bien aimer, que sans doute il reconnoîtroit cette faveur, et qu'il en témoigneroit ses ressentiments à Sa Majesté. La Reine, qui avoit pitié de ce jeune homme, et qui n'osoit pourtant violer les lois, qui sont fort sévères contre les meurtriers, fut bien aise de dire qu'en bonne politique elle ne pouvoit refuser cette faveur aux ambassadeurs de Moscovie. Elle leur accorda donc la grâce de ce jeune homme, et eux l'en remercièrent à genoux, et en touchant du front la terre, qui est la plus grande marque de respect parmi eux.

VENGEANCE RAFFINÉE.

Deux gentilshommes de Normandie, dont je n'ai pu savoir le nom, étoient ennemis mortels. L'un d'eux tomba malade, et se vit bientôt à l'extrémité ; l'autre, comme s'il eût cru qu'il y alloit de son honneur que cet homme mourût autrement que de sa main, se déguise en médecin, entre dans la chambre du malade (les valets crurent que c'étoit un médecin qu'on avoit mandé, ou qui devoit consulter avec le médecin ordinaire); cet homme donne diverses commissions aux gens du malade, et fait si bien qu'il demeure seul dans la chambre ; alors il s'approche du lit, et dit à son ennemi : « Me connois-tu bien ? — Ah ! répondit l'au-« tre, je te prie, laisse-moi mourir en paix. — Non, « réplique le meurtrier, il faut mourir de ma main. » Et en disant cela, il lui donne cinq ou six coups de poignard, et le tue ; puis il le couvre du drap, descend en bas, dit aux gens qu'ils eussent bien soin de faire ce qu'il avoit ordonné, que leur maître reposoit, qu'on ne lui fît point de bruit, et qu'il se porteroit mieux. « Pour moi, ajouta-t-il, je repasserai tantôt « par ici. » Il monte à cheval et se sauve.

SUBTILITÉ,

PRÉSENCE ET ADRESSE DE CORPS ET D'ESPRIT.

Voici un conte que j'ai ouï faire de Rabelais. En retournant de Rome, l'évêque de Paris, de la maison Du Bellay, à qui Rabelais étoit, s'avisa de faire une grande malice à ce pauvre homme ; c'étoit à Nice de Provence : il fait voler le soir tout l'argent à Rabelais, et à minuit tout le monde part et le laisse là à pied. Rabelais, bien embarrassé, se met à rêver, et trouve une belle invention pour se faire conduire à Paris. Il prend de la cendre, qu'il mêle avec du plâtre, puis en fait un petit paquet; il en mêle d'autre avec du charbon, et d'autre avec du sable et de la suie ; il en fait trois paquets, met une étiquette à chacun, et les laisse sous le tapis de la table, puis s'en va à la messe. La servante, en faisant la chambre, trouve cela et le montre à son maître. Il y avoit sur ces paquets : *Poudre pour empoisonner le Roi*; puis, *poudre pour empoisonner la Reine, poudre pour empoisonner M. le Dauphin*, et à toutes il avoit mis qu'elles tuoient ceux qui les sentoient. L'hôte avertit le magistrat. Nice étoit alors au Roi; on conclut d'envoyer cet homme au Roi. On le prend, on le met sur un cheval; mais comme il ne se sentoit point coupable, il fit tant de contes par le chemin à ceux qui le conduisoient, qu'ils ne savoient quelle chère lui faire. L'évêque de Paris

rendoit compte au Roi de son ambassade, quand ils entendirent une grande huée dans la cour du Louvre. « Voilà maître François ! voilà maître François ! » L'évêque met la tête à la fenêtre et voit Rabelais. Les députés de Nice présentent maître François, lié, au Roi. Je vous laisse à penser si on rit des bonnes gens de Nice, qui avoient si bien donné dans le panneau. Je donne ce conte pour tel qu'on me l'a donné (1).

On dit aussi que Rabelais refusa d'approcher du pape, et dit : « Puisqu'il a fait baiser ses pieds à mon « maître, il me feroit baiser son cul. »

On dit que quelqu'un lui ayant demandé comment il feroit pour purger Pantagruel. « *Darem illi*, ré- « pondit-il, *pillulas evangelicas*. »

Il fit l'anagramme de Calvin, *Calvinus, Lucianus*; l'autre fit la sienne, *Rabelesius, Rube-læsus* (2). Une dame lui disoit qu'il n'honoroit point les saints, qu'il ne les aimoit point. « J'ai raison, répondit-il, si vous « entendez les *sains*, les gens en santé, je suis méde- « cin ; si les *saints de paradis*, ils guérissent les mala- « des, et m'ôtent toute ma pratique. »

Le portrait qu'on voit de Rabelais n'est pas fait sur lui ; on l'a fait à plaisir, à peu près comme on croyoit qu'il étoit.

Le cardinal Du Bellay régaloit un jour des gens de

---

(1) C'est un vieux conte, toujours répété, et qu'on doit mettre au rang des fables. (Voyez la *Notice sur Rabelais*, dans l'édition *variorum* donné par M. Éloy Johanneau, p. 14.)

(2) Il sembleroit que *rube* est là comme contraction de *rubigine*; autrement seroit-ce une allusion à la couleur des cheveux de Rabelais ?

robe; il y avoit musique; il avoit ordonné à Rabelais de faire des paroles pour cela : il en fit dont la reprise étoit :

Et zeste, zeste aux chicaneurs (1).

Le duc de Florence écrivit à la feue Reine-mère : « Je vous envoie un excellent homme en son métier, « qui a dit, en partant d'ici, que vous songeassiez une « carte, et que ce seroit le dix de carreau. » Avant que de laisser lire la lettre à la Reine, cet homme, qui en étoit lui-même le porteur, pria la Reine de songer une carte; elle songea le dix de carreau. Gombauld y étoit, qui me l'a dit.

En même temps vint un jeune gentilhomme qui faisoit tenir bien haut, par les deux plus grands hommes de la compagnie, un cercle où à peine pouvoit-il passer, et prenant sa course de loin, il y passoit tout le corps comme une lame, et puis faisoit une cabriole.

Un orfèvre huguenot, allant à Charenton, rencontra dans la rue Saint-Antoine deux *Corpus-Domini* à la fois. L'un sortoit de Saint-Paul, l'autre y retournoit; on lui cria qu'il ôtât son chapeau; il alloit toujours son chemin; enfin un homme lui vint dire d'un ton furieux : « *Adore ton Créateur.* — Lequel est-ce? » dit l'orfèvre. Les autres demeurèrent si penauds de

---

(1) Il s'agit ici d'une fête donnée en France par le cardinal Du Bellay. Rabelais a donné le récit d'une fête magnifique qui eut lieu à Rome chez ce cardinal à l'occasion de la naissance d'un fils de Henri II, qui est mort en bas âge. (*Voyez* l'édition de Rabelais déjà citée, tome 8, page 377.)

cette réponse, qu'ils ne lui surent plus rien dire (1).

Un garçon de Paris, dont je n'ai pu savoir le nom, couchoit avec la femme de son voisin, et ayant été obligé d'aller au *lieu d'honneur*, par compagnie, il gagna du mal, et en donna après à cette femme, sans savoir qu'il en eût lui-même, comme cela arrive assez souvent. Elle s'en aperçut de bonne heure, et lui dit qu'il trouvât quelque invention pour en donner à garder au mari. Ce garçon convie quelques-uns de ses amis à dîner chez lui ; il invite aussi le mari de cette femme ; il y avoit fait trouver des mignonnes, et en avertit une, qui étoit la plus jolie et la plus adroite, de faire toutes les choses imaginables pour obliger cet homme à la voir. Elle en vint à bout. Le soir, sa femme, qui avoit le mot, le caressa si bien qu'il fit le devoir conjugal. Il ne manqua pas de gagner le mal qu'elle avoit. Dès qu'elle s'en fut aperçue, elle lui fit un bruit du diable, et le pauvre mari confessa son délit, et demanda humblement pardon.

Un nommé Le Rude, maître d'hôtel du feu premier président Le Jay, Saint-Louis (2) étant ouvert, avertit les corbeaux de venir quérir sa femme, qu'il disoit avoir la peste, quoiqu'elle n'eût que la fièvre. On em-

---

(1) Nous avons déjà dit que Tallemant des Réaux étoit protestant.

(2) L'hôpital Saint-Louis, commencé sous Henri IV, et achevé sous Louis XIII, étoit destiné aux maladies épidémiques. Dans les temps ordinaires, il servoit de lieu de convalescence aux malades des autres hôpitaux, et si des maux contagieux venoient à se déclarer, on le consacroit uniquement à recevoir les gens qui en étoient atteints. (*Recherches sur Paris*, par Jaillot, t. 2, quartier Saint-Martin-des-Champs, page 35.)

porte cette femme; mais, contre son espérance, au bout de quelques jours, on la lui rapporta. Le mauvais air ne lui donna pas la peste. Il vouloit s'en défaire pour en épouser une autre qu'il entretenoit, et qui pourtant ne la valoit pas.

Un cordelier, qui avoit appris par cœur un sermon imprimé, fut prêcher dans un village. Le lendemain étoit encore fête; on le pria si instamment de demeurer, qu'il ne put s'en défendre. Cependant il falloit prêcher, et il ne savoit qu'un sermon. Que fait-il? Il dit : « Messieurs, il y a de bien méchantes gens dans « cette paroisse; on a dit qu'il y avoit des hérésies « dans le sermon que je vous fis hier; il n'y a rien de « plus faux; et, pour vous le montrer, je m'en vais « vous redire mon sermon d'un bout à l'autre. » Et il le répéta tout du long.

Un coupeur de bourse, comme le feu lieutenant criminel Tardieu (1) l'interrogeoit, ne put s'empêcher de lui voler dix écus que le greffier venoit de lui donner pour ses droits : il prit son temps comme le juge se tournoit pour parler à quelqu'un. On remmène ce voleur. Le lieutenant ne trouve plus son argent; il dit au greffier : « M'avez-vous pas donné tant? « — Oui. — L'avez-vous repris? — Non. — Qu'est-il « donc devenu? » Après avoir bien cherché, on dit,

(1) Ce lieutenant-criminel et sa femme furent assassinés dans leur maison, sur le quai des Orfèvres, le 24 août 1665, par les deux frères Touchet qui furent rompus vifs le 27 du même mois. Boileau, dans sa dixième satire, a immortalisé leur excessive avarice. Ce passage des Mémoires de Tallement a été écrit vers l'année 1666; il a été ajouté par l'auteur à la marge de son manuscrit.

afin de n'avoir rien à se reprocher : « Il faut aller dans « le cachot de cet homme, quoiqu'il n'y ait aucune « apparence. » On y trouva l'argent dans la paille.

Le président de Jumerville (1) étoit un goguenard qui faisoit des malices à tout le monde ; il se moquoit de tous ceux à qui on prenoit quelque chose. Pour le lui rendre, on suborna un filou, qui entreprit de lui voler sa propre robe de palais : c'étoit l'été. Ce drôle feint d'avoir un procès, et se rend insensiblement familier chez le président. Un soir, comme Monseigneur revenoit du Palais, il faisoit chaud, il voulut quitter sa robe pour se promener dans le jardin. « Holà ! quelqu'un. » Il n'y avoit personne que le filou qui s'offrit à la prendre ; le président la lui donne. Lui sort par les écuries et gagne au pied. Le lendemain, à la Tournelle, où il présidoit, faute de robe d'été, il vint avec sa robe d'hiver. « Que veut « dire cela ? Vous êtes-vous trouvé mal ? Avez-vous « eu froid ? » Il fut contraint d'avouer la dette.

D'Ablancourt avoit un petit cheval rétif ; on le donna à un petit laquais allemand pour aller chercher quelque chose à la ville (2). Ce cheval n'alloit que quand on le menoit par la bride ; l'Allemand monte dessus ; le bidet va trois pas, et puis s'arrête. Que fait ce garçon ? Il prend une fourche, car il ne vouloit pas aller à pied, et attache les rênes aux deux fourchons, puis il avance la fourche le plus qu'il peut entre les oreilles du cheval. Cette bête croyoit qu'on

---

(1) Ce nom est incertain.
(2) A Vitry-le-François. (T.)

la menoit par la bride. Ainsi elle s'accoutuma à aller, et l'Allemand au retour en fit tout ce qu'il voulut.

Le président Fayet, père de madame de Barillon [1], étoit premier président de la première des Enquêtes; il fut prié par un homme de province, à qui il importoit d'être conseiller dans sa ville, de trouver moyen de le faire recevoir, quoiqu'il ne sût point de latin. Le président, qui étoit de ses amis, lui dit : « Laissez-moi faire : apprenez seulement à bien prononcer ce mot de latin *quamquam*, et présentez-vous à un tel jour. » Le président dit : « Messieurs, voilà un récipiendaire, mais nous n'avons pas le loisir. » Il le remet comme cela exprès cinq ou six fois; enfin il le fit venir un jour qu'il n'y avoit plus qu'un quart-d'heure à demeurer dans la chambre. « Messieurs, c'est le pauvre récipiendaire, qui attend il y a si long-temps. Si vous voulez, nous l'expédierons. » Cet homme entre, et dit hardiment : *quamquam*. « Allez, allez, dit le président; nous savons bien que vous avez appris du latin. Nous n'avons pas le loisir à cette heure; mais savez-vous de la pratique? » Or, l'autre en savoit assez, et répondit bien; ainsi il fut reçu.

Un gentilhomme, qui savoit que son rapporteur aimoit les femmes, va prendre une g...., la fait fort bien habiller et la mène solliciter, comme si c'eût été sa femme; après, elle y retourne plusieurs fois, le cavalier faisant le malade; le rapporteur la cajole,

[1] Bonne Fayet, femme de Jean-Jacques de Barillon, président au Parlement de Paris.

la presse, en a ce qu'il veut, et fait gagner le procès au gentilhomme, qui après lui découvrit la finesse. Cela me fait souvenir d'un conte. Le premier président Le Jay fut sollicité une fois par une jolie personne, qui feignoit que son mari étoit si jaloux, qu'en s'en allant, il lui avoit mis un brayer de fer (1); cela enflamma le président; le brayer n'étoit pas si bien fermé qu'on ne le pût reculer, mais le bon homme y gagna une *vache à lait*. C'étoit une malice qu'on lui faisoit.

Un charretier avoit acheté le fumier de l'académie (2), et il l'alla quérir avec un vieux cheval, maigre, galeux et écorché; en un mot, de la plus pitoyable *figure* du monde. Les jeunes gens de l'académie se mirent à faire des méchancetés à cette pauvre bête. Le charretier dit à l'écuyer : « Je gage le prix du fu- « mier (c'étoient cinquante livres) que je ferai faire à « mon cheval ce que vous ne sauriez faire faire à pas « un des vôtres. » Voilà la gageure faite. Le drôle fait monter l'escalier à sa bête, et la mène dans le grenier, puis la fait sauter par la fenêtre; le cheval ne valoit pas cent sous. « Eh bien ! dit-il à l'écuyer, faites-en « faire autant aux vôtres. » Ainsi il gagna la gageure.

Une demoiselle huguenote (3) étoit chargée d'une fille catholique, à qui elle ne pouvoit trouver de condition; elle s'avisa de dire à cette fille : « Allez-vous-

---

(1) Brayer, bandage de fer. Il signifie ici le cadenas de jalousie.
(2) *Académie*; le manége où la jeunesse fait son cours d'équitation.
(3) Mademoiselle Justel. (T.)

« en à Saint-Sulpice, à une telle heure ; mettez-vous
« devant le grand autel, et faites bien la dolente ; les
« dévotes ne manqueront pas de vous dire : Ma sœur,
« qu'avez-vous? Vous leur direz que vous êtes assistée
« par des huguenots qui tâchent à vous faire de leur
« religion, que vous priez Dieu et la Vierge de vous
« inspirer, que la religion de ces gens-là vous semble
« bien aussi bonne qu'une autre, et qu'ils sont si cha-
« ritables. » Les dévotes ne manquèrent pas, et voyant
cela, elles lui dirent : « Ah! ma sœur, qu'à cela ne
« tienne ; on vous assistera. » Ils l'habillent et la mettent chez une personne bien riche.

FIN DU TOME CINQUIÈME.

TABLE DES MATIÈRES

CONTENUES DANS LE CINQUIÈME VOLUME.

	Pages.
Les Pugets.	5
Montauron.	15
La Serre.	23
Tallemant, le maître des requêtes.	28
Madame d'Harambure.	39
La Leu.	43
Lozières.	51
Madame de Lalane.	60
Lesfargues.	61
L'abbé Tallemant, son père, etc.	65
Madame d'Anguittard.	85
La Calprenède.	89
Madame de Chezelle et sa mère, madame Boiste, et sa tante mademoiselle Gervaise.	97
Vandy.	102
Femmes vaillantes.	104
D'Olizy.	109
Mademoiselle et madame de Marolles.	112
Basin de Limeville.	121
Massaube et Moriamé.	126
Drelincourt.	132
Madame de Broc.	134
M. Du Bellay, roi d'Yvetot.	136
Le marquis de Rouillac.	140
Liance.	146
La Milletière.	148
M. Chamrond.	151
Vieilles remariées et maltraitées.	153
Le maréchal de Saint-Geran, et sa fille.	162
Naïvetés, bons mots, etc.	166
Suite des bons mots et naïvetés.	168

	Pages.
Reparties de madame Cornuel.	179
Madame Aubert et le marquis de Palavichine.	189
Le comte de Montsoreau.	192
Madame de Vertamont.	195
La Baroire.	200
Madame d'Héquetot et mademoiselle de Beuvron.	204
M. et madame de Blérancourt.	209
Autres avares.	212
Madame de Bretonvilliers et Lambert.	214
D'Hozier.	217
Mademoiselle Tanier et sa fille.	218
Dulot.	221
Madame de Querver.	225
M. et madame d'Estrades.	230
La Renoullière.	235
Montchal.	238
Madame de Maransin.	241
Amants de différentes espèces.	245
Amants malheureux.	Ibid.
Amants trop tôt consolés.	249
Amants radotants.	250
Amants reconnoissants.	251
Amants délicats.	Ibid.
Madame de Lanquetot.	252
Le petit Scarron.	256
Scudéry, sa sœur, et madame de Saint-Ange.	265
Madame de Saint-Ange.	283
Le président et la présidente Tambonneau.	286
Madame de Taloet.	302
Brizardière.	306
Falguéras.	308
Colletet.	311
Extravagants, Visionnaires, Fantastiques, Bizarres, etc.	324
Madame de Suplicourt.	339
Marville.	341
La vicomtesse de L'Isle.	343
Peirarède.	345
Madame d'Ablége et madame de Frontenac.	347
Enfants de qui les pères ont fait eux-mêmes justice.	352

TABLE.

	Pages.
Varin.	354
Le marquis d'Alluye et madame de Bossu.	356
La Du Ryer.	360
Générosités.	363
Madame de Miramion.	370
Joueurs.	373
Mouriou.	377
Duels et accommodements.	379
Madame Thomas.	386
Bouchard.	388
Gens taillés.	391
Grand'amour récompensée.	393
Vengeance raffinée.	395
Subtilité, présence et adresse de corps et d'esprit.	396

PARIS, IMPRIMERIE DE DECOURCHANT,
Rue d'Erfurth, n° 1, près de l'Abbaye.

MÉMOIRES

DE

TALLEMANT DES RÉAUX.